大学体育与健康
图解视频版

主编 唐炎 张加林

DAXUE
TIYU YU JIANKANG
TUJIE SHIPIN BAN

华东师范大学出版社
·上海·

图书在版编目（CIP）数据

大学体育与健康：图解视频版 / 唐炎，张加林主编
. —上海：华东师范大学出版社，2023
 ISBN 978-7-5760-4653-3

Ⅰ.①大… Ⅱ.①唐… ②张… Ⅲ.①体育-高等学校-教材②健康教育-高等学校-教材 Ⅳ.①G807.4 ②G647.9

中国国家版本馆CIP数据核字（2024）第022816号

大学体育与健康（图解视频版）

主　　编	唐　炎　张加林
责任编辑	张　婧
责任校对	江小华
装帧设计	俞　越

出版发行	华东师范大学出版社
社　　址	上海市中山北路3663号　邮编 200062
网　　址	www.ecnupress.com.cn
电　　话	021-60821666　行政传真 021-62572105
客服电话	021-62865537　门市（邮购）电话 021-62869887
地　　址	上海市中山北路3663号华东师范大学校内先锋路口
网　　店	http://hdsdcbs.tmall.com
印 刷 者	上海龙腾印务有限公司
开　　本	787毫米×1092毫米　16开
印　　张	24.75
字　　数	552千字
版　　次	2024年11月第1版
印　　次	2024年11月第1次
书　　号	ISBN 978-7-5760-4653-3
定　　价	54.80元

出版人 王　焰

（如发现本版图书有印订质量问题，请寄回本社客服中心调换或电话021-62865537联系）

编委会

主　编

唐　炎　张加林

副主编

王继强　鞠　杰

编　委：（按姓氏笔画排序）

马　晓　朱　政　刘　阳　刘翠田　孙　倩
李　凯　李昀恩　辛　飞　陈世瑶　陈荣贵
陈真黎　卓　龙　胡小清　查晓璐　袁　强
龚禹澔　梁　坤　童翘楚　蔡玉军

前 言

高等职业教育是国民教育体系和人力资源开发的重要组成部分，肩负着培养高素质技术技能型人才、促进就业创业、全面提升我国制造业和服务业水平的重要职责。同样地，作为我国教育事业重要组成部分以及国民体育的基础，学校体育在推进我国高等职业教育提质培优、实施"双高计划"、全面推动高等职业教育高质量发展中发挥着重要作用。因此，为深入贯彻中共中央办公厅、国务院办公厅印发的《关于推动现代职业教育高质量发展的意见》，落实《全国高等职业（专科）院校体育课程教学指导纲要（试行）》，促进高等职业院校学生身心健康与专业技术技能全面协调发展，编者受华东师范大学出版社委托，在参考、借鉴前人研究的基础上，根据我国高等职业教育的实际需要，组织高校体育专业教师、职业院校一线体育教师以及体育学硕士、博士研究生共同编写本书。

本书在框架结构内容、具体实践操作、预期学习效果方面具有以下三个方面的特征：

第一，框架内容设置突出理论与实践相结合。全书共19章，分为理论与实践两部分。理论部分由第一至第五章构成，包括运动与健康促进、运动与伤病防护、科学健身与监控、运动与身体功能发展，以及体育文化与品德等内容，不仅要让学生知道运动可以促进健康，更要使其了解何为科学运动以及通过运动如何更好地促进健康，领会体育精神并践行体育行为规范。实践部分由第六至第十九章构成，该部分融汇中外、贯通冬夏，依据高职公共体育教学实际情况，遴选了14个（类）运动项目。这些运动项目不仅可以满足高职学生参与体育活动的需求，同时还可将前四章中所学的运动与健康相关知识应用到运动项目的学、练过程中，进而有效实现通过体育促进健康的目的，全面落实"健康第一"的指导思想。

第二，具体实践操作强调学、练、赛一体化。通过"教会、勤练、常赛"，帮助学生熟练掌握1—2项能够终身参与的体育项目，是我国学校体育一以贯之的重要目标之一。为进一步强化并落实该目标，本书实践部分的章节（第六至第十九章），在体育项目概述的基础上，着重呈现了各体育项目的基本技术与战术，同时辅以基本技术的常见错误、纠正方法以及学练方式，指导学生正确地学与科学地练，最后通过介绍体育项目的主要竞赛规则，为学生们进行公平公正的比赛打好基础。此外，实践部分的14个章节并非独立存在，比如在运动概述部分介绍了各项目的特点与价值，提示学生将之前所学的"运动促进健康"理论付诸体育实践，进而在运动中更好地享受乐趣、增强体质。

第三，体育学习效果注重技能与品德共进步。2018年，习近平总书记在全国教育大会上提出了"享受乐趣、增强体质、健全人格、锤炼意志"四位一体的新时代学校体育目标。体育教材作为深入贯彻落实新时代学校体育目标的主要途径，肩负着立德树人的根本任务。基于此，本书从两个方面全面推进新时代学校体育目标的落实：一是单辟"体育文化与品德"章节（第五章），向学生们介绍了中华体育精神和奥林匹克精神，明确了参与体育运动的行为规范；二是在各体育项目章节中以"体育之光"的方式，阐述了我国著名运动员的体育成就与家国情怀，将立德树人融于课程内容之中，帮助学生在享受乐趣、增强体质的同时，更好地健全人格、锤炼意志。

当前，我国全面推进建设技能型社会，加快培养造就更多大国工匠，而高职学生体质健康水平还有待提升，在此背景下，本书既是落实新时代学校体育目标应做的努力，同时也是更好地推进我国高职教育高质量发展该有的尝试。教材特地拍摄了图解图片与微课视频，希望对高职体育教学实践与学生的日常体育锻炼能够有所帮助。

本书由上海体育大学唐炎教授、福建师范大学张加林教授担任主编，唐炎教授负责全书的框架设计、修订和统稿工作，张加林教授协助负责全书的修订与统稿工作。各章节的具体编写人员依次如下：第一章（运动与健康促进）由上海体育大学副教授马晓撰写；第二章（运动与伤病防护）由上海体育大学副教授朱政撰写；第三章（科学健身与监控）由上海体育大学教授刘阳撰写；第四章（运动与身体功能发展）由上海体育大学博士生查晓璐撰写；第五章（体育文化与品德）由上海体育大学博士生梁坤撰写；第六章（田径运动）由上海体育大学教师鞠杰撰写；第七章（体操运动）由上海体育大学教授蔡玉军和博士生李凯共同撰写；第八章（篮球运动）由同济大学教师孙倩和上海体育大学硕士生陈真黎共同撰写；第九章（足球运动）由上海体育大学教授刘阳和硕士生龚禹潇共同撰写；第十章（排球运动）由上海体育大学教授蔡玉军和硕士生刘翠田共同撰写；第十一章（乒乓球运动）由福建师范大学教授张加林撰写；第十二章（羽毛球运动）由上海体育大学博士生辛飞撰写；第十三章（网球运动）由福建师范大学博士后胡小清和上海体育大学硕士生陈荣贵共同撰写；第十四章（武术运动）由上海体育大学副教授王继强撰写；第十五章（游泳运动）由福建师范大学教授张加林和上海体育大学硕士生童翘楚、卓龙共同撰写；第十六章（跆拳道运动）由上海体育大学副教授王继强和硕士生李昀恩共同撰写；第十七章（健美操运动）由上海体育大学教师陈世瑶撰写；第十八章（定向运动）由上海体育大学博士生袁强撰写；第十九章（冰雪运动）由福建师范大学博士后胡小清撰写。

本书在编写与出版过程中，得到了华东师范大学出版社赵建军和李恒平老师的大力支持与指导，在此特别表示感谢。此外，还要感谢在"大学体育与健康"领域长期从事教学研究的师长和同仁，没有他们的文献支持和经验分享，本书也难以成稿。

由于编者能力和水平的不足，本书在参考与借鉴师长和同仁们的资料和观点时，难免存在理解不透的问题，还望各位作者多多赐教。同时，我们也恳切希望任何使用和阅读该教材的人士对书中的不当之处进行批评和指正，以使该书在内容上更加完善，在实践中更具操作性，在提升高职学生体质健康水平和体育素养方面效果更加明显。

编　者

目 录

第一章 运动与健康促进 ……………………………… 1
　一、现代健康概念 …………………………… 3
　二、运动与身体健康 ………………………… 4
　三、运动与心理健康 ………………………… 6
　四、运动与职业生涯和社会适应 …………… 8
　五、运动与道德健康 ………………………… 8

第二章 运动与伤病防护 ……………………………… 11
　一、运动性损伤与防护 ……………………… 13
　二、运动性疾病与防护 ……………………… 17
　三、运动与职业病防护 ……………………… 19

第三章 科学健身与监控 ……………………………… 23
　一、科学健身的原则 ………………………… 25
　二、科学健身的监控 ………………………… 26
　三、运动处方的制定 ………………………… 30

第四章 运动与身体功能发展 ………………………… 35
　一、运动与身体功能筛查 …………………… 37
　二、运动与有氧能力发展 …………………… 40
　三、运动与肌肉力量发展 …………………… 42
　四、运动与协调能力发展 …………………… 44

第五章 体育文化与品德 ……………………………… 47
　一、中华体育精神 …………………………… 49
　二、奥林匹克运动 …………………………… 50
　三、体育行为规范 …………………………… 53

第六章 田径运动 …… 57

一、田径运动概述 …… 59
二、径赛运动 …… 63
三、田赛运动 …… 70
四、田径竞赛主要规则 …… 78

第七章 体操运动 …… 85

一、体操运动概述 …… 87
二、技巧运动 …… 91
三、器械体操 …… 98
四、艺术体操 …… 103
五、体操竞赛主要规则 …… 112

第八章 篮球运动 …… 119

一、篮球运动概述 …… 121
二、篮球基本技术 …… 125
三、篮球基本战术 …… 129
四、篮球竞赛主要规则 …… 135

第九章 足球运动 …… 141

一、足球运动概述 …… 143
二、足球基本技术 …… 146
三、足球基本战术 …… 150
四、足球竞赛主要规则 …… 154

第十章 排球运动 …… 157

一、排球运动概述 …… 159
二、排球基本技术 …… 162
三、排球进攻技战术 …… 166
四、排球防守技战术 …… 169
五、排球竞赛主要规则 …… 172

第十一章 乒乓球运动 …………………………… **179**

一、乒乓球运动概述 …………………………… 181
二、乒乓球基本技术 …………………………… 184
三、乒乓球基本战术 …………………………… 196
四、乒乓球竞赛主要规则 ……………………… 198

第十二章 羽毛球运动 …………………………… **203**

一、羽毛球运动概述 …………………………… 205
二、羽毛球基本技术 …………………………… 208
三、羽毛球基本战术 …………………………… 216
四、羽毛球竞赛主要规则 ……………………… 218

第十三章 网球运动 ……………………………… **223**

一、网球运动概述 ……………………………… 225
二、网球基本技术 ……………………………… 228
三、网球基本战术 ……………………………… 237
四、网球竞赛主要规则 ………………………… 242

第十四章 武术运动 ……………………………… **247**

一、武术运动概述 ……………………………… 249
二、武术基本功 ………………………………… 254
三、武术套路 …………………………………… 259
四、武术竞赛主要规则 ………………………… 269

第十五章 游泳运动 ……………………………… **275**

一、游泳运动概述 ……………………………… 277
二、熟悉水性 …………………………………… 280
三、游泳方法 …………………………………… 282
四、水上救生 …………………………………… 290
五、游泳竞赛主要规则 ………………………… 291

第十六章 跆拳道运动 ······ 295
一、跆拳道运动概述 ······ 297
二、跆拳道基本技术 ······ 299
三、跆拳道基本战术 ······ 311
四、跆拳道竞赛主要规则 ······ 312

第十七章 健美操运动 ······ 315
一、健美操运动概述 ······ 317
二、健美操基本动作 ······ 320
三、健美操成套组合 ······ 333
四、健美操竞赛主要规则 ······ 335

第十八章 定向运动 ······ 341
一、定向运动概述 ······ 343
二、装备与图例符号 ······ 346
三、定向运动的基本技术 ······ 353
四、定向运动竞赛规则 ······ 358

第十九章 冰雪运动 ······ 363
一、冰雪运动概述 ······ 365
二、速度滑冰基本技术 ······ 368
三、越野滑雪基本技术 ······ 373
四、速度滑冰与越野滑雪主要竞赛规则 ······ 380

第一章
运动与健康促进

【本章导学】

　　健康是生命之基，幸福之源，是人们实现自我价值的先决条件。那么，健康是什么？包括哪些内容？评价标准是什么？本章将围绕健康的概念以及运动与健康的关系展开，帮助学生在全面了解健康的含义、内容、评价标准的基础上，理解运动对于强健体魄、保持饱满精神状态的重要作用，了解学生常见的身心健康问题及相应的运动调节方法，初步掌握健康的生活方式和自我管理的技能，进而为后续身心健康全面发展打下坚实的基础。

一、现代健康概念

（一）健康的含义

健康是我们日常讨论的话题，比如儿童生长发育、中青年亚健康、老年人防病延寿等。那么，发育、保健、防病、治病是否就是现代健康的含义呢？

> **过程讨论**
>
> 小红的爷爷奶奶患有高血压、心脏病等"老年病"，每天都要去公园晨练，参加武术、交谊舞、老年轮滑等体育和健身活动；爸爸患有"五十肩（肩周炎）"，妈妈长期腰疼、头疼，父母会定期购买维生素、钙片等保健类药物，并督促家人服用；家里的小妹妹每天需要参加学校安排的中长跑，正在长个子的她偶尔会抱怨腿疼，也会因为学业和人际关系苦恼；小红自己并没有特别的身体不适，常常抱着电脑躺着追剧，偶尔会因为做家务或行事匆忙而受外伤，如切菜切到手，走路摔倒擦伤等。
>
> 小红一家是否健康？他们提到的身体不适是不健康的表现吗？他们的日常生活习惯健康吗？

我们日常所说的健康，多指身体健康。也就是传统意义上讲的"机体处于正常运作状态，没有疾病"。这种定义方式偏重人的生物属性，但一个人健康与否，还与其精神面貌、在社会生活中的适应体验有关。这种社会属性的健康在1948年列入了世界卫生组织（World Health Organization，WHO）的健康定义，即"健康不仅是没有疾病或不虚弱，而是身体的、心理的和社会适应方面的完美状态"。1989年，世界卫生组织对这一概念做了进一步修订，指出健康不仅是身体没有疾病，而且还包括心理健康、社会适应能力良好和道德健康。只有具备了上述四个方面的良好状态，才是一个完全健康的人。

健康概念的变化，本质上是人的社会属性逐步受到重视的过程。自20世纪70年代以来，医疗事业得到进一步发展，饮用水、污水、垃圾处理与掩埋等技术的高速发展，使疟疾、天花、霍乱、寄生虫等传染病的发病频率持续下降。儿童和青少年不再因营养不良导致发育迟缓等健康问题。虽然政府医疗开支逐年增加，冠心病、高血压、糖尿病、中风等心脑血管病以及肠癌、胃癌、乳腺癌等恶性肿瘤的发病率持续上升，但人均寿命逐年稳中有升。人们从单纯追求无病，向追求成功、成才、适应社会、实现自我价值转变。而心理健康、社会适应、道德健康恰恰是可以帮助我们实现自我发展的关键因素。

（二）健康的内容

健康是身体健康、心理健康、社会适应能力良好以及道德健康的综合。身体健康是指一个人四肢健全，具备正常的生理功能，是一个人能够适应社会生活的基础。体能是身体健康的重要体现，是人们满足生活需要、完成各种活动任务的能力和能量的综合体现，保持良好的体能状态可以预防多种身体疾病，有助于人们保持积极乐观的心态，保证生活质量。

心理健康指个体能够正确地认识自己，并且使自己保持一种满意的、持续的心理状态。心理学家将健康的心理概括为七个方面：智力正常、情绪健康、意志健全、行为协调、人际关系适应、反应适度、心理特点符合年龄。心理健康与身体健康密切相关，相互影响。比如，心理健康受损的人常受到头痛、失眠、胃痛、腹泻等不适症状的困扰，而患有身体疾病的人也常常陷入焦虑、抑郁、暴躁等不良情绪。

社会适应能力良好表现为个体能够接受现有社会的道德规范与行为准则，遵纪守法，遵循公序良俗，对于外界事物的反应不会过度淡漠也不会过分亢奋，能够与家庭、学校、社会里的其他人进行良好的互动，拥有良好的人际关系，能够在社会中找到自己的角色和位置。

道德健康是最新加入健康概念的内容。它代表了个体能够遵守社会道德行为规范，并以道德约束自己的思想和行为，可以依据道德辨别真伪、善恶、美丑、荣辱。将道德纳入健康范畴的科学依据在于心理、行为与健康的关系。品行善良、心态淡泊、为人正直、心胸坦荡的人更容易处于心理平衡的状态，而有违道德、恣意妄为者容易陷入紧张、恐惧等不良情绪，长期发展可能引发中枢神经功能失调或免疫系统损害，进而诱发多种不适或疾病。

二、运动与身体健康

我国自古就有习武强身的观念与习惯，比如在马王堆等古墓中曾发掘出大量的强身功法资料，记载了古人通过身体锻炼防病健身、延缓衰老、保持健康的方法。进入21世纪以来，运动科学与运动疗法取得长足进展，科学研究结果从机制机理的角度说明了运动加快脂肪和葡萄糖代谢、提高免疫功能、调节自主神经功能的方式，并探索运动预防心血管病、恶性肿瘤和脑血管疾病等的有效方式。当前，运动锻炼作为疾病的预防控制、辅助治疗、康复转归的重要手段，在全球范围广泛推广应用。

（一）运动对身体形态的影响

身体形态是先天遗传与后天行为共同塑造的结果。在日常生活中，我们常常可以见到一些人身姿挺拔、精神十足。如果观察他的家人或同事，往往还可以从这些人身上看到相似的举止习惯或站立姿势。当然身姿问题并不完全源于遗传，还与生活习惯或专业化的训练有关。长期瘫坐在桌前、负责前伸的肌肉训练过度或反复前伸肩胛骨，都有可能造成肩胛骨前伸；双膝和脚踝过度内翻可能导致膝外翻；长时间坐在电脑前，或专注于模型制作、绘画、刺绣等活动，则可能导致头前伸和驼背。此外，身姿不良有可能与体重、饮食营养、疾病或损伤有关。超重可能引起脚部韧带松弛，矿物质不足引发的胫骨弯曲、膝关节炎导致的关节面变形、外伤引起的外侧韧带过度伸展等问题都可能造成膝外翻；不良背包习惯和过度负重可能加剧头前伸。虽然身姿不良的成因复杂，但避免不良习惯、正确拉伸与按摩、增加活动过少的关节的活动范围、减少活动过度的关节的活动范围、强化肌肉训练等方法都可以起到一定的矫正效果。

（二）运动对身体机能的影响

经常锻炼的人看起来精神饱满、身材健美，这与运动对身体的呼吸、循环、消化、神经、内分泌等系统的影响密不可分。适宜的体育锻炼可以增加关节囊和韧带的厚度，加大关节的活动范围；刺激肌纤维变粗，增加肌肉和肌群的收缩力，增强肌肉力量和肌肉耐力，从而促进骨骼和肌肉的发展。同时，运动刺激还可提高交感神经的兴奋性，使支气管平滑肌松弛、呼吸道阻力降低，反射性地吸取更多的空气、提高呼吸频率，使膈肌收缩力增强、胸腔容积增大，在使肺活量明显提升的同时增加气体利用效率，促进身体细胞新陈代谢，增强身体抵抗力。

长期有规律的体育锻炼可以改善脑组织供氧和营养物质的代谢，促进脑源性神经生长因子（BDNF）、五羟色胺（5-HT）、多巴胺（DA）等神经递质的分泌，从而优化神经系统兴奋性与抑制性的协调状态，提高神经活动的平衡性和灵活性。运动使中枢神经系统的兴奋与抑制的协调性提高，人体消化机能得到有效改善，如消化液分泌旺盛、消化酶活性提高，食欲增强；运动还可增强胆囊功能，改善胰岛素和胆囊收缩素的分泌，从而降低胆石症发生的可能。除了调节内分泌，运动还带动了膈肌和腹肌的运动，对腹腔内的消化器官起到节律性的按摩作用，促进胃肠蠕动，加强结肠动力，减少便秘的发生。

（三）运动与疾病

运动可以预防疾病的观念已深入人心，特别是对常见慢性病的预防作用，已经得到医学界的证明（图1-1）。其中，糖尿病（2型）和肥胖是当前发病率较高、对人群健康影响较大的两种慢性病，这里重点介绍运动对改善这两种疾病的作用。

1. 运动与糖尿病（2型）

2型糖尿病是一种由于身体胰岛素分泌不足或胰岛素抵抗导致血糖水平过高的慢性代谢疾病，表现为多尿、多饮、多食、消瘦或体重减轻。高血糖带来的长期并发症包括心脏病、中风、糖尿病视网

图1-1 运动对疾病的预防

膜病变等，可能导致失明、肾脏衰竭、四肢血流不畅以致截肢等并发症。2型糖尿病的成因较为复杂，肥胖、身体活动不足、不良饮食、压力应激等问题都是重要的致病因素，而运动对糖尿病的预防和辅助治疗具有重要价值。单次、充分的运动可以有效降低血糖浓度和糖化血红蛋白水平，而长期规律的运动可以加速脂肪的分解，降低脂肪堆积导致的葡萄糖转运机制受阻，增加肌肉及其他组织对胰岛素的敏感性，降低组织与器官的胰岛素抵抗，从而改善糖代谢，促进血糖水平下降。

2. 运动与肥胖

肥胖症是一种由多种因素引起的慢性代谢性疾病，可引起人体发生生理性或病理性改变。在儿童期出现的肥胖会影响生长激素的分泌和神经系统的发育，增加心肺负担和骨骼畸形风险，而成年期肥胖则会增加高血脂、高血压、心血管疾病、脑血管意外、糖尿病、脂肪肝及某些肿瘤的患病风险。长期坚持有规律的体育锻炼可以有效增加脂肪消耗，减少肌肉等非脂肪成分的流失，从而保持体重稳定。以运动控制体重者，应尽可能选择快走、慢跑、游泳、健身操等全身性运动，以消耗更多的能量，同时需注意运动强度和持续时间。减肥者所进行的运动需要有一定的强度，但运动强度的增加与所消耗的能量并不成正比，故不必过于剧烈。在运动时长上，可以选择持续时间稍长的运动，以达到更好的减肥效果。在运动任务的选择上，应量力而行，避免盲目跟风或过量运动造成运动损伤。

过程讨论

目前"运动是良药"的理念越来越得到认同。那么，运动除了对预防糖尿病和肥胖有益处外，还对哪些疾病的预防和治疗有明显的作用？

三、运动与心理健康

心理健康是一种高效而满意的、持续的心理状态，包括智力正常、情绪健康、意志健全、行为协调、人际关系适应、反应适度以及心理特点符合年龄特征。长期规律的体育锻炼有助于维持个体的心理稳态，为不同发展阶段或不同需求的人们提供帮助，如促进青年人的认知发展；提供积极的心境，缓解抑郁与焦虑症状；提高自我效能感与自信，调整逃避、退缩、自我封闭等与他人、社会交往的方式。因此，了解心理健康的基本概念及运动对心理的保健作用，有助于加深对自我的了解，从而采取合理有效的锻炼方式及时调整自己的身心状态，预防心理疾病，同时也有助于患病后正确对待心理咨询师及医生给予的运动辅助治疗任务，加速康复进程。

（一）运动的认知促进效益

认知是人类获得、加工、应用知识的过程，包括进行知觉、注意、回忆、思考、分类、推理、决策等心理活动时经历的心理过程。长期规律的体育锻炼可以促进个体感知、注意、记忆、思维以及想象的发展,提升认知功能并延缓老化的进程(图1-2)。对仍处于成长发育期的大学生来说,运动起到了调节脑源性神经生长因子和多巴胺等神经递质的作用,增加了脑联结,提升前额叶皮质发育水平,故身手敏捷者往往思维活跃、行动迅速,在感知觉、记忆、注意及执行功能测验中能做出更准、更快的判断。对于职业环境中的工作者而言,规律性的运动可以起到放松、转移注意等作用,可缓解认知疲劳、提高注意稳定性和工作效率。

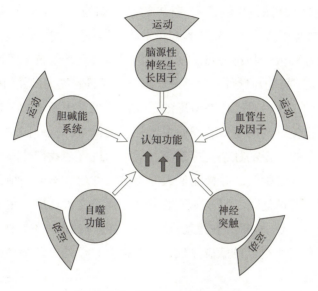

图1-2 运动的认知促进功能

(二)运动的情绪调节效益

情绪在本质上是人对客观事物的态度体验以及相应的行为反应,是以个体愿望和需要为中介的一种心理活动。

运动虽然不能从根本上帮助我们远离压力或者改变对外物的认知与态度,但长期规律的运动可以缓解大脑对压力的反应,并通过生化反应提高脑内阿片肽与内源性大麻素的水平,从而缓解焦虑、抑郁等不良情绪症状,改善心境。一般认为,持续运动20—30分钟即可达到降低焦虑的作用。这种显著的效果一方面源于运动分散了参与者对于焦虑源或焦虑情绪本身的注意力,另一方面还与运动过程对中枢神经系统和神经递质的调节作用有关。除了对于负性情绪本身的调节,运动过程还可以帮助我们更好地接受、应对生活中的意外和负性事件,帮助我们获得适应逆境、战胜困难的智慧。

有氧运动深受年轻人的喜爱,如跑步、骑自行车、游泳等,运动时长一般需达到30分钟以上,运动强度以中高强度为主,长期规律地参与运动的效果优于偶尔进行体育锻炼。

四、运动与职业生涯和社会适应

社会适应指个人为与环境取得和谐的关系而产生的心理和行为的变化,是个体与各种环境因素连续不断改变、相互作用的过程。运动过程往往伴随人际关系的拓展,比如结识共同锻炼的朋友。共同运动的经历使我们的社交圈得以扩大,并且增加了我们与环境的良性互动,增加了群体归属感和积极的体验,降低发生抑郁症、焦虑症等情绪障碍的风险,提高生活满意度。

我国公布的《"健康中国2030"规划纲要》《健康中国行动(2019—2030年)》显示,重视健康是国家发展大局的重要一环。身体健康有如地基,是我们做所有事的前提条件,身体不适就会打乱生活节奏,就会影响正常的工作。运动锻炼可为大学生的未来职业发展提供内生动力和强大的精神力量。受新经济、新业态、新技术等因素驱动,电子商务、全媒体运营、人工智能与软件开发等新职业群体正日趋庞大,他们面临着复杂的任务和高强度、高压力的工作,对于体育锻炼的迫切需要也在不断增加。在体育锻炼中,或共同练习,或对战交流,共同运动的经验在增强运动愉悦体验的同时,也拓宽了我们的人际交往圈,建立了更广泛的社会支持系统。运动的过程使我们体验到团队合作的重要性,学会了解自己、欣赏他人,并接受他人的比较与评价;学会与他人沟通交流,表达自己的想法,表现自己的能力,听取他人的意见并通过交流达成一致;学会正视自己的责任,对行为的结果负责。同时,在运动竞赛和自我超越的过程中,体会挫折与失败,学会接纳自己的局限,磨炼自己的意志品质,不断提升自己的心理弹性,更好地应对社会生活。

> **过程讨论**
>
> 大量事实表明,体育运动可以帮助人们塑造很多良好的品质。那么,我们应当如何参与运动才能获得这些品质?这些品质对一个人走向社会后会产生哪些积极的作用?

五、运动与道德健康

"道德健康"是"新健康"概念中的重要组成部分,也是"新健康教育"的重要一环。体育道德是与道德一脉同源的社会德行。大学生应做到:热爱体育,挑战自我;刻苦训练,钻研技术;公平竞争,尊重裁判;富有团队精神,分担全队责任,鼓励自己的队友,且无论输赢都要保持良好的风度。

> **过程讨论**
>
> 在比赛过程中,如果遇到裁判不公,应当如何恰当地处理?

思考与练习

1. 说一个人健康，就是指他没生病吗？为什么？
2. 运动对保持身体健康的益处有哪些？请举例说明。
3. 运动使人愉快，这背后的道理是什么？

参考文献

［1］马霞蕾.大学体育与健康［M］.北京：科学出版社，2017.

［2］纪树荣.运动疗法技术学（第二版）［M］.北京：华夏出版社，2011.

［3］International Conference on Primary Health Care. Declaration of Alma-Ata (1978)［EB/OL］.［2023-12-18］. http://hrlibrary.umn.edu/instree/alma-ata.html.

［4］凯瑟琳·加洛蒂.认知心理学：认知科学与你的生活［M］.吴国宏，译.北京：机械工业出版社，2016.

［5］约翰·瑞迪，埃里克·哈格曼.运动改造大脑［M］.浦溶，译.杭州：浙江人民出版社，2013.

［6］刘月岩.心理健康教育［M］.哈尔滨：哈尔滨工业大学出版社，2005.

第二章 运动与伤病防护

【本章导学】

　　进入新时代，健康成为人民日益增长的美好生活需要的重要方面。在"健康中国"和"体育强国"大背景下，大众健身热情空前高涨，各类运动项目参与人数持续上升，群众体育逐渐成为我国体育发展的主旋律。与此同时，运动伴随的运动性损伤和运动性疾病逐渐引起人们的重视。因此，树立运动防护意识，了解常见运动性损伤和运动性疾病，掌握正确的防护措施，对于高职院校培养全面发展的应用型、技能型人才具有重要作用。

一、运动性损伤与防护

（一）运动性损伤的概念与分类

运动性损伤是指人体在体育运动过程中所发生的运动系统的各种损伤。在运动过程中，不正确的技术动作、不匹配的运动水平、不合理的训练安排、不安全的运动环境都可能会造成运动系统的直接损伤，同时伴有其他系统的损伤。根据不同的分类标准，常见的运动性损伤有以下4种分类方法。

1. 按受伤的组织结构分类

运动性损伤按照不同的组织结构分为皮肤损伤、肌肉与肌腱损伤、筋膜损伤、韧带损伤、关节软骨损伤、骨骼损伤、滑囊损伤、神经损伤、血管损伤、内脏损伤等。

2. 按皮肤或黏膜是否完整分类

运动性损伤按照皮肤或黏膜是否完整可分为开放性损伤和闭合性损伤。开放性损伤即伤处皮肤或黏膜的完整性遭到破坏，受伤组织有伤口与外相通，如擦伤、刺伤、切伤与开放性骨折等。若处理不当，常会引起伤口感染。闭合性损伤即伤处皮肤或黏膜无破损，受伤组织没有伤口与外界相通，如挫伤、关节扭伤、韧带或肌肉拉伤及闭合性骨折与关节脱位等。

3. 按病程时间分类

运动性损伤按病程时间可分为急性损伤和慢性损伤。急性损伤指人体在瞬间遭到直接暴力或间接暴力造成的损伤，症状出现迅速，病程短。如肌肉及韧带拉伤、关节扭伤等。慢性损伤指局部运动负荷量安排不当，长期负担过重导致组织多次微细损伤积累造成的劳损，或急性损伤处理不当致反复发作的陈旧性损伤，特点是症状出现缓慢，病情迁延较长。如腰肌劳损、肩袖损伤、髌骨软骨症等。

4. 按受伤轻重程度分类

运动性损伤按受伤轻重程度可分为轻度损伤、中度损伤、重度损伤。轻度损伤，患者经过简单治疗后仍能进行运动；中度损伤，伤后短时间内（一般为1—2周）不能继续运动，需要治疗和休息；重度损伤，伤后需住院治疗，较长时间不能参加体育运动。

（二）运动性损伤的产生原因与预防原则

运动性损伤产生的原因很多，常见原因有：缺少自我防护意识，忽视运动性损伤的危害性；不做准备活动、准备活动不充分或准备活动量过大、准备活动与专项运动结合不好；训练水平不足，运动者掌握不好运动要领；运动时的生理或心理状态不佳；运动气候条件不良，场地、器械和服装不符合要求等。

运动性损伤的预防可以从以下5个方面入手：① 加强运动的目的性教育，认识到预防运动损伤的重要性；② 增强安全卫生、组织纪律性教育，并加强防伤观念；③ 充分做好准备活动，兼顾一般和专项性活动；④ 加强科学锻炼，合理安排训练量；⑤ 加强医务监督，定期进行体格检查，把体质变化情况作为安排体育活动内容和运动量的主要依据，减少或避免运动损伤的发生。

（三）常见运动损伤的预防原则及处理方法

1. 扭伤

扭伤是指肌肉、筋膜、韧带及小关节，因过度扭曲或牵拉所致的损伤。临床多表现为局部剧烈疼痛、红肿、关节活动障碍，多发于腰、踝、膝、肩、腕、肘、髋等部位。扭伤可能是用力过猛、突然转动或姿势不正确使关节超过正常活动范围而造成的关节附近韧带与关节囊的损伤，有急性与慢性之分，常见的有急性腰扭伤、踝关节扭伤等。

预防原则：扭伤的发生可能与准备活动不充分、疲劳等有关。因此，运动前应做好热身活动，运动过程中循序渐进，感到疲劳或不适时要及时注意休息。

处理方法：急性扭伤后应迅速停止运动，暴露受伤部位并将受伤部位平放，不使其受力。剧痛缓解后，轻微扭动受伤部位，如果自己活动时扭伤部位虽然疼痛，但并不剧烈，大多是软组织损伤；如果自己活动时有剧烈疼痛且无法扭动，应立即打电话求助，并到医院进行治疗。四肢关节扭伤后48小时内，应用冰敷、抬高伤肢并压迫局部紧急处理，在亚急性期与慢性期，可依据情况进行物理治疗或功能锻炼。

2. 拉伤

拉伤是肌肉在运动中急剧收缩或过度牵拉引起的损伤。肌肉拉伤后，拉伤部位剧痛，用手可摸到肌肉紧张形成的索条状硬块，触痛明显，局部肿胀或皮下出血，活动明显受到限制。拉伤可能是缺乏专业训练，肌肉力量弱、韧性差，以及环境气温低或湿度大导致的肌肉僵硬。拉伤有主动和被动之分。

预防原则：做好准备活动，提高体温、肌肉柔软度；合理控制运动量和运动负荷；完全掌握动作要领后再开始练习；剧烈运动前充分拉伸腿部韧带。

处理方法：急性期损伤后立即停止运动，对拉伤部位进行冰敷并加压包扎，抬高患肢休息（图2-1）。损伤较轻者，24小时后可适当进行按摩，也可用物理治疗。损伤较重者，出现部分或完全撕裂时，须及时前往医院，尽早手术缝合。亚急性期与慢性期内，可根据情况进行手法治疗、物理治疗或功能锻炼。

3. 挫伤

挫伤是外力直接作用于人体某部位而引起的一种急性闭合性损伤。例如，运动中相互冲撞或身体碰在器械上，很容易发生局部或深层组织挫伤。挫伤部位一般会出现疼痛、红

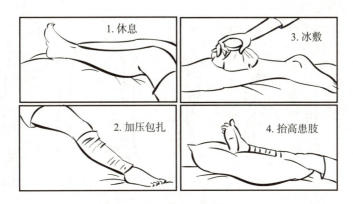

图2-1 拉伤急性期的处理

肿、组织内出血或运动功能障碍等症状。运动中最常出现的挫伤是股四头肌挫伤。

预防原则：养成良好的运动意识和习惯，避免有意伤人等不良行为发生；活动或比赛前，特别在空气湿度大或天气寒冷时，准备活动要充分；合理安排运动量及运动负荷，纠正错误技术动作；加强自身肌肉力量。

处理方法：伤后立即停止运动，保护挫伤部位，24—48小时内，局部冷敷，绑弹性绷带并进行加压包扎，抬高受伤部位。急性期不可热疗、按摩，禁止周围关节活动，严重时，应立即送医院治疗。

4. 擦伤

擦伤是指皮肤表面被擦破出血或有组织液渗出的损伤，又称表皮剥脱，是开放伤中最轻的一类创伤。临床表现为表皮剥脱、血痕、渗血或出血，继而可出现轻度炎症反应，局部会有红肿和疼痛。

预防原则：运动中加强自我保护意识，留意运动环境，当运动空间比较拥挤时，要注意秩序，以免发生碰撞，造成跌倒擦伤。

处理方法：轻度擦伤用碘伏涂抹即可，无须包扎（暴露疗法）；擦伤裂口大时，需止血和缝合伤口，必要时应注射破伤风抗毒血清，以防感染。

5. 骨折

骨折是指骨的完整性和连续性在外力（直接性、间接性、累积性）作用下遭到破坏的一种损伤。骨折时，患处出现畸形、肿胀、疼痛、肌肉产生痉挛，肢体失去正常功能；严重骨折伴有出血、神经损伤、发烧，乃至休克等症状。常见的骨折有肱骨骨折、尺（桡）骨骨折、锁骨骨折、小腿骨折等。根据骨折端是否与外界相通，骨折可分为开放性骨折和闭合性骨折，运动中多见闭合性骨折。根据骨折线走向的分类见图2-2。

预防原则：科学地进行肌肉力量、身体灵敏性及柔韧性的训练是预防骨折的必要条件，运动中强度变化应循序渐进。注意劳逸结合，避免长时间进行单一动作训练，防止过度疲劳。运动前注意做充分的准备活动，同时观察运动环境，提高自我保护意识。

处理方法：一旦出现骨折，切勿随意移动伤肢，应先用夹板或其他代用品固定伤肢。如出现休克，应先施行人工呼吸；若伴有伤口出血，应同时止血，并及时送医院治疗。

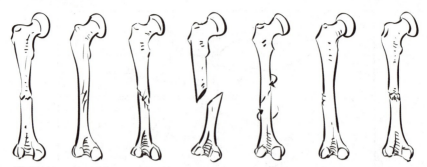

1. 横形骨折　2. 纵形骨折　3. 斜形骨折　4. 移位骨折　5. 螺旋形骨折　6. 青枝骨折　7. 粉碎性骨折

● 图2-2　骨折的分类

6. 脱位

关节脱位也称脱臼，是指构成关节的骨端关节面脱离正常位置，发生错位。关节脱位多为暴力所致，其中间接暴力所致者较多见。临床表现为局部疼痛或压痛、活动时疼痛加重、局部肿胀和关节活动功能障碍。关节脱位分为完全性脱位和半脱位（又称错位）两种，以肩、肘、腕关节脱位较为常见（图2-3）。严重的关节脱位，常伴有关节囊损伤。

预防原则：做好热身准备活动，激活关节周围肌群，增加关节活动度；提高自我防护意识，运动前观察运动环境，运动中注意保护关节。增强关节周围肌群肌力，加强关节保护。

处理方法：关节脱位后，应先停止活动，进行冷敷，保护脱位关节。然后送医院进行脱位关节的复位。关节复位后，在固定期间，多做伤肢肌肉的静力性收缩活动以避免肌肉萎缩，防止关节僵硬，从而尽快恢复关节正常功能。

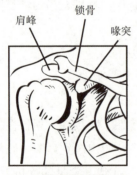 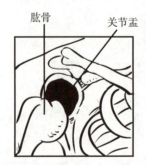

1. 正常肩关节结构　　　　2. 肩关节脱位

● 图2-3　肩关节脱位

过程讨论

在篮球运动中，踝关节扭伤的情况比较常见。一些人在扭伤后，立即对受伤处采用揉按的方式进行处理。你认为这种处理方式正确吗？为什么？

二、运动性疾病与防护

在运动训练或比赛过程中,除了运动性损伤外,还会发生一些运动性疾病。不同于运动性损伤,运动性疾病是由于运动负荷或比赛安排不当、运动者身体功能水平下降和心理状态不良、营养不合理等因素而引起的机体各个器官、系统的功能紊乱或病理改变。运动性疾病具有一定的特殊性,轻则影响运动者的运动水平和身体健康,重则可以威胁到人们的生命。常见的运动性疾病有:运动性腹痛、运动性痉挛、运动性中暑、运动性昏厥、运动性猝死等。

(一)运动性腹痛的预防原则及处理方法

运动性腹痛是指激烈运动引起的一时性非疾病机能紊乱。它的特点是腹痛,一般不伴随其他症状。疼痛程度与运动量大小和强度成正比。多发生于中长跑、马拉松、自行车、篮球等运动项目中。

预防原则:加强医务监督,定期做各项身体检查;遵循循序渐进、科学训练的原则;合理安排膳食,包括进餐与运动时间,饭后1—2小时方可参加剧烈运动,不吃冷饮和难以消化的食物;重视准备活动,注意冬季运动开始时保暖。结合自身状况,合理安排运动时间和运动负荷。

处理方法:运动中出现腹痛,应降低运动强度,调整运动节奏,加深呼吸;用手按压腹痛部位,或弯腰慢跑一段距离,一般腹痛可以减轻或消失;如无效或疼痛反而加重,应立即停止运动,及时去医院治疗。

(二)运动性痉挛的预防原则及处理方法

肌肉痉挛俗称抽筋,是指肌肉发生不自主的强直收缩(持续性收缩)。运动中常见的是腓肠肌和足底肌肌肉痉挛,表现为小腿或足底肌肉持续性收缩、僵硬、疼痛难忍,可持续几秒到数十秒钟之久。常见原因有寒冷刺激、肌肉连续收缩过快、出汗过多、疲劳过度、缺钙等。

预防原则:剧烈运动前做好准备活动,对容易发生痉挛的肌肉,可适当按摩;夏季运动时,注意补充淡盐水及维生素,冬季室外锻炼注意保暖;膳食应选用含钙量高且营养丰富的新鲜食品,必要时补充维生素E,多吃含乳酸和氨基酸的奶制品、虾皮、瘦肉、豆制品等食品。

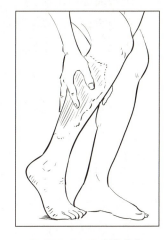

● 图2-4 运动性痉挛

处理方法:运动中发生肌肉痉挛时,尽可能缓慢、持续地将痉挛肌肉拉长,同时采用按压、揉捏等手法放松肌肉,也可进行热敷缓解痉挛。

(三)运动性中暑的预防原则及处理方法

运动性中暑是由高温环境引起的,以体温调节中枢功能障碍、汗腺功能衰竭和水及电解质丢失过多为特点的疾病。在高温、高湿或通风不畅环境中进行中高强度运动时,易发生运动性中暑。多见于长跑、马拉松、足球等项目。运动性中暑有轻重之分，重症中暑又分为热射病、日射病和热痉挛三种类型。

预防原则：运动时避开最热时段，饭后有必要的休息时间，保证充足睡眠；运动时尽可能戴帽子，穿浅色、散热效果好的运动服；运动中保证合理的水盐供应；运动中大量出汗者，运动结束后应注意补充适量的糖盐水。

处理方法：运动中发生中暑后，立即将中暑者转移到阴凉处，并尽快进行物理降温，如用凉水、酒精擦拭中暑者的身体，或在头部、腋窝、腹股沟放置冰袋，降低中暑者体温。给中暑者喝凉盐水、绿豆汤、含盐饮料或藿香正气水，一般可以较快恢复。对于急性重度中暑者，应保持其呼吸道畅通，并及时送往医院救治。

（四）运动性晕厥的预防原则及处理方法

运动性晕厥是指在高强度运动或激烈比赛中，由于一过性（短期出现的症状，程度轻微而且预后好）脑供血不足或脑血管痉挛所致的短暂意识丧失状态。运动性晕厥发病原因较多，大多与身体健康水平低、训练前饥饿、疲劳等有关。主要表现为突然发生的明显不适、头晕，甚至短时间的意识丧失等。

预防原则：坚持锻炼身体，增强体质，提高心脏功能和血管运动机能水平；长时间站立时，注意变换身体姿态或位置，保持下肢静脉血液回流。蹲久后应缓慢站起，当有晕厥的前驱征象时，立即俯身低头，以免晕倒；避免在夏季高温、高湿或无风天气条件下进行长时间的训练和比赛。

处理方法：将晕厥者置于仰卧位或抬高下肢，以增加脑部血液回流；解开紧身衣服，松开衣扣、腰带；头转向一侧，以免舌后坠堵塞气道；冷湿敷面部和颈部；同时适当给予糖水，有利于昏厥恢复。在进行上述急救的同时，拨打急救电话，尽快送往医院救治。

（五）运动性猝死的预防原则及处理方法

运动性猝死是指参加运动者在运动过程中或运动后即刻出现症状，24小时内发生的非创伤性意外死亡。猝死发作前心绞痛会突然加剧，表现为面色灰白、大汗淋漓、血压下降。有的还会出现原来没有的症状，如强烈的疲乏感、心悸、呼吸困难、精神状态突变等。发病原因多与患者心脏器质性病变或心血管结构异常，运动量超负荷或运动强度过大，愤怒、冲动、恐惧等急性情绪应激史或滥用药物有关。

预防原则：认真做好医务监督，患有心脏病或运动禁忌症（即不宜参加运动的疾病）者，应将自己的情况告知学校和体育老师，禁止带病参加运动；控制好运动时间和运动强度，进行长距离赛跑时，应有医务人员在场，并准备必要的急救设备。

处理方法：当患者出现猝死症状时，应立即停止运动，取仰卧位，松开衣领、衣扣和腰带，偏转头部保持呼吸道通畅，抬高下肢并做向心性按摩；同时密切观察生命体征（体温、脉搏、呼吸、血压）变化，注意有无心脏呼吸骤停及心律失常、心力衰竭及脑水肿等。如发生心脏呼吸骤停，立即实施心肺复苏术。同时拨打急救电话，尽快送医院救治。

> **过程讨论**
>
> 运动性损伤和运动性疾病的不同体现在什么地方？除了本书中所列的常见运动性疾病，你还知道哪些运动性疾病？它们的防治措施有哪些？

三、运动与职业病防护

职业病即伴随某类职业而发生的相关疾病，常见的职业病有：颈椎病、上交叉综合征、腕管综合征等。这类疾病患病人群相对集中，与所从事职业的工作形式密切相关，职业病的发生不仅损害身体健康，同时也会影响学习工作效率。因此，了解职业病的发病类型、原因、症状是非常必要的，同时注意掌握疾病的预防原则和保护措施，保持良好的运动习惯和健康生活方式，可以从源头上预防职业病的发生。

（一）颈椎病的预防原则及处理方法

颈椎病又称为颈椎骨关节病、颈椎综合征，是由于颈椎间盘变性突出、骨关节炎与其邻近软组织病变波及周围神经根、脊髓、椎动脉、交感神经，从而引起相应临床表现的一类疾病。颈椎病是一种多发病，常见于长期伏案工作、颈部动作固定的人群。这些职业的共同特点是颈部长时间维持同一姿势（多为低头），如果不及时改变习惯，症状会反复发作并逐渐加重，严重影响患者的工作和生活。

预防原则：预防颈椎病发生，应注意日常习惯的调整，枕头中央应略凹进，高度为12—16厘米，颈部不能悬空，使头部保持略后仰。脊髓型颈椎病患者，在洗脸、刷牙、饮水、写字时，避免颈部长时间的过伸或过屈活动。

处理方法：颈部的运动性治疗主要包括活动度的练习和颈部肌群力量的练习，包括低头、仰头、左右侧屈、左右旋转，每一个方向缓慢地进行至最大的无症状范围；颈部肌力训练以静力性收缩训练为主，如患者取颈部中立位，用手或弹力带从前额、左侧面颊、右侧面颊、后枕部分别施加阻力，头部抗阻的同时不产生头颈活动。工作期间定时活动颈部，避免久坐、长期保持同一颈部姿势。如发现症状无法缓解时，应及时到医院就诊。

（二）上交叉综合征的预防原则及处理方法

上交叉综合征即典型的"圆肩驼背颈前伸"体态，是由于人体长期处于一种状态下，前屈肌群痉挛而后伸肌群被动拉长，造成肌肉力量失衡，进而导致相关关节、肌肉等发生病理性改变的一种疾病（图2-5）。上交叉综合征常见于学生、上班族等长期伏案工作的人群，具体表现为头部前伸，肩胛骨外展、上提，伴随关节活动受限、颈肩部酸痛等症状，多伴有睡眠障碍、焦虑、抑郁等情绪。

预防原则：日常生活中应注意姿势的调整，挺胸抬头，避免弯腰塌背。不要长期保持同一动作，避免久坐，并定时进行颈椎拉伸等，能够有效地改善上交叉综合征人群的不良身体姿态和疼痛症状，提高其生活质量。

处理方法：面对上交叉综合征，首先应针对胸部和上背部易紧张肌群予以手法放松或拉伸，再对颈部和下背部薄弱肌群加强锻炼。注意不仅要对痉挛、紧张肌肉进行拉伸训练，也要对强化训练过后的肌肉进行拉伸放松，以避免再次出现肌肉及肌群的痉挛、紧张。

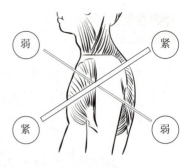

图2-5　上交叉综合征

（三）腕管综合征的预防原则及处理方法

腕管综合征是指人体的正中神经在腕管中受到腕横韧带压迫后产生的食指、中指疼痛、麻木和拇指肌肉无力等症状。由于多发生在频繁使用鼠标键盘的人群中，因此也被称为"鼠标手"，其发生原因是手腕密集、反复屈伸，导致腕横韧带增厚或指屈肌腱非特异性慢性腱鞘炎等，使腕管内压增加而产生压迫神经的麻痹和疼痛等症状。

预防原则：使用电脑时手臂不要悬空，移动鼠标时不要用腕力而尽量靠臂力，同时，配合使用"鼠标腕垫"，都有利于减轻对手腕的压力，预防"鼠标手"（图2-6）。

处理方法：平时可以进行手腕的屈曲伸展练习，增强腕关节周围肌群的力量，增加腕关节稳定性；在使用鼠标时，每间隔一个小时起身活动一下肢体，做一些转腕、握拳、捏指等放松腕关节和手指的动作。

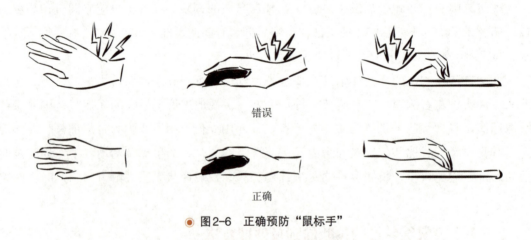

图2-6　正确预防"鼠标手"

过程讨论

颈椎病的发生越来越年轻化，在日常生活和学习中，哪些不良习惯会引发或加重颈椎病？如何去改善这些不良习惯？

思考与练习

1. 如果在运动中发生了肩关节脱位，你会怎么做？
2. 为什么运动中会发生抽筋？发生抽筋后你应该怎么做？
3. 驼背是怎么发生的？我们应该如何预防它？

参考文献

［1］陈才，洪芳芳.Mulligan手法治疗椎动脉型颈椎病的临床研究［J］.中国康复医学杂志，2009，24（4）：325—327.

［2］高立庆.高职学生体能训练中运动损伤出现原因及预防［J］.体育科技，2019，40（5）：22—23.

［3］郑亦沐，关里.职业因素与颈椎病发病关系研究进展［J］.中国工业医学杂志，2017，30（2）：112—114.

［4］李丽，沈彤，吴泽勇，等.运动疗法结合手法治疗颈型颈椎病的临床研究［J］.中国康复医学杂志，2014，29（9）：860—862.

［5］褚立希.运动医学［M］.北京：人民卫生出版社，2012.

［6］张凌志.大学体育与健康［M］.西安：西安电子科技大学出版社，2015.

［7］赵晓玲.大学体育与健康教程［M］.重庆：重庆出版社，2018.

［8］张大凯，聂彩林，胥长寿.高职学生安全教育通论［M］.北京：航空工业出版社，2018.

［9］张义飞，刘俊，刘鹏.大学体育［M］.长春：吉林大学出版社，2018.

［10］邹克扬.运动医学［M］.北京：北京师范大学出版社，2010.

［11］《运动医学》编写组.运动医学［M］.北京：北京体育大学出版社，2016.

第三章 科学健身与监控

【本章导学】

本章主要对科学健身的各类原则，健身监控的类别，不同运动处方的作用及制定过程进行了概述。在监控部分，重点对不同监控类型的具体方法进行了介绍。在运动处方部分，重点介绍了制定相应运动处方的原则、步骤和实施办法。通过本章学习能够在了解和遵循人体自身活动变化规律的基础之上，掌握监控身体形态和身体机能的各类方法，选择科学的练习手段和方法进行安全、有效的健身活动。

一、科学健身的原则

科学健身原则是基于人们长期从事健身活动总结出的宝贵经验和客观规律，是人们实现理想健身运动效果所必须遵循的基本准则。

（一）自觉性原则

自觉性原则是指为获得预期的健身效果，主动克服自身惰性，战胜各种困难，积极参加健身运动。落实自觉性原则要做到：

（1）明确目的，端正动机。要正确看待健身运动的作用，深刻认识健身运动的意义，只有将健身运动当作生活所需，才能化被动为主动。

（2）培养兴趣，形成习惯。要发掘健身运动的乐趣，为坚持健身运动提供动力，有规律地参加健身运动，逐渐形成科学健身习惯。

（3）定期反馈，增强信心。定期接受身体素质、身体形态和运动技能等方面的测试，既有助于检验健身运动效果，也能够通过积极的正反馈，提高自身参加健身运动的热情与信心。

（二）渐进性原则

渐进性原则是指参加健身运动要遵循运动技能形成和身体机能发展的客观规律，按照由易到难、由简到繁、由部分到整体、由低强度到高强度的顺序逐步进行。落实渐进性原则要做到：

（1）系统掌握科学健身知识，充分了解人体的运动学、形态学和生理学规律，高效地参加健身运动。

（2）做好身体机能的监控，重视自身因运动而产生的不适感，避免运动性疲劳的出现。

（3）在正式运动开始前要做好充足的准备活动，避免运动损伤的发生；在健身运动结束后，要及时做好放松整理活动。

（4）缺乏健身运动基础或中断健身运动时间过久的健身者，不宜参加强度较大的健身运动。

（三）全面性原则

全面性原则是指要系统地进行健身运动，全面地发展身体各部位、各器官、各系统机能以及各项身体素质，实现身心和谐发展。落实全面性原则要做到：

（1）树立全面发展意识，坚持身心一统的理念。

(2) 从日常的健身运动中找短板，主动增加针对性的练习以弥补不足。

(3) 主动适应环境，规律作息，丰富精神文化生活。

（四）目的性原则

目的性原则是指要充分认识和理解健身运动的作用和意义，有目的、有计划地参加健身运动，以求获得理想的健身效果。落实目的性原则要做到：

(1) 系统了解健身运动知识，掌握健身运动技能，为积极参加健身运动打好基础。

(2) 结合自身的身心发展需要，制定科学、合理、可操作的健身运动目标。

（五）差异性原则

差异性原则是指要根据自身的身体素质、健康状况和运动能力合理地安排训练内容和运动负荷。落实差异性原则要做到：

(1) 预先评估自身所能承受的健身运动负荷，量力而行。

(2) 遵循运动训练过程的一般规律，科学合理地进行健身运动。

(3) 明确健身运动目的，根据自身情况有针对性地选择练习内容、方法和形式。

(4) 参加健身运动时，要将主观感受和客观监测结合起来，时刻关注身体状态的变化。

(5) 要根据年龄特征、气候状况、睡眠情况等因素综合安排运动负荷和间歇时间。

（六）经常性原则

经常性原则是指要有规律、经常性地参加健身运动，这样才符合身体机能的适应性规律，达到改善身体形态，提高身体机能和运动技能水平的目的。落实经常性原则要做到：

(1) 合理安排运动间隔，制定好长期计划和短期安排。在单次大强度运动后可以安排较长时间的运动间隔，而中等强度运动后可安排较短的运动间隔。

(2) 参加健身运动切忌急功近利和半途而废，要持之以恒才会获得理想的健身效果。

> **过程讨论**
>
> 随着人们对长期坚持运动益处的认识不断加深，科学健身原则也越来越受到重视。那么，该如何去运用这些原则？坚持这些原则在运动过程中会产生哪些积极的影响呢？

二、科学健身的监控

（一）科学健身监控的定义

科学健身监控是指在长期健身活动中，周期性地采取特定测量指标对身体形态、身体机能、身体素质进行测评分析，以此作为评估自身健康水平和运动能力、调整运动处方、提升健身质量和效果的方法。

（二）科学健身监控的意义

通过科学健康监控，健身者可以了解自身真实情况，有把握地选择适合的负荷强度和负荷量，预防运动损伤，提高健身质量，保障健身效果。

1. 判断是否疲劳

运动性疲劳（Exercise-induced Fatigue）是指由于运动过度而引发机体的生理过程不能维持其技能在特定水平或预定的运动强度，是人体运动到一定阶段出现的一种正常生理现象。运动性疲劳具有两种情况，即适度的运动性疲劳和过度的运动性疲劳。适度的运动性疲劳在采取恢复手段后会得到缓解并消除，可促进机体机能进一步提高；而过度的运动性疲劳则会对机体产生不良影响。因此有必要在健身的过程中监测身体是否处于疲劳状态，选择采取一定的恢复措施，避免机体损伤。

2. 防止运动损伤

运动损伤（Athletic Injuries）指运动过程中发生的各种损伤。由于准备活动不足、技术动作错误、难以把控运动负荷强度而造成运动损伤的现象较为常见。有研究表明，功能性动作筛查（FMS）能够有效排查锻炼是否存在危险动作或代偿动作，从而帮助健身者避免运动损伤。[1]

3. 监控健身效果

在长期健身的过程中，对身体形态、身体机能、身体素质的阶段性和即刻性监测，既能够预防在健身过程中产生运动损伤，又能够及时反馈当下或阶段性的健身效果，从而帮助健身者调整运动计划。

4. 提高健身质量

科学监控能有效提高健身质量，需要贯穿健身全过程。在健身的入门阶段，科学监控有利于健身者全面了解自身机能水平并为健身计划提供准确的决策信息；当健身成为习惯，进入熟练阶段，科学监控能够防止产生运动损伤，并帮助健身者采取合适的恢复手段，从而提高健身质量。

（三）科学健身监控的类别及监控方法

1. 身体形态监控

（1）体格监控：指对人体进行量度、长度、围度、宽度以及厚度的测量。量度监控主要是指对体重的测量，高职学生也可以此来监控自己的体重变化；围度监控主要是对颈围、胸围、吸气时胸围、呼气时胸围、腰围、踝围等进行测量，以监控健身效果；长度监控主要是监控身高、坐高、指距、上肢长、下肢长等；宽度监控包括手宽、足宽、肩宽、盆骨宽；厚度监控主要指对于臀厚的监控。对于高职学生来说，成年后的身高以及手宽、盆骨宽等一般不会再产生变化，因此上述长度监控以及宽度监控都能够帮助高职学生更加了解自身机体情况。监控方法一般采用仪器测量法，常用仪器有体重仪、身高坐高计、软尺、弯脚规等。

---

[1] 另见第四章第一部分的内容。

（2）体型监控：体型是对人体某个阶段形态结构和组成成分的描述。高职学生可以参考美国谢尔顿的体型分类法来判断，该方法将人的体型分为外胚层型（瘦型，体高肌瘦、颈细长、肩窄下垂、胸廓扁平）、中胚层型（匀称型，身体各个部分结构均匀适中）和内胚层型（肥胖型，体格粗壮，个体肥胖柔软）。监控方法有目测法、直脚规测量法。

（3）身体姿势监控：身体姿势监控主要是针对身体各部位在空间上相对位置的监控。在整体上，身体姿势监控主要分为静态姿势监控和动态姿势监控；在局部上，身体姿势主要分为躯干部监控、臀部监控、腿部监控以及足部监控。在健身过程中进行身体姿势监控有助于预防运动损伤。监控方法一般采取仪器测量法，常用仪器有脊弯测量仪、重垂线和测量尺。

（4）身体成分监控：身体成分指体内各种成分的含量（如肌肉、骨骼、脂肪、水和矿物质等），常用体内各种物质的组成和比例表示，是反映人体内部结构比例特征的指标（图3-1）。只有各成分之间以合理的比例存在，才能维持机体的正常结构和功能，保持健康的体魄。身体质量指数（Body Mass Index，BMI）是广泛用于评价体重是否合理的指标。身体成分监控也可直接使用人体成分分析仪进行测量。

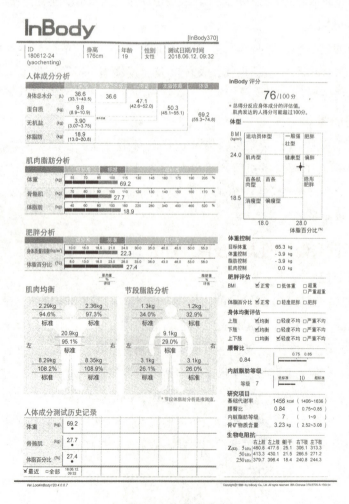

图3-1　人体成分分析

2. 身体机能监控

（1）心肺机能监控。心肺机能监控的监控结果与被监控者所处的状态息息相关，通常在健身前、健身中和健身后三个时间段进行监控，也会采取"三态反应"式监控（三态指安静状态、定量负荷状态及最大负荷状态）。心肺机能的监控主要包括心率监控、血压监控、呼吸机能监控和心血管机能监控。监控方法：一般采用动脉触诊法、听诊器测量法、血压测量法、肺活量计测量法，以及12分钟跑测试、30秒30次蹲起测试、台阶试验法等。

（2）神经系统机能监控。神经系统机能监控主要是监控各器官以及各系统的调节功能，以便对环境变化迅速作出反应，使机体适应环境生存。监控方法：一般采用膝腱反射检查、直立—卧位试验、卧位—直立试验等。

（3）感觉机能监控。感觉（sensation）是客观事物在人脑中的主观反应。感觉机能监控对于学生学习技术动作至关重要，是决定运动能力的关键因素，也能够客观地展现个体运动能力。监控方法：一般采用感知跳跃距离测验、闭眼单脚站立、直线行走试验等。

3. 身体素质监控

身体素质是指人体在运动中所表现出的速度、力量、耐力、柔韧性、灵敏性等方面的能力。身体素质的监控可以客观反映个体运动能力、运动技术的水平及变化情况。① 速度素质监控：速度是指人体进行快速运动的能力。速度素质又可分为位移速度、动作速度和反应速度。监控方法：50米跑、100米跑、10秒脚踏自行车、全身跳跃反应时等。② 力量素质监控：力量是指肌肉在工作时克服内外阻力的能力。力量素质又可分为肌肉力量、肌肉耐力和爆发力。监控方法：测力计测量法、1RM（一次最大力量）测量法、等速测量法等。③ 耐力监控：耐力是指机体长时间进行肌肉活动并对抗疲劳的能力。监控方法：定量计时测评、定时计量测评、引体向上等。④ 柔韧性监控：柔韧性是指人体各关节的活动幅度。监控方法：坐位体前屈（图3-2）、转肩、前后劈腿、左右劈腿等。⑤ 灵敏性监控：灵敏性是指人体在各种复杂的条件下，快速、准确、协调地改变身体姿势、运动方向和随机应变的能力。监控方法：10秒立卧撑、10秒反复横跨、10秒象限跳等（图3-3）。

● 图3-2　坐位体前屈测量

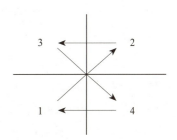

双膝并拢，微屈膝立于象限1，听到开始信号后，双脚并拢按照1-2-3-4-1的顺序跳跃。

● 图3-3　象限跳测验

> **过程讨论**
>
> 　　大量实践证实，科学的健身监控可以帮助人们更好地了解自身的身体健康状态与运动水平，从而达到提升健身效果的目的。这些监控方法的实施有何具体要求？该如何借助科学的健身监控方法养成终身体育意识？

三、运动处方的制定

（一）运动处方的概念

　　运动处方是指针对不同年龄、不同体质健康水平从事体育锻炼的人群或病人，通过运动测试、体力测验等检查资料，根据其身体状况，结合生活、运动环境条件等个体特点，以处方的形式规定运动类型、频率、强度、时间、运动量及进阶，并指出运动中相关注意事项，以便人们通过科学、有计划地参与锻炼，达到运动促进健康或治疗疾病的目的。

（二）运动处方的作用与分类

1. 运动处方的作用

　　运动处方有助于：① 促进身体健康，增强体质，提高个体心肺耐力，增强肌肉力量和柔韧素质，提升协调能力；② 通过系统科学的运动改变生活方式，降低肥胖、超重、糖尿病、高血压等慢性疾病的发病率；③ 为患有心脏疾病、外周血管疾病、肺部疾病、代谢类疾病、帕金森氏病等的病人提供康复治疗方案。

2. 运动处方的分类

　　（1）按照运动处方的实施目标与内容进行分类，可分为两类：① 单一运动处方。为提升某一运动能力或身体素质专门制定的单一项目或单一内容的运动处方。如提高力量素质运动处方，提升耐力素质运动处方。② 综合运动处方。包含多个目标或内容，通过不同运动项目、运动形式的搭配达到最终目标，如增肌运动处方，减重运动处方。

　　（2）按照应用性质进行分类，可分为四类：① 竞技运动处方。针对运动员不同专项、年龄、性别，以及所处运动周期的体能、技能水平等制定的科学运动训练计划。运动员可根据运动处方进行科学合理的训练，提升自身竞技水平。② 大众运动处方。为大众群体设计的行之有效且运动风险性较小的身体锻炼方案。由于大众的运动需求大同小异，对于想通过运动促进健康的大众而言，有计划的科学运动方案显得尤为重要。③ 预防保健运动处方。专为健康或亚健康人群设计，依据个体身体状况和水平开展的科学合理的运动方案，通过循序渐进的锻炼达到良好的效果，帮助其增强体质、预防慢性病、提高健康水平。④ 康复治疗运动处方。对于病人或残障者，根据医师或康复师的处方建议，可以通过运动达到治疗疾病的作用、提高康复效果。例如冠心病运动处方、糖尿病运动处方、不良步态运动处方等。

　　（3）按照体质要素进行分类，可分为五类：① 改善身体形态运动处方。通过相应的运动锻炼，使皮褶厚度、不同部位的围度等发生改变，从而使身体形态状况得到改善。② 增强身体机能运动处方。身体机能是指人的整体及其各器官、系统所表现出的生命活动。通过特定的运动处方可以使身体机能得到保持和发展，以此维系身体健康和体质水平。③ 发展身体素质运动处方。身体为了适应运动需要而表现出的如力量、耐力、速度、灵敏、协调、柔韧等能力。通过专门的运动处方可以使这些素质得到发展和提升。④ 提高适应能力运动处方。适应是指生物的形态结构和生理机能与其赖以生存的环境条件相适应的现象。通过运动处方的锻炼，可以使得人体内外环境互相协调，提高人体自身抵抗力，使人体维持稳定的应激表达水平。⑤ 调节心理状态运动处方。健康的心理状态有利于人们在社会环境下维持良好的社交关系，促进个人情绪表达，满足情感需求。通过运动调节不良情绪、锻炼心理素质，可以有效调节心理状态。

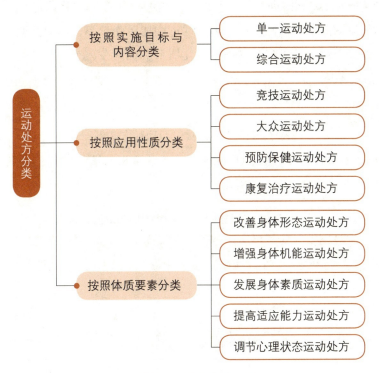

图3-4　运动处方分类

（三）制定运动处方的基本原则

制定运动处方可遵循美国运动医学学会（American College of Sports Medicine，ACSM）提出的FITT-VP原则：[1]

（1）频率（Frequency，每周进行多少次），指每周锻炼次数，应根据锻炼目标确定。一般每周锻炼3—5次，一定的休息时间可使机体得到"超量恢复"，获得更好的锻炼效果。

---

[1] 美国运动医学学会.ACSM运动测试与运动处方指南（第十版）[M].王正珍，等译.北京：北京体育大学出版社，2019.

（2）强度（Intensity，费力程度），是决定运动负荷的主要因素之一，通过运动时的心率可判断运动强度的大小。运动强度安排恰当与否，关系到锻炼的效果和锻炼者的安全。有证据表明，有更多运动经验的个体进行中高强度的运动为佳，而首次运动者更适宜选择中等强度。

（3）时间（Time，持续时间或总时间），指每次运动的持续时间或总时间。在耐力处方中主要采用"持续训练法"，需要规定有氧运动的持续时间；在力量运动处方或柔韧运动处方中，应规定完成每个动作的重复次数、组数以及间隔时间。

（4）方式（Type，形式或类型），个体参与运动的方式多种多样，如有氧、抗阻、神经肌肉、柔韧性运动等。应采用适合的运动方式，才能达到理想的运动效果。

（5）总运动量（Volume，量），总运动量由运动的频率、强度、时间共同决定。运动量对促进健康的重要作用已被证实，它对身体成分和体重管理的重要性尤为突出。

（6）进阶（Progression，进程），运动计划的进阶速度取决于运动者健康状况、体适能、训练反应和运动计划的目的。进阶可以通过增加运动频率、运动类型、运动强度、运动时间等运动处方中运动者可耐受的一项或几项来实现。在运动开始阶段，应强调低起始剂量、循序渐进的原则。

拓展阅读

基于FITT-VP的减重运动处方实例

减重运动处方的目的与作用：①使能量消耗最大化以促进减重；②将运动融入生活中，为减重成功后维持体重做准备。

● 表3-1　基于FITT-VP的减重运动处方

	有氧运动	抗阻训练	柔韧性训练
运动频率（F）	≥5天/周	2—3天/周	≥2—3天/周
运动强度（I）	中等强度 （40%—59% VO$_2$R 或 HRR，递增至≥60% VO$_2$R 或 HRR）	中等强度 （60%—70%1RM）	拉伸至肌肉紧张或轻度不适
运动时间（T）	30—60分钟/次	每次2—4组 每组8—12次	静态拉伸10—30秒 动作重复2—4次
运动方式（T）	游泳 长跑 骑行	自重训练 器械练习 弹力带训练	静态拉伸 动态拉伸 PNF拉伸
总运动量（V）	逐渐增加至 225—420分钟/周	双侧交替，两组分时段进行	
进阶（P）	适应期—提高期—稳定期，可从低强度开始逐渐增加		

注：VO$_2$R：储备摄氧量；HRR：储备心率；1RM：1次最大重复次数；PNF：本体感觉神经肌肉促进法。

思考与练习

1. 简述什么是科学健身原则,举例说明遵循科学健身原则有哪些益处。
2. 如何保障各类健身监控方法在运用过程中的科学性?请阐述相关的注意事项。
3. 运动处方的制定过程一般有哪几个步骤?

参考文献

[1] 马汉文,贺长乐.科学健身指导手册[M].银川:宁夏人民出版社,2009.
[2] 美国国家体能协会,贾里德·W.科伯恩,莫赫·H.马立克.NSCA-CPT美国国家体能协会私人教练认证指南(第二版)[M].高炳宏,译.北京:人民邮电出版社,2021.
[3] 田麦久.运动训练学(第二版)[M].北京:高等教育出版社,2017.
[4] 陈佩杰.健康体适能评定理论与方法[M].上海:上海教育出版社,2013.
[5] 祝莉,王正珍,朱为模.健康中国视域中的运动处方库构建[J].体育科学,2020,40(1):4—15.
[6] 美国运动医学学会.ACSM运动测试与运动处方指南(第十版)[M].王正珍,等译.北京:北京体育大学出版社,2019.
[7] 王正珍.运动处方概要[M].北京:北京体育大学出版社,2018.

第四章 运动与身体功能发展

【本章导学】

本章主要学习身体功能筛查、有氧能力发展、肌肉力量发展和协调能力发展等知识。身体功能是人体各器官系统的功能在肌肉工作中的综合反映，提高身体功能是增强体质的一个重要方面，是掌握运动技能、提升运动表现的重要基础。通过本章节的学习能了解身体功能筛查的方法，了解有氧能力、肌肉力量和协调能力的影响因素、练习方式和注意事项，并能准确地运用各种身体功能评估与测试方法指导体育锻炼的实践。

一、运动与身体功能筛查

身体功能筛查主要指功能动作评价，包括功能性动作筛查（Functional Movement Screen，FMS）和选择性功能动作评估（Selective Functional Movement Assessment，SFMA），二者之间构成了一个完整的功能动作评价体系。通常在准备进行运动训练或体育锻炼前会先进行功能性动作筛查，从动作模式角度对身体基础动作情况进行功能诊断，进而预测身体的薄弱环节，据此为锻炼人群设计个性化动作练习方案，改善健身人群的健身效果。如果功能性动作筛查没有明显动作问题就可以对受试者进行其他身体功能测试，根据测试结果进一步明确身体功能练习计划。

"疼痛"是整个评价系统的分水岭，如果在功能性动作筛查过程中出现疼痛就要对其进行选择性功能动作评估，从整体的动作模式出发，根据结果再对具体部位进行排查，最终找出身体功能的问题所在。

（一）功能性动作筛查

功能性动作筛查（FMS）是由美国物理治疗师格雷·库克（Gray Cook）和体能训练专家李·波顿（Lee Burton）于20世纪末提出的一种功能动作诊断方法，可以快速筛查人体错误的运动模式，由反映人体灵活性和稳定性的7个基本测试动作组成，包括深蹲、过栏架、直线弓步蹲、肩部灵活性、主动直腿上抬腿、躯干稳定俯卧撑和旋转稳定，其中肩部灵活性、躯干稳定俯卧撑和旋转稳定各附带有一个疼痛排除动作。[1] 7个测试动作中有5个动作（过栏架、直线弓步蹲、肩部灵活性、主动直腿上抬腿和旋转稳定）需要进行身体左右两侧的测试，并且每个动作左右侧各对应一个得分，总分取两侧中较低的评分。测试者根据受测者完成这7个基本测试动作的质量进行量化评分。评分标准分为0—3分4个等级；3分对应为能够按照要求完成动作；2分对应为受试者可以完成动作；1分对应为不能完成动作；当测试过程中出现任何疼痛，此测试对应的评分则为0分（疼痛排除动作时出现疼痛同样为0分），7个测试动作的总满分为21分（图4-1和表4-1）。

1　COOK G. Athletic Body Balance [M]. Champaign: Human Kinetic, 2001.

① 深蹲 ② 过栏架 ③ 直线弓步蹲 ④ 肩部灵活性
⑤ 主动直腿上抬腿 ⑥ 躯干稳定俯卧撑 ⑦ 旋转稳定

● 图 4-1 功能性动作筛查测试动作示意图

● 表 4-1 功能性动作筛查评分表

功能动作筛查（Functional Movement Screen）

被试者姓名_____ 从事专项_____ 测试时间_____
优势手：左侧__右侧__ 优势腿：左侧__右侧__

测试动作	得分	评 分 标 准			备注
^	^	3分	2分	1分	^
1. 深蹲	3 2 1 0	・脚跟躯干与胫骨平行，或与地面趋于垂直 ・股骨位于水平以下 ・双膝在脚的正上方 ・长杆在脚的正上方，保持水平	・躯干与胫骨平行，或与地面趋于垂直 ・股骨低于水平面 ・双膝在脚的正上方 ・长杆在脚的正上方，保持水平	・胫骨与躯干不平行 ・股骨不在水平面下 ・双膝不在脚的正上方 ・腰部明显弯曲	
2. 过栏架 胫骨高度__厘米， 抬左腿 抬右腿	3 2 1 0 3 2 1 0 3 2 1 0	・髋、膝、踝在矢状面呈一条直线 ・腰椎保持不动 ・长杆与栏架保持平行	・髋、膝、踝在矢状面不呈一条直线 ・腰椎有移动 ・长杆与栏架不平行	・脚碰到栏板 ・身体失去平衡	
3. 直线弓步蹲 胫骨高度__厘米， 左腿前 右腿前	3 2 1 0 3 2 1 0 3 2 1 0	・长杆始终与头、腰椎接触 ・躯干没有明显移动 ・长杆和双脚保持在同一矢状面 ・后腿膝在前脚脚跟后，并触碰木板	・长杆不能保持与头、腰椎接触 ・躯干有明显的移动 ・长杆和双脚不在同一矢状面 ・膝关节不能在前脚后跟处触木板	・身体失去平衡	

续表

测试动作	得分	评分标准 3分	评分标准 2分	评分标准 1分	备注
4. 肩部灵活性 手掌长__厘米， 左肩上 右肩上 冲击试验 左肩 右肩	3 2 1 0 3 2 1 0 3 2 1 0	• 两拳间距离在一个手掌长以内	• 两拳间距离在1个至1.5个手掌长	• 两拳间距离大于1.5个手掌长	
5. 主动直腿上抬腿 左腿上 右腿上	3 2 1 0 3 2 1 0 3 2 1 0	• 踝骨垂线落在大腿中部和髂前上棘（ASIS）之间	• 踝骨垂线落在大腿中部和髌骨中点/膝关节线之间	• 踝骨垂线落在髌骨中点以下	
6. 躯干稳定俯卧撑脊柱伸展试验__	3 2 1 0	• 男性拇指与前额顶端平齐，撑起1次 • 女性拇指与下颌平齐，撑起1次	• 男性拇指与下颌平齐，撑起1次 • 女性拇指与锁骨平齐，撑起1次	• 男性拇指与下颌平齐，不能撑起1次 • 女性拇指与锁骨平齐，不能撑起1次	
7. 旋转稳定 左臂前__ 右臂前__ 跪撑屈腰试验	3 2 1 0 3 2 1 0 3 2 1 0	• 脊柱与地面保持平行，完成1次同侧动作 • 膝和肘接触	• 脊柱与地面保持平行，完成1次对侧动作 • 膝和肘接触	• 不能完成对侧动作	

总分_____/ 21测试者

过程讨论

对身体功能进行筛查具有可操作性吗？

（二）选择性功能动作评估

选择性功能动作评估（SFMA）是基于动作模式的诊断系统，用来对已知肌肉骨骼疼痛的人群进行基本动作模式评价（如在做弯腰摸脚尖和深蹲动作中出现的疼痛），主要用来评估动态控制、神经发育本体感觉、独立活动和复合型功能活动的缺陷。[1]该测试由七个基本动作组成，其中包括：颈部动作模式、上肢动作模式、多部位屈曲、多部位伸展、多部位旋转、单腿站立和高举深蹲（具体测试方法请扫描右侧二维码）。

链接4-1

选择性功能动作评估

---

1 COOK G. Athletic Body Balance［M］. Champaign: Human Kinetic, 2001.

二、运动与有氧能力发展

有氧能力是指机体在氧气供应充足的情况下由能源物质氧化分解提供能量的能力。氧气供应充足是实现有氧工作的先决条件,也是制约有氧能力的关键因素。定期、有规律的有氧运动是提高心肺系统机能、抵御"现代文明病"最有效的手段。

链接 4-2

心肺功能的评定——Ruffier 测试

通过体育锻炼可以增强有氧能力,使人体发生以下变化:① 改善大脑皮层神经过程的均衡性和协调性,可以长时间保持兴奋和抑制有节律地转换。② 提高心血管系统工作能力,增加心输出量,增强血管运输能力。③ 加强呼吸肌力量和耐力,提高气体交换能力。④ 提高神经和肌肉的工作效率。

● 表 4-2 经常锻炼者和不经常锻炼者的心脏比较

指标	普通人	经常锻炼者
心脏重量(g)	300	400—450
心脏容积(ml)	765—785	1 005—1 027
心肌横截面(cm)	11—12	13—15
静息心率(b/min)	70—80	50—65
运动时每搏输出量(ml)	80—100	90—160

过程讨论

测测自己的静息心率,看看自己心率属于普通人范围还是经常锻炼者的范围。

(一)有氧能力练习方法

1. 综合练习

指由几种不同锻炼内容组合而成的锻炼方法,如第一天跑步,第二天骑自行车,第三天游泳等,避免日复一日进行单一项目练习而产生的枯燥感。

2. 持续练习

指长时间、长距离和中等强度(约70%最大心率)的锻炼方法,这是一种最受欢迎的有氧运动锻炼方法。锻炼者一次锻炼时间可持续30—60分钟,并且能够轻松地完成锻炼内容。

3. 间歇练习

指重复进行强度、时间、距离和间隔时间等较固定的锻炼方法。练习持续时间各不相同,但一般为3—5分钟,每组练习之间有一定的休息时间,休息时间一般稍长于练习时间。

（二）有氧能力练习模式

有氧能力的练习模式主要从锻炼方式、锻炼频率、运动强度、持续时间、锻炼过程安排5个方面进行安排。

1. 锻炼方式

常见的有氧运动锻炼方式有步行、慢跑、游泳、骑自行车、跳绳、太极拳、有氧健身操等，凡是有大肌群参与的运动都可以称作有氧运动的锻炼方式。

2. 锻炼频率

一周进行3次有氧锻炼可增加心肺功能适应能力，一周有氧锻炼4—5次，可使心肺功能达到最佳效果。

3. 运动强度

有氧运动强度接近50%的最大摄氧量即可增强心肺功能适应能力。目前推荐的有氧运动强度范围为50%—80%最大摄氧量，对应的心率区间为60%—85%最大心率。目标心率计算方式如下：

$$最大心率 = 220 - 年龄$$

$$目标心率 = 最大心率 \times 60\% — 最大心率 \times 85\%$$

● 表4-3　有氧锻炼时的适宜心率

类　　别	最 大 心 率	适宜有氧锻炼心率
体能良好者	220－年龄	（70%—85%）×最大心率
体能普通者		（60%—75%）×最大心率
体能不佳者		（50%—70%）×最大心率

4. 持续时间

每次进行有氧锻炼的时间，一般应为30—60分钟（不包括准备活动和整理放松活动）。对水平较低的锻炼者而言，起始阶段30分钟的锻炼就可以提高心肺功能水平，水平较高者可能需要40—60分钟。低强度的锻炼时间要长于高强度锻炼时间，如以50%的最大摄氧量强度进行锻炼，需要40—50分钟才能有效提高心肺功能适应水平；而以70%最大摄氧量强度进行锻炼，则需要20—30分钟锻炼时间。

5. 锻炼过程安排

（1）起始阶段：起始阶段最重要的是让机体逐渐适应运动，锻炼强度不应超过70%最大心率，根据不同适应水平，起始阶段可持续2—6周的时间。

（2）渐进阶段：渐进阶段时间较长，约持续10—20周。在这一阶段，锻炼频率、持续时间和强度应逐渐增加；锻炼频率应达到每周3—4次，每次锻炼持续时间不短于30分钟，锻炼强度应达到70%—90%最大心率。

（3）维持阶段：锻炼者经过16—28周的锻炼即进入维持阶段。如果已经达到自己的锻炼目标，则不必增加运动量，只需要维持已获得的锻炼效果。一般来说，若运动强度和锻炼持续时间都维持在渐进阶段最后一周的水平时，锻炼频率即使降至每周2次，心肺适应水平也无明显降低；若保持渐进阶段的锻炼频率和强度，锻炼持续时间可减至20—25分钟。相反，在锻炼频率和持续锻炼时间不变的情况下，强度减少1/3，心肺适应水平就会明显降低。

（三）安全提示

（1）每次运动前应做好准备活动，感觉不适时应停止运动或减少运动量。
（2）每次运动时要注意监控心率。
（3）每次运动后应做好整理放松活动，至少包括5分钟的小强度练习（如步行、放松和柔韧性练习）。

三、运动与肌肉力量发展

肌肉力量是指人体肌肉工作时，依靠肌肉收缩克服或对抗阻力的能力。肌肉工作所克服的阻力包括外部阻力和内部阻力两个方面。外部阻力指物体重量、摩擦力以及空气与水的阻力等。内部阻力指肌肉的黏滞性、各肌肉间的对抗力等，主要来源于运动器官的结构，包括骨骼、肌肉、关节囊、韧带、腱膜、筋膜等组织的阻力。肌肉活动要通过运动来实现，运动中的技术、战术和运动素质等都要通过肌肉活动来表现，所以说力量是运动的基础，与身体功能的发展密切相关。

通过体育锻炼可以使肌肉力量增强。肌肉在此过程的生理变化是：① 肌纤维增粗，肌肉体积增大；② 募集更多的肌纤维参与体育活动；③ 增加肌肉中的蛋白质含量，进而增强肌肉收缩的力量；④ 增多肌肉中的毛细血管网，加强肌肉组织所需物质的运输；⑤ 增加肌肉中的结缔组织，使肌肉获得良好的支持；⑥ 减少肌肉组织中的脂肪，降低肌肉收缩的阻力；⑦ 改善肌肉生物化学特性，使肌肉获得更多的能量物质储备；⑧ 提高中枢神经系统的同步作用和协调能力，在肌肉工作的时候有更多的运动单位同步收缩，更好地协调相关肌肉的兴奋和抑制能力。

（一）发展肌肉力量原则

1. 渐增阻力原则

渐增阻力是指肌肉力量与耐力练习的负荷，应随着肌肉力量与耐力的增长而逐渐增加。

2. 专门性原则

提高肌肉力量和耐力应采用不同的运动强度。大强度、重复次数少的练习（举起重物时仅能重复4—6次）能增加肌肉力量和体积，但无法增加肌肉耐力。低强度、重复次数多的练习（举起重物时能重复15次或者更多）可提高肌肉耐力，但肌肉力量增加不明显。

3. 系统性原则

根据用进废退的原理，力量练习应全年系统进行。每周进行3—4次的力量练习，可使肌肉力量、耐力明显增长。隔天练习可以使疲劳的肌肉在48小时内得到完全恢复，获得最佳的力量练习效果。

过程讨论

假设想发展自己的最大力量，该如何制定训练计划？

（二）肌肉力量锻炼模式

1. 最高重复次数和组数

在力量练习中常用最大重复次数（Repetition Maximum，RM），即进行某一练习时一次连续练习的最大重复次数，来衡量负荷的大小，如果练习者对某一重量只能连续举起6次，则该重量的负荷对练习者来说是6RM。

自我测试最大力量与确定适宜力量负荷

● 表4-4　不同目的的力量练习的强度、组数组合

强度（RM）	组　　数	效　　果
3—6	3—6	主要发展肌肉的绝对力量
8—12	3—6	主要发展肌肉体积
15—30	4—6	主要发展肌肉耐力

2. 每组练习间隔时间

各组力量练习的间隔时间，一般以肌肉能完全恢复为准。肌肉在练习后3—5秒时已恢复50%，2分钟时完全恢复。练习的间隔时间一般在1—2分钟。

3. 每次练习间隔时间

如果每次是进行全身肌肉力量练习，则每隔一天进行锻炼的效果最佳，这样可以使疲劳的肌肉在48小时内得到充分恢复。如果每天都坚持力量练习，则每天应练习不同的肌群。

4. 不同肌群练习顺序

为了保证大肌群承受适当的超量负荷及练习的安全，大肌群必须在小肌群疲劳前进行练习。典型的力量练习顺序模式：大腿肌肉（股四头肌）—肩部和胸部肌肉（三角肌、胸大肌）—背肌和大腿后肌群—小腿肌—肱三头肌—腹肌—肱二头肌。

5. 力量练习过程安排

一般来说，力量练习的过程分三个阶段：开始阶段、慢速增长阶段和保持阶段。在力量练习开始阶段应避免使用最大重量，应采用较轻的重量，如最大重复次数为12—15次的负荷。经过开始阶段的力量练习如果肌肉已经掌握练习动作的技术能力，就可以增加重量。当肌肉力量得到增强时，可继续增加重量，直到达到练习者制定的目标为止。达到目标后，每周1—2次练习即可保持原增长水平；如不训练，30周后原增长水平完全消退。

（三）安全提示

1. 进行负重练习前应仔细检查设备的安全性。
2. 在进行负重练习前应充分做好准备活动，练习后做好整理放松活动。
3. 使用杠铃练习时，必须有同伴辅助，在保护下完成练习。
4. 在进行负重练习时，如感到不适，应立刻停止练习。

四、运动与协调能力发展

协调能力，是指身体各部分在时间和空间里相互配合，合理有效地完成动作的能力，包括神经的协调、肌肉的协调和运动觉的协调。反映出人体在不同系统、不同部位、不同器官协同配合完成技术动作的能力，是形成运动技术的重要基础。研究表明，制约人体协调能力的因素主要有以下几种：一是遗传因素；二是大脑皮质下中枢神经系统的支配能力；三是人体感官系统机能的灵敏性；四是运动技能的储存数量；五是其他运动素质发展水平等。

在神经系统的综合控制下，运动协调可以分为肌肉协调和动作协调。肌肉协调通过肌肉的配合来表现，包括主动肌、辅助肌和拮抗肌的相互配合协作以及不同动作部位各肌肉间的配合协作。而动作协调是指动作的不同阶段、不同环节相互配合、相互连结的状态。

协调能力的水平可以从完成动作过程中有无多余动作或动作僵硬（紧张）程度进行判断，有时也可设计一个有难度的新动作让练习者来完成，通过观察个体掌握新动作的能力对其协调能力进行评价。

协调素质的发展可分为综合的协调素质练习和分解的协调素质练习两种方式。综合的协调素质练习是指在体育课和比赛中，同时也在技能训练、体能训练中，要求锻炼者注意完成动作的协调性；分解的协调素质练习则是针对各种构成能力分别采用专门的练习手段予以发展。

思考与练习

1. 在运动前为什么要进行身体功能筛查？
2. 在进行力量训练时，需要注意哪些问题？
3. 如何运用本章的知识指导自己或他人进行体育锻炼？

参考文献

［1］COOK G. Athletic Body in Balance: Optimal Movement Skills and Conditioning for Performance［M］. Champaign: Human Kinetic, 2001.

［2］尹军.身体运动功能诊断与训练［M］.北京：高等教育出版社，2015.

［3］肖夕君.科学运动与健康［M］.长沙：湖南文艺出版社，2006.

［4］王文清.大学体育（第四版）［M］.北京：中国农业出版社，2015.

［5］刘纪清，李国兰.实用运动处方［M］.哈尔滨：黑龙江科学技术出版社，1993.

［6］孙麒麟，顾圣益.体育与健康教程（第五版）［M］.北京：高等教育出版社，2013.

［7］田麦久.运动训练学（第二版）［M］.北京：人民体育出版社，2000.

［8］邓晖，刘战红.大学体育［M］.天津：天津科学技术出版社，2020.

［9］李景莉，郭修金.运动协调相关概念、特征及其分类的理论解析［J］.上海体育学院学报，2003，37（6）：29—32.

第五章
体育文化与品德

【本章导学】

本章主要学习中华体育精神、奥林匹克运动以及体育行为规范等知识。通过本章的学习，了解中华体育精神的核心要义、女排精神的概念内涵；了解奥林匹克运动的历史与发展历程，认识并理解奥林匹克的格言、标志和会徽；了解北京奥运会的3大理念、会徽、口号和吉祥物；熟悉并遵守体育运动中的体育行为规范，了解体育运动中的参赛规范和观赛规范。

一、中华体育精神

体育强则中国强，国运兴则体育兴。体育精神是体育文化的内核，是体育运动价值的最高体现。体育精神的展现是人类通过体育运动对自身力量、智慧与进取心理等的一种升华。中华体育精神是中国体育结合自身实际情况，在长期发展中形成的具有中国优秀传统文化与中国体育文化精髓的本土精神意识、思维活动、一般心理状态以及文化属性，其所形成的相关体系为国家提供了强大的文化引导力量，为社会营造了健康向上的体育锻炼氛围，为民众提供了正向的体育价值直观模本。

（一）中华体育精神的核心要义

中华体育精神是中国体育的核心和灵魂，总结凝练为24个字：为国争光、无私奉献、科学求实、遵纪守法、团结协作、顽强拼搏。中华体育精神来之不易、弥足珍贵，是中国人民民族精神的重要组成部分。在理解和发扬中华体育精神核心要义时应凸显习近平新时代中国特色社会主义思想，认真汲取中华优秀传统文化的思想精华与道德精髓，大力弘扬以爱国主义为核心的民族精神和以改革创新为核心的时代精神，深入挖掘和阐释中华优秀传统文化的时代价值，积极弘扬社会主义核心价值观。

（二）中华体育精神的杰出代表——"女排精神"

中国"女排精神"是中华体育精神的重要组成部分，是中华民族坚强不屈、百折不挠性格的生动映射。中国女排曾在1981年和1985年世界杯、1982年和1986年世锦赛夺得冠军，取得世界上第一个世界级排球赛事"五连冠"，随后又在2003年世界杯、2004年奥运会、2015年世界杯、2016年奥运会、2019年世界杯五度夺冠，共十度成为世界冠军（包括世界杯、世锦赛和奥运会三大赛事），铸就"十冠王"佳话。中国女排也同时成为中国"足球、篮球、排球"——三大球中唯一拿到世界级大赛冠军奖杯的队伍。但女排也历经多次低谷，如在1984年首次亮相洛杉矶奥运会即夺冠后，时隔20年才再次在2004年雅典奥运会夺冠，后又在2008年北京奥运会获得季军、2012年伦敦奥运会获得第五名。虽然女排战绩起起落落，但是，在一系列世界级大赛的洗礼下，女排姑娘们历经沧桑而初心不改，饱经风霜而本色依旧，其拼搏奋进的精神熔炼成了令人振奋的"女排精神"，成为中国人民民族精神谱系的重要组成部分，是中华体育精神的集中体现，是跨越时空、历久弥新的精神力量。

> **过程讨论**
>
> 令你印象最深刻的中国女排比赛是哪一场？就深刻的原因与同学一起进行讨论。

二、奥林匹克运动

奥林匹克运动是人类文明史上迄今为止，持续时间最长、影响范围最广、规模最为宏大的社会文化现象之一。奥林匹克运动在奥林匹克主义指导下，以体育运动和4年一度的奥林匹克庆典为主要活动内容，目的在于促进人的全面发展，增进各国人民之间的相互了解，在全世界普及奥林匹克主义，维护世界和平，是一种融体育、教育、文化为一体的综合性、持续性、世界性的国际社会运动。奥林匹克运动包括以奥林匹克主义为核心的思想体系，以国际奥委会、国际单项体育联合会和各国或地区奥委会为支柱的组织机构体系，以及以奥运会为周期的体育活动内容体系。

（一）奥林匹克运动的历史演变

奥林匹克运动会，简称"奥运会"，起源于公元前776年的古希腊，到公元394年遭到禁止，此后沉睡了近1 500年，后来经过不断地演变，在近代资本主义发展的推动下，近代体育思想逐步形成并在欧洲各地广泛传播，最终诞生了现代奥林匹克运动。

现代奥林匹克运动的创始人是法国著名的社会活动家、教育学家、历史学家皮埃尔·德·顾拜旦（1863—1937），他于1892年首次公开提出恢复奥运会，并把范围扩大到全世界，被誉为"现代奥林匹克之父"。1896年，第1届现代奥林匹克运动会在古代奥运会的发祥地希腊雅典正式举行，希腊人维凯拉斯当选为第一任主席，顾拜旦担任秘书长，此后每4年举行一次，会期不超过16天。第1届现代奥运会的成功举办，标志着体育运动进入了一个崭新的时代。随后，现代奥运会从1896年正式开始，其中第6届（1916年）、第12届（1940年）、第13届（1944年）由于战争的原因没有举行，第32届（2020年）推迟到2021年举行，但是届数仍然按照顺序进行排列，其他均按正常年份举办。

（二）奥林匹克与体育文化

体育文化是人类本身需求的特殊反映，是人类在体育生活和体育实践中创造出来的，并通过有形的身体形态、动作技能、运动器材、物质以及无形的与社会属性相关的意志、观念、时代精神反映出来，显现了各具特色的存在方式。而奥林匹克文化则蕴含着公平竞争、互相理解、友谊团结的精神内涵，业已成为当今世界体育文化发展的主流文化，成为各民族展示自身文化以及政治、经济、科技等多视角的立体视窗。奥林匹克文化的精神内涵典型表现在奥林匹克宪章、标志、格言和精神方面。

《奥林匹克宪章》是国际奥委会制定的关于奥林匹克运动的基本原则、规则和附则的法典。它指导奥林匹克的组织和运行，是奥林匹克运动存在和发展的最基本内容，对奥林匹克组织宗旨、原则、成员资格、机构及其职权范围和奥林匹克各种活动的基本程序等做了明确规定。奥林匹克标志（图5-1）是由《奥林匹克宪章》确定的。它由5个奥林匹克环套接组成，可以是一种颜色，也可以是蓝、黄、黑、绿、红5种颜色。5种颜色被解释为象征五大洲：欧洲——天蓝色，亚洲——黄色，非洲——黑色，澳洲——草绿色，美洲——红色，加上奥林匹克旗帜的底色——白色，6种颜色代表着参加国际奥委会所有国家和地区旗帜的颜色。奥林匹克旗帜象征着五大洲的团结，以及全世界的运动员以公正、坦率的比赛和友好的精神在奥林匹克运动会

● 图5-1　奥林匹克标志——奥运五环

● 图5-2　悉尼奥运会会徽

上相见。奥林匹克的著名的格言"更快、更高、更强——更团结"（英文：Faster, Higher, Stronger——Together，2021年7月20日国际奥委会第138次全会投票表决将"更团结"加入格言中），旨在鼓励运动员在竞技场上面对强手时，发扬大无畏精神，敢于斗争，敢于胜利；在自己生活的方方面面不断地超越自我，更新自我，永葆青春活力。奥运会的显著标识是会徽，亦称奥运会会标，是一届奥林匹克运动会的徽记。每届奥运会都有不同的会徽，但所有会徽都带有五环标志，然后再衬之以反映东道国特点或民族风俗的图案（图5-2）。奥林匹克运动之所以具有如此强大的生命力，奥运会的规模之所以迅速扩大经久不衰，其根本原因在于所体现出的奥林匹克精神。《奥林匹克宪章》指出：奥林匹克精神就是互相了解、友谊、团结和公平竞争，它已成为人类文化发展的宝贵结晶和精神财富，是奥林匹克运动深入发展的巨大动力，并在一定程度上推动着人类社会不断发展和进步。

（三）中国与奥林匹克运动

1. 奥林匹克运动在中国

在1932年第10届洛杉矶奥运会上，刘长春成为第一位参加现代奥运会的中国人，这也是中国第一次正式参加国际奥委会组织的夏季奥运会。1952年第15届奥运会在芬兰赫尔辛基举行，我国游泳运动员吴传玉参加了百米仰泳比赛。新中国首次正式参加夏季奥运会是1984年第32届洛杉矶奥运会，射击运动员许海峰为中国获得奥运会史上首枚金牌，实现了我国历史上奥运会金牌"零"的突破，开启了我国奥运史上新的篇章，而且此后的历届奥运会我国都未曾缺席，且常位居奖牌榜前列。以下为历届夏季奥运会和冬季奥运会中国代表团奖牌榜和排名情况（表5-1，5-2）：

● 表5-1 历届夏季奥运会奖牌榜——中国

年份	举办地	金牌	银牌	铜牌	总数	排名
1984	洛杉矶	15	8	9	32	4
1988	汉城	5	11	12	28	8
1992	巴塞罗那	16	22	16	54	4
1996	亚特兰大	16	22	12	50	4
2000	悉尼	28	16	15	59	3
2004	雅典	32	17	14	63	2
2008	北京	48	22	30	100	1
2012	伦敦	38	27	23	88	2
2016	里约热内卢	26	18	26	70	3
2020	东京	38	32	19	89	2

● 表5-2 历届冬季奥运会奖牌榜——中国

年份	举办地	金牌	银牌	铜牌	总数	排名
1992	阿尔贝维尔	0	3	0	3	15
1994	利勒哈默尔	0	1	2	3	19
1998	长野	0	6	2	8	16
2002	盐湖城	2	2	4	8	13
2006	都灵	2	4	5	11	14
2010	温哥华	5	2	4	11	8
2014	索契	3	4	2	9	12
2018	平昌	1	6	2	9	16
2022	北京	9	4	2	15	3

2. 2008年第29届北京夏季奥运会

2001年7月13日晚,当时任国际奥委会主席萨马兰奇宣布北京获得2008年第29届夏季奥运会主办权时,中国沸腾了!北京的申奥之路走了8年,奥运选择北京,世界看好中国。在占世界人口五分之一的中国举办奥运会,是有史以来的第一次,是奥林匹克运动在新世纪的一次重要机遇,也是增进中国人民和世界人民交往、促进奥林匹克运动进一步发展的重要机遇。北京奥运会提出"绿色奥运""人文奥运""科技奥运"三位一体的奥运理念,成为本届奥运会最大的亮点和特色。图5-3和图5-4分别为北京奥运会会徽、口号和吉祥物。

图5-3 北京奥运会会徽、口号　　图5-4 北京奥运会吉祥物

3. 2022年第24届北京冬季奥运会

2022年北京冬季奥运会（2022 The Winter Olympics in Beijing）即第24届冬季奥林匹克运动会，简称"北京冬奥会"。这是中国历史上第一次举办冬季奥运会，北京、张家口同为主办城市，也是继北京奥运会、南京青奥会后，中国第三次举办的奥运赛事。北京成为奥运史上第一个同时举办过夏季奥林匹克运动会和冬季奥林匹克运动会的城市，被称为"双奥之城"。图5-5和图5-6分别为北京冬奥会会徽和吉祥物。

图5-5　2022年北京冬奥会会徽　　图5-6　2022年北京冬奥会吉祥物（冰墩墩）

三、体育行为规范

（一）体育行为规范的概念阐释

行为规范是指个人和社会群体在社会活动中普遍认可和遵循的行为标准和原则，包括道德规范、行为准则、规章制度和法律法规等。遵守社会行为规范，是一个公民应具备的基本素养。违反社会行为规范的失范行为会破坏正常的社会秩序，给其他的社会公民和失范行为人自己带来不良的后果和影响。"体育行为规范是指人们在体育活动领域，依据人们对体育活动中公平竞争秩序的需求和体育活动中利益价值的判断等，形成和制定的体育活动所应遵循的标准和原则，对体育活动参与者的行为具有引导、调节、规范和约束的作用。"引导人们遵守体育行为规范，不仅有利于防止运动场上不文明事件的发生，养成良好体育行为习惯，还有利于保障体育活动顺利开展，对体育事业良性健康发展有重大意义。

（二）竞技运动中的体育行为规范

体育行为规范是推动体育赛事、体育事业健康发展的重要保障。国家体育总局于2018年8月印发《关于进一步规范体育赛场行为的若干意见》，明确规定了要规范各类体育赛事活动中的赛场行为，确保赛事活动公平、公正、安全、有序开展，促进体育事业健康发展。接下来将以足球运动中的行为规范为例，谈谈参与足球运动的各方如何遵守足球场上的行为规范。

足球运动，有"世界第一运动"的美誉，是全球体育界最具影响力的单项体育运动。足球运动的正常开展，势必要求参与足球运动的各方（裁判员、球员、球迷等）遵守相应的行为规范。

1. 裁判员

裁判员应发扬公平竞赛精神；穿着得体、整洁，与球队双方官员和球员保持正当联系；仔细检查所有设备；让比赛不受干涉顺利进行；保持冷静；行为高尚；及时提醒队员以避免犯规；迅速认真地处理任何蔑视比赛规则、对手或者裁判员的行为；劝阻、制止有情绪的球员故意犯规，影响比赛；关心受伤的队员；严格处置假装受伤的人，或企图使对手受到不公平处分的行为；掌握有利时要做出明确的手势；及时发现并处理任何破坏比赛的行为。

2. 球员

球员应坚持公平竞赛，必须遵守以下规则：不穿可能伤害他人的服装；为对手鼓掌；欣赏对手的球技；与对手分享饮用水；帮助受伤的对手；不要夸张所受轻伤的程度以吸引他人注意力；不使用暴力或危险动作；不用危险动作报复对手；帮助队友和对手；避免与队友或官员发生争吵；无条件服从裁判员或助理裁判员的判罚；不要对边线球、角球、球门球等的判罚提出异议，让裁判员来做决定；自觉遵守罚任意球时防守队员退出9.15米的规定；服从并尊重裁判员的判罚；不可趁裁判员不注意时犯规；被判越位后，不再踢球；有尊严地接受失败；胜不骄，败不馁。

3. 球迷

球迷应遵守球场行为规范，将足球比赛视作运动而不是战争；了解足球运动以便更好地欣赏它；欣赏对方球员的球技并为之鼓掌；批评不良行为以及作弊行为；尊重对方的球迷；要能设身处地理解赛场上执法的裁判员，并给予他们鼓励和尊重；反对他人以暴力或不良行为破坏足球比赛形象。

体育行为规范中所体现的相互尊重、友谊团结和公平竞赛等理念，以及以诚相待、信守承诺的精神，对保障体育活动顺利进行至关重要。在体育活动中，遵守体育行为规范，注重参赛、观赛文明礼仪，注重语言礼仪，使人文明；讲究行为礼仪，注重行为规范，使人优雅。在体育赛事中，如果每个参与者都能注意并遵守体育行为规范，整个活动就会充满秩序感、流畅感、魅力感，对形成良好的观赛礼仪、获得优质的赛事体验非常有意义。这不仅有助于塑造个人形象，也有助于塑造整个团队的形象，甚至对国家形象产生良好的影响。

（三）其他运动中的体育行为规范

1. 武术比赛中的抱拳礼

武术中的抱拳，是以左手抱右手，自然抱合，松紧适度，拱手，自然于胸前微微晃动，不宜过低或过高。

① 抱拳礼，与其类似的礼节称"拱""揖礼"，汉族传统礼仪（多见于习武之人）中的一种相见礼，源于周代以前，有3 000年以上的历史，是汉族特有的传统礼仪。

② 用左手抱右手，这称作"吉拜"，相反则是不尊重对方的"凶拜"。另外武术界中的抱拳礼是由"作揖礼"和少林拳的抱拳礼（四指礼）加以提炼、规范、统一得来的，被赋予了新的含义，是在国内外一直被采用的具有代表性的礼法。

③ 古代练武之人切磋时抱拳礼有两种。一个是右掌左拳，一个是左掌右拳。《道德经》中第31章讲道：君子居则贵左，用兵则贵右。即吉庆的事情以左边为上，凶丧的事情以右方为上。因此，右掌左拳有决生死之意，而左掌右拳仅为切磋而已。

2. 舞狮表演中的礼仪

① 起舞的礼节。未起舞之前狮子平放于地上，舞狮头者站于狮子右边，舞狮尾者站于狮尾左边。准备时，击鼓者先打三下鼓边，"得、得、得"作预备，而后擂鼓施礼，持续下去就是舞狮头者跳过狮头左边，拿起狮头进入狮头内，舞狮尾者也同时跳过右边拿起狮尾进入狮尾内，狮抬高走急密步，走前行三次礼，第一次向当中起礼，第二次向右边起礼，第三次向左边起礼，而后正式起鼓励狮（有的处所是先向左边施礼，第二次向右边起礼，第三次向当中起礼；原因是左为先人，右为师傅，中是大神）。

② 所经路途有神位、桥、水井、武馆的规则。碰到神位，狮子先到神前参拜三次礼，而后起平音鼓点，舞动狮头由右边进前（用三星鼓），到神台前用七星鼓或震音鼓，狮子咬台边左右，完后起平音鼓点再三次参拜，狮子由左边退场礼成。

舞狮经过有桥、水井或同道武馆时，狮子必须施礼，对桥、井施礼表示饮水思源，对同道武馆起礼表示相互尊崇，此为学武者应有的规矩和品德。

③ 入庙、入屋、退场的规则。狮未入庙前先行参拜，而后探路由右边进前，须探门、咬门边、擦门、缠柱、先右后左，始入庙参拜神位（狮头先入），在庙内狮子绕舞一周，而后参拜神位三次并退出，狮尾先退场，须由左边退，礼成。狮至屋前先行参拜三次，而后探路进前，试探门路、两边，而后咬门边及擦门柱，然后入屋参拜，绕一周后参拜并退出，狮尾由左边退场，礼成。

思考与练习

1. 中华体育精神包括哪几个方面？
2. 女排精神包括哪几个方面？
3. 第29届北京夏季奥运会会徽是什么？有什么含义？
4. 第24届北京冬季奥运会口号是什么？有什么含义？
5. 什么是体育行为规范？试举例说明某一运动项目的行为规范有哪些。

参考文献

[1] 李广明,邱硕立.基于"中华体育精神"的"体育强国"建设策略思考[J].武术研究,2021,6(11):140—142,156.

[2] 罗晓婷.新时代中华体育精神的继承创新与发展[J].西安体育学院学报,2021,38(4):402—408.

[3] 张明,袁芳,梁志军.体教融合背景下高校排球课程思政理论与实践研究——女排精神融入排球普修课程的设计[J].北京体育大学学报,2021,44(9):156—165.

[4] 刘守燕,王良民.体育与健康[M].北京:科学出版社,2008.

[5] 刘垚,李曦.体育与健康[M].合肥:合肥工业大学出版社,2016.

[6] 陈善平,刘丽萍,张中江,等.大学生体育规范行为意向量表编制及应用[J].北京体育大学学报,2020,43(10):50—58.

第六章 田径运动

【本章导学】

　　田径运动是人类最古老、最具有影响力的运动项目之一。田径运动项目的基本技能包括走、跑、跳、投等动作，要求练习者具有良好的速度、力量、耐力等身体素质作为内在支撑。动作技能的多样性加上对身体素质要求的全面性，使得田径运动对其他运动项目（例如篮球、足球等）能力的发展与成绩的提高具有很好的支撑与促进作用，所以田径运动素有"运动之母"的美称。本章节主要介绍几种常见的跑、跳、投类运动项目，带领大家认识田径运动，掌握基本的田径运动技能与练习方法，简单了解田径运动项目的基本规则。

一、田径运动概述

（一）田径运动的概念与分类

田径运动（Athletics）是由径赛和田赛、公路跑、竞走、越野跑和山地赛跑组成的运动项目，具体分为竞走、跑、跳跃、投掷，以及由跑、跳、投部分项目组成的全能运动。径赛项目是指以时间计算成绩的竞走和跑类的项目，田赛项目是指以高度或远度计算成绩的跳跃、投掷项目，全能项目是用评分方法计算成绩的组合项目。

（二）田径运动的起源与发展

1. 田径运动的起源

田径运动是一项古老的体育运动，是在人类与自然界共存和斗争过程中形成的。古代人迫于生存的压力，需要快速的奔跑能力、敏捷的跳跃能力来逃离危险或者追捕猎物。当人们学会使用工具时，又需要准确、有力的投掷技能来用石块或标枪猎杀动物。随着在生产劳动中的不断总结积累，逐渐形成了走、跑、跳、投等各种技能，人们对这些技能进行不断的强化练习，逐渐形成了特定的体育竞赛形式。

据世界体育史料记载，最原始的体育竞赛中，影响最大、历史最悠久的当属公元前776年在古希腊举行的第1届古代奥林匹克运动会，当时只有一个距离为192.27米的短跑比赛项目，这也是第1届到第13届古代奥运会唯一的比赛项目，其受到关注的程度相当于今天奥运会的百米飞人大战。古代奥林匹克运动会延续了1 000多年，直到公元394年被罗马帝国皇帝狄奥多西一世废止，在此期间，田径运动一直是古代奥运会的主要项目（图6-1）。

● 图6-1　古代人进行长跑比赛画面

1896年，以"恢复古代奥运会"为名义在希腊雅典举办的第1届现代奥林匹克运动会，被认为是现代田径运动开始的标志。

2. 田径运动的发展

（1）世界田径运动的发展

世界现代田径运动的发展，大致可分为四个阶段。

第一阶段是1896年至1920年，特点是田径运动竞赛框架的初步建立与竞赛项目的自然发展。1912年7月17日，"国际业余田径联合会"（IAAF，国际田联前身）在瑞典首都斯德哥尔摩举行成立大会，为国际田径比赛制定了一个能被普遍接受的组织章程和规则，成为田径运动的世界性法典。这一阶段田径竞赛项目逐渐增多，但运动员的技术整体而言比较粗糙，运动水平主要依托自身的天赋，缺乏系统科学的训练。

第二阶段是1921年至1960年，特点是田径运动竞赛框架的基本完成与合理技术动作的探索与发展。1924年，专门管理女子田径赛事的田径运动联合会（FSFI）成立，并且在1928年荷兰阿姆斯特丹举行的第9届奥运会上，首次将女子5个项目列为田径比赛内容。这个时期的田径比赛项目有了新的发展，到1960年罗马奥运会（第17届），田径项目已达34个，而且在项目的内容和标准上也趋于统一和定型。田径运动的赛事运行也更加科学，大量先进的技术被运用到比赛中。

第三阶段是1961年至1996年，特点是田径运动的全面发展与专项技术的快速进步。1968年，人工合成塑胶跑道的应用对田径运动发展具有划时代的意义，对专项技术的改进和专项成绩的提高也起到了巨大的促进作用。奥运会设置的田径竞赛项目稳步增加，到第26届奥运会上达到44项，且男女项目数量基本持平。

第四阶段是1997年至今，特点是田径运动的高度发展与世界田径水平的整体提高。进入21世纪，田径运动竞赛规则更加完善，各个项目的发展更为规范，国际大赛种类繁多，不仅有奥运会、世锦赛，还有室内田径锦标赛、世界杯田径赛、国际田联钻石联赛，以及一些国家与地区的高水平赛事。

（2）我国田径运动的发展

我国现代田径运动的发展历史有100余年，大致可分为五个阶段：

第一阶段是19世纪末至1949年，是我国田径运动引进与初步发展阶段。我国第一次出现田径运动的比赛是1890年，在上海圣约翰书院举行，随后各类学校开设的体育课普遍采用田径项目作为教学内容，学校之间的田径比赛也不断增多。1910年，在南京举行了第1届全国运动会，到中华人民共和国成立前，我国共举办了7届全国运动会，并且参加了第10届（刘长春参加）、第11届（23人参加）和第14届（3人参加）奥运会的田径项目比赛。这一阶段由于经济落后，连年战乱，我国田径运动基本处于停滞状态。

第二阶段是1949年至1965年，是我国田径运动迅速普及和提高阶段。1949年后，党和国家高度重视体育运动的开展。1952年，毛泽东主席为中华全国体育总会成立题词——发展体育运动，增强人民体质。此后每年都举行大规模的田径运动会，加之田径运动在学校的普及以及青少年业余体校田径班的成立与发展，有力推动了我国田径运动水平的提高。

第三阶段是1966年至1976年，我国体育事业受到了严重影响，训练队伍被解散，田径比赛停办，运动成绩处于停滞甚至下降的状态。

第四阶段是1977年至2000年，我国田径运动迅速发展并走向世界。得益于中国的改革开放政策，我国运动员有机会参加更多的国际比赛，涌现出一批具有世界水平的运动员。中国田径协会从国际田联第三组跃为第一组会员国，这是国际田联对中国田径运动水平的认可。此后，我国田径运动整体水平在亚洲处于优势地位。

第五阶段是2001年至今，是我国田径运动全面突破的高质量发展阶段。近年来，我国田径工作者更加注重科学训练，不断总结提高训练手段，田径运动成绩上了一个新的台阶。由孙海平教练指导的刘翔在2004年雅典奥运会上荣获男子110米栏冠军，不仅为中国田径开创了一个新的领域，同时也在田径直道项目上有了新的突破。在2021年东京奥运会上，中国代表团在田径项目上取得了多项历史性成就，巩立姣、刘诗颖获得田赛项目冠军，苏炳添跑出9.83秒的惊人成绩，男女4×100米接力取得历史性突破等，中国田径奖牌数在所有国家中排名第7位，已处于世界第一梯队的水平。

（三）田径运动的特点与价值

1. 田径运动的特点

（1）运动项目众多，运动形式多样

田径运动项目众多，跑的运动可以分为短跑、中长跑、跨越障碍跑等，投的项目有近距离的推铅球、远距离的掷标枪，跳的项目有高度项目跳高、远度项目跳远、三级跳等。有的项目又兼有跑与跳、跑与投等多种运动形式的组合。人们可根据年龄、性别、体质以及自身的特点与爱好，选择适合自己的田径项目。

（2）技能掌握容易，场地要求简单

田径运动中的走、跑、跳、投来源于生活，是人类的基本技能，不经过特殊的训练，也比较容易掌握。我们从小玩的游戏中就有田径运动的影子，比如相互追逐中的跑、掷沙包中的投、跳格子中的跳，可以说田径运动一直伴随着我们的成长。田径运动对场地要求简单灵活，可以根据不同的场地进行不同的运动，如在公园中可以散步、快走，在小一点的空场地可以进行折返跑、迎面接力跑，在沙坑上可以练习弹跳、高抬腿等。

（3）群众基础较好，损伤风险较小

田径运动群众基础较好，除了各个学校组织的田径运动会，还包括各行业间的田径赛事，极大提高了群众的参与程度。除了比赛，人们在工作之余也可以经常进行跑步、快走等形式的锻炼，而且运动时一般没有人数的限制，可以是一个人跑，也可以是几个人一起跑，因而更加灵活。此外，田径运动大部分是个人锻炼项目，在练习中，身体接触的机会少，故发生冲撞事故的隐患相对较少。

2. 田径运动的价值

（1）促进身体健康，培养竞攀品德

经常参加田径运动，可以促进机体的新陈代谢，改善与提高内脏器官机能，促进身体健康。此外，对有成绩要求的田径训练，在训练与比赛的过程中能够磨炼心智，锤炼意志品质，如跳高、跳远运动培养果敢的精神，短跑激发一往无前的品质，中长跑磨炼意志，投掷项目增强信心与勇气，接力跑项目培养队友间的信任与配合等。

（2）全面发展素质，夯实运动基础

田径运动可以较全面地发展人的力量、速度、耐力、灵敏、柔韧、协调等身体素质，良好的身体素质是掌握其他运动技能的基础；田径的跑、跳、投等运动形式，又是其他很多项目技能的构成部分，是运动水平的有力支撑，所以田径运动为体育运动爱好者学习和掌握其他运动项目创造了条件，这也是田径被誉为"运动之母"的根本原因。

（3）助推体育产业，助力健康中国

田径运动非常适合作为大众健身项目，近年来像快走团、跑团等群众自发组织的健身团体，极大丰富了人们的生活。体育相关产业也随着大众的踊跃参与而不断繁荣，如各大城市争相举办的马拉松赛，逐渐成为体育爱好者的盛宴，参与人数不断增多，展现着我国全民健身的新风采。随着2016年"健康中国2030"规划纲要的实施，国家对人民健康的关注提升到了新的高度，田径运动必将发挥其应有的价值。

（四）田径运动的组织及赛事

1. 田径运动主要组织

世界田联（World Athletics）（图6-2），原名国际田径协会联合会（The International Association of Athletics Federations），即国际田联（IAAF）。1912年7月17日在瑞典首都斯德哥尔摩成立，现总部在摩纳哥。中国田径运动协会于1978年重新加入世界田联。

● 图6-2 世界田联会徽

2. 田径运动重要赛事

（1）奥运会田径比赛

奥运会田径比赛是举行最早的世界性田径比赛，由国际奥委会和世界田联共同承办。自1896年首届奥运会以来，田径在奥运会项目中占有很大的比重，由最初的男子12项扩大到今天的男女共48项（2020年东京奥运会），是奥运会各项目比赛中奖牌最多的项目。

（2）世界田径锦标赛

世界田径锦标赛是世界田联主办的水平最高的田径赛事。1978年10月，世界田联正式决定举办世界田径锦标赛，1983开始每四年举行一次，从1991年起改为两年一次。锦标赛赛程共8天，项目设置全面，以各国或地区协会为单位参加，参赛选手须达到报名标准。中国北京承办了第15届世界田径锦标赛。

（3）世界杯田径赛

世界田联从欧洲杯田径赛中得到启发，效仿并组织类似的世界性田径赛，借以促进世界特别是亚非田径运动的发展。1976年7月第21届奥运会期间，世界田联会议正式通过相关决议，1977年于联邦德国杜塞尔多夫举行了首届世界杯田径赛，每两年一届，从1985年开始由两年一届改为四年一届，赛期固定在奥运会后一年。

二、径赛运动

（一）接力跑

接力跑是田径运动中唯一的集体项目，也是最为精彩、激烈的项目之一。接力跑以参赛队伍为单位，每队由4人组成，各自完成相同的距离。接力跑在奥运会比赛项目中包括4×100米、4×400米，以及新增的男女混合4×400米比赛（2020年东京奥运会）。接力跑技术包括短跑技术与传、接棒技术，成绩取决于各棒次队员的速度和传、接棒的技术以及时机配合。

> **体育之光**
>
> **创造历史——中国短跑项目新的突破**
>
> 在2020年东京夏季奥运会田径赛场，由苏炳添、谢震业、吴智强、汤星强组成的中国男子接力队在4×100米接力赛中获得铜牌。此前，苏炳添在100米比赛半决赛中，以32岁的年龄跑出9秒83的成绩获小组第一，震惊世界。百米飞人世界排名苏炳添高居第8位，中国短跑项目达到了新的高度。

1. 接力跑中的跑动技术

（1）起跑

接力跑比赛中队员需持棒起跑，接力棒不得触及起跑线和起跑线前的地面，一般用右手的食指握住棒的后部，拇指与其他手指分开撑地。短距离比赛起跑采用蹲踞式起跑，口令由"各就位""预备"和"鸣枪"三个发令信号组成。

听到"各就位"口令后，应尽快走到起跑器前，俯身，两手撑地，两脚依次蹬在前后起跑器的抵足板上，脚尖触及地面，后腿膝关节跪地。随后两臂收回并伸直，两手间距与肩同宽或比肩稍宽，四指并拢或稍分开与拇指成有弹性的"人"字形支

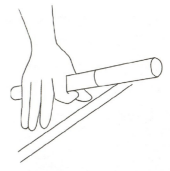

图6-3 起跑持棒方法

撑在起跑线后，同时身体重心稍前移，身体重量均匀落在两手、前腿和后膝之间，肩约与起跑线齐平。听到"预备"口令后，逐渐抬起臀部，同时身体重心向前上方移动，集中注意力听枪声。听到枪声后，两手迅速推离地面，屈肘做有力的前后摆动，同时两腿快速用力蹬起跑器。弯道跑起跑时，应将起跑器安装在弯道跑道靠近右侧的分道线处，起跑器对着左侧分道线的切线方向。

(2)起跑后的加速跑

起跑后加速跑时,开始几步大腿前摆幅度较大,积极向后下蹬地,两臂应有力地前后摆动,上体不宜过早抬起。弯道起跑后前几步应沿着内侧分道线的切线跑进,加速跑的距离适当缩短,上体抬起较早。

(3)途中跑

途中跑技术应重视头、上肢、躯干在跑步中的姿势。躯干尽量保持正直或微前倾,跑动中过分晃动和扭转,会影响身体重心轨迹的直线性,影响跑速。

4×100米接力跑的第一棒与第三棒涉及弯道跑技术。弯道途中跑技术要求:运动员从直道进入弯道时,身体应及时向内倾斜,加大右侧腿和臂的摆动力量和幅度;支撑腿后蹬时,右腿用前脚掌的内侧,左腿用前脚掌外侧蹬地,两腿摆动时,右腿膝关节稍向内摆动,左腿膝关节稍向外摆动;两臂摆动时,右臂前摆稍向左前方,后摆时肘关节稍偏向右后方,左臂稍离躯干做前后摆动。

● 图6-4 途中跑

(4)终点冲刺跑

终点冲刺跑的技术,要求运动员在离终点线15—20米处时,尽力加快两臂摆动速度和力量,保持上体前倾角度。当运动员离终点线前一步距离时,上体急速前倾,双手后摆,用胸部或肩部首先通过终点,跑过终点后逐渐减速。

2. 接力跑中的传接棒技术

(1)棒次站位

除第一棒外,其他棒次队员采用半蹲式起跑,4×100米接力第二、四棒队员应站在跑道外侧选定的起跑位置,右腿在前,身体重心偏右,右手撑地保持平衡,头部左转,目视传棒人跑进提前选定的起动标志线。第三棒队员应站在跑道内侧选定的起跑位置,左腿在前,身体重心偏左,左手撑地保持平衡,头部右转,目视传棒人跑进提前选定的起动标志线。当传棒人跑入起动标志线时,接棒人迅速起跑。

● 图6-5 接力起跑姿势

● 图6-6 接棒技术

（2）传、接棒技术

上挑式：接棒人手臂向后伸出，与躯干成40°—45°夹角，掌心向后，虎口向下，拇指与其他四指张开，传棒人由下向前上方将接力棒的前端送到接棒人手中。

下压式：接棒人手臂向后伸出，与躯干成50°—60°夹角，掌心向上，虎口向后，拇指与其他四指张开，传棒人由上向下将接力棒的前端送到接棒人手中。

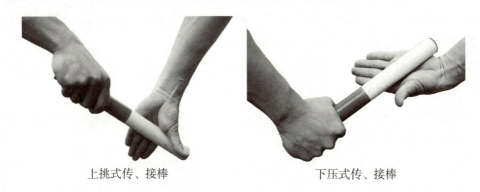

上挑式传、接棒　　　　　　　下压式传、接棒

图6-7　不同传、接棒方式

（3）棒次安排

根据队员间的个体差异性，如起跑的能力、保持速度的能力、弯道跑的能力、传接棒的技术以及心理素质的不同，考虑棒次的安排。第一棒一般选用起跑能力好、速度快的队员；第二棒与第三棒队员跑动的距离相对长一些，应安排途中跑速度持续能力好的队员；第四棒队员应安排速度好、意志力强的队员，能够在最后的冲刺起到决定性的作用。

3. 易犯错误

表6-1　接力跑易犯错误及纠正方法

序号	易犯错误	纠正方法
1	途中"坐着跑"	加强腰、腹肌及髋、膝、踝关节的力量；多进行跑的专门练习，如高抬腿、车轮跑、后蹬跑等；进行上坡跑和下坡跑的练习
2	传、接棒时传棒人超过或追不上接棒人	延长或者缩短起跑标志线的距离；集中注意力、加强练习
3	掉棒	加强持棒途中跑练习；接力队绕场地慢跑不间断传接棒，增加传、接棒练习次数；练习时注意力集中

4. 学练方式

（1）途中跑练习

途中跑摆臂练习：以肩为轴，前后自然摆动，臂前摆时肘关节角度逐渐减小，臂后摆时肘关节角度逐渐加大，手掌自然伸直或虚握拳，快速有力摆动。

途中跑放松跑练习：先限定中等跑速，强调腿的积极摆动技术，提高身体重心，使上下肢动作放松、协调，配合流畅，步幅开阔，后逐渐加速。

途中跑弯道跑练习：按照慢速—中速—快速练习，逐渐体会弯道跑技术，可先做圆圈跑练习，强调身体保持直立状态向圆心倾斜，加大右腿和右臂的摆动幅度和力量。

（2）起跑练习

半蹲式起跑练习：将有力腿放在起跑线后，两脚前后自然开立，前腿弯曲150°左右，后腿弯曲130°左右，上体前倾，重心落在前腿上，前腿异侧臂前伸，目视前方约8米处，保持身体稳定，集中注意力听口令后起跑并加速。

蹲踞式起跑练习：因人而异选择起跑器安置方式，预备姿势注意两腿膝关节角度，使髋、膝、踝三关节均处于最有利于爆发用力的角度。听到发令后，两手迅速推离地面，摆腿时脚不应离地面过高；弯道跑起跑时应注意起跑器的安放位置与起跑后加速跑的要求。

（3）传、接棒练习

持棒跑练习：持棒跑时摆臂正常、跑步动作协调，摆臂时接力棒避免触碰身体造成掉棒。

传、接棒练习：传棒者要准，能够一次性将接力棒准确放入接棒者手中；接棒者要稳，能够保持接棒手型与位置，使传棒者能够迅速定位送棒位置。

（二）跨栏跑

1. 动作要领

直道栏全程跑分为起跑至第一栏技术、过栏技术、栏间跑技术。

（1）起跑至第一栏技术

起跑至第一栏加速跑的任务是在有限的距离内，迅速提升自己的速度，为积极跨过第一个栏做好准备。技术特点是：蹲踞式起跑与短跑基本相同，起跑至第一栏跑7步时，摆动腿在前，起跑至第一栏跑8步时，起跨腿在前；起跑后跑到第6步以后，身体姿势已接近途中跑的姿势；起跑后步数固定，各步步长均匀增大，栏前最后两步积极跑进，准确踏入起跨点。

（2）过栏技术

起跨攻栏：是指从起跨腿的脚踏上起跨点到后蹬结束离地时的准备过栏动作（图6-8中动作①—③）。技术特点是起跨前应保持较高的跑速与身体重心位置，起跨点一般为110米栏离栏2.00—2.20米，100米栏离栏1.90—2.10米。跑进起跨点时起跨腿的脚积极扒地，身体重心前移，髋、膝、踝关节充分伸展，与躯干、头基本成一条直线，同时摆动腿于体后折叠，髋带动正向高摆大腿，带动小腿前摆至膝超过腰部高度，上体随之加大前倾，伴随摆动腿异侧臂屈肘向前上方摆出至肘关节达到肩的高度，另一侧臂屈肘摆至体侧。

腾空过栏：是指起跨攻栏结束到身体腾空至最高点、摆动腿过栏这段空中动作（图6-8中动作④、⑤）。技术特点是身体腾空后，躯干积极前倾，两腿分腿角度继续增大，摆动腿大腿继续向前上方摆动直到膝关节超过栏板高度，小腿迅速前摆，同时异侧臂带肩伸向栏板上方，摆动腿同侧臂后摆，目视前方。

下栏着地：是指身体重心达到腾空最高点开始，到摆动腿着地支撑这一过程（图6-8中动作⑥—⑨）。技术特点是摆动腿积极下压并顺势自然伸直，起跨腿屈膝外展，小腿收紧抬平，脚尖外展上翘，脚跟靠近臀部，膝略高于踝，以膝领先，迅速向胸前提拉，摆动腿异侧臂和向前提拉的起跨腿做相向运动，另一臂屈肘前摆，以维持身体平衡，同时两腿在空中完成一个协调有力的以髋关节为轴的剪绞动作。下栏时，上体保持一定前倾，摆动腿伸直，用前脚掌后扒式着地，着地点一般距栏架110米栏为1.40—1.50米，100米栏为1.00—1.20米。

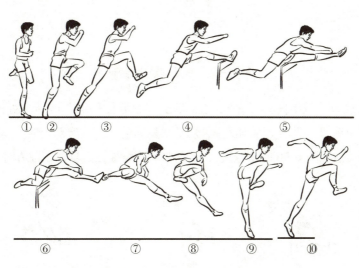

视频6-1 跨栏跑

● 图6-8 完整过栏技术示意图

（3）栏间跑技术

栏间跑技术是指从过栏后摆动腿的脚着地点至下一栏起跨腿的脚踏上起跨点这段距离中跑动的技术动作。技术特征是第一步与前一技术相连，由跨栏动作迅速过渡到跑的动作，第二步与短跑途中跑相似，第三步与后面起跨攻栏技术相连。栏间要保持高重心，两臂摆动积极有力，幅度较大，上体稍前倾，两眼平视，要跑得轻快、有弹性、直线性好。

2. 易犯错误

● 表6-2 跨栏跑易犯错误及纠正方法

序号	易犯错误	纠正方法
1	直腿攻栏	注意大小腿折叠及打开的时机；利用肋木、鞍马、栏架等器械反复做攻摆练习；发展腿部与腰部的柔韧性
2	跳栏	强化摆动腿异侧臂的前伸与上体的前压；适当降低栏架高度，适当加长起跨距离，可采用标志物强化形成准确落脚点；可采用橡皮带等代替栏板，降低难度克服畏栏心理
3	腾空过栏两腿动作不协调、无"剪绞"	提高柔韧性，发展髋关节的灵活性，加大两腿的分腿角度，然后进行走栏或者栏间慢跑的空中剪绞练习

3. 学练方式

（1）专项辅助练习

摆动腿攻栏练习：利用肋木、墙壁或者鞍马进行摆动腿攻摆练习，要求身体重心提高，摆动腿屈膝高抬前摆，支撑腿髋、膝、踝蹬伸充分，上体重心前移，双臂配合。

● 图6-9　摆动腿攻栏练习

起跨腿提拉练习：双手扶肋木站立，在起跨腿一侧距肋木1.0—1.2米远处横放一栏架，在栏顶做起跨腿提拉练习。要求支撑脚摆正，髋部尽量向前，头、肩部朝前，起跨腿小腿收紧，膝关节略高于踝关节经腋下向前提拉过栏，当起跨腿的膝提拉到身体正前方时，自然放下。

● 图6-10　起跨腿提拉练习

（2）过栏技术练习

栏侧摆动腿攻栏练习：在起跨腿一侧栏侧慢跑进，起跨脚踏在栏前1—1.2米处起跨，摆动腿屈膝高抬，膝盖到达栏架高度时，小腿迅速向前摆出，接着大腿积极下压，直腿下落，两臂配合，起跨腿自然跟上。

栏侧起跨腿提拉练习：在摆动腿一侧栏侧慢跑进，起跨点距栏约0.8—1.1米，摆动腿栏侧前摆，起跨腿提拉从栏上过，屈膝经腋下向前提拉过栏，当起跨腿的膝提举到身体正前方时，衔接跑动技术。

慢跑栏上过栏练习：采用行走或者慢跑进行栏上的完整过栏练习，注意各个技术之间的衔接，熟练后可适当提高速度。

（3）起跑过第一栏练习

起跑栏侧过第一栏练习：根据个人特点，尝试以7步或者8步进行起跑栏侧过第一栏的练习。可以采用标志物对着地点进行标志，固定步数与步幅进行练习，应重视练习者的个体特征，直至找到适合自身的步数与节奏。

起跑栏上过第一栏练习：可先采用站立式起跑，再采用蹲踞式起跑逐步练习。首次练习应注意加速不宜过快，控制好起跨点的位置，避免过近出现跳栏或过远不能过栏而导致失误摔倒。

（三）耐力跑

耐力跑项目可分为中距离跑项目、长距离跑项目，以及在此基础上以耐力素质为主导的衍生项目。中距离跑项目如800米、1 500米，长距离跑项目如5 000米、10 000米，其他衍生项目如3 000米障碍跑、马拉松跑、越野跑、公路赛跑、山地赛跑等。这些项目共同的特点是要求练习者具备良好的心肺耐力水平。

1. 耐力跑技术

耐力跑技术分为起跑技术、途中跑技术与终点跑技术。

（1）耐力跑的起跑

耐力跑的起跑不同于短跑，口令只有"各就位"和"鸣枪"两个信号。起跑一般采用半蹲式或者站立式起跑。当听到"各就位"口令时先做一两次深呼吸，然后放松走到起跑线处，将有力腿放在前面，两腿前后自然分开，前腿弯曲150°左右，后腿弯曲130°左右，上体前倾，重心在前脚，前脚异侧臂自然前伸，目视前方，身体保持稳定，注意力集中。起跑后按照自己的能力与战术安排占据合理位置，避免犯规或者被他人妨碍。

（2）耐力跑的途中跑

中长跑一个单步的完整技术分为支撑、腾空、异侧腿的支撑3个阶段。以单腿的技术而言，从支撑脚着地开始可分为前支撑阶段、后支撑阶段、后摆阶段、前摆阶段。前支撑阶段主要的任务是缓冲阻力，为快速的后蹬做准备，着地时使用前脚掌外侧，着地点靠近身体投影点，应避免离身体太远造成制动；当身体重心移过支撑点垂直面时，进入后支撑阶段，支撑腿通过髋、膝、踝快速蹬伸积极送髋，产生向前的推动力，配合异侧摆动腿大腿向前上方摆动，后蹬结束后腿部肌肉放松，脚跟自然抬向臀部，进入后摆阶段，此时大腿带动小腿积极向前摆，进入前摆阶段，摆动腿大腿接近水平后向后下方自然摆动，开始着地进入前支撑阶段。

● 图6-11 耐力跑途中跑技术阶段划分示意图（一个单步）

（3）耐力跑的终点跑

终点跑是指耐力跑最后一阶段的冲刺跑，在途中跑的基础上，根据体力情况与战术计划，逐渐或者突然加快跑速，通过增大摆臂幅度，腿部积极前摆和扒地获得更快的水平速度，保持高速冲过终点。

2. 易犯错误

● 表6-3　耐力跑易犯错误及纠正方法

序号	易犯错误	纠正方法
1	腿前摆幅度不够	纠正上体姿势，进行车轮跑练习、上坡跑练习；发展腿部力量与柔韧性
2	"坐着跑"	采用后蹬跑、多级跳、跨步跳等练习，强化跑动中送髋能力
3	跑动中身体晃动	沿直线跑纠正落脚点；增加摆臂辅助练习

3. 学练方式

（1）途中跑技术练习

辅助练习：原地摆臂练习、小步跑练习、高抬腿练习、后蹬跑练习、车轮跑练习。

直道均速跑：200—600米中等速度均速跑，注意跑动技术的合理性和动作的协调性，并注意呼吸的配合，一般采用两步一呼或者三步一呼。

变速跑：直道快跑弯道慢跑、追逐跑练习。注意呼吸的配合、跑动的节奏，追逐跑的时候学会超越别人。

（2）重复跑练习

300—600米或800—3 000米重复多次练习，跑动的距离因耐力跑练习项目的距离而定，每次练习间歇休息较为充分，心率一般恢复到110次/分左右再进行下一次练习。

（3）间歇跑练习

200—300米、400—800米间歇跑练习，对每组练习间歇时间有严格的要求，一般控制在1—3分钟，心率在120—140次/分时进行下一组练习。

（4）变速跑练习

将整个耐力跑的过程分为快跑与慢跑组合进行练习，依据练习的目的不同，调整快跑与慢跑的距离与强度。快跑距离短、强度大，主要发展专项速度耐力；快跑距离长、强度中等，主要发展专项耐力。

三、田赛运动

（一）背越式跳高

1. 动作要领

背越式跳高是指背部朝向横杆，身体各部分依次过杆的技术。它是通过快速的弧线助跑，使人体在内倾状态下进入起跳，能取得更好的垂直向上的跳跃效果，从而获得更大的腾空高度。完整技术包括助跑、起跳、过杆、落地4个部分（图6-12）。

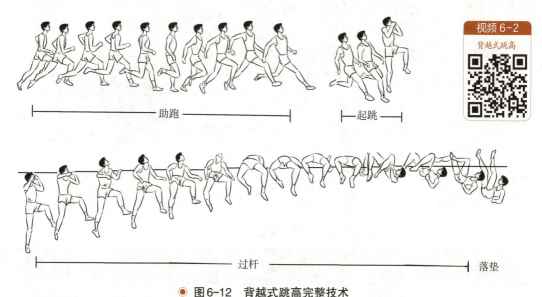

图6-12　背越式跳高完整技术

（1）助跑

背越式跳高的助跑是直线和弧线的复合式助跑形式，开始为直线段，动作与普通跑相似，重心较高，步幅均匀，轻松自然，富有弹性，逐渐加速；助跑后段为弧线（后4步），跑进中身体向弧心倾斜，跑速越快倾斜角度越大，其特点是步频快，抬腿高，落地积极，重心平稳，为快速有力地起跳创造良好的条件。

图6-13　助跑　　　　图6-14　起跳

（2）起跳

助跑阶段末端，起跳脚在踏向起跳点时，起跳腿以大腿带动小腿积极下压，以脚后跟外侧着地迅速滚动至全脚掌后，通过髋、膝、踝依次发力充分蹬伸离地；摆动腿在蹬离地面后，以髋发力加速前摆大腿，同时小腿随着惯性自然地向后上折叠，摆动腿在起跳腿着地瞬间靠近起跳腿，然后朝异侧肩方向加速上摆。手臂的摆动要快速和充分，并与摆动腿协调配合。

（3）过杆与落地

起跳完成后，在摆动腿的膝和同侧臂的带动下加速围绕身体纵轴旋转。当头和肩越过横杆时，及时仰头，肩背积极下潜，两小腿后收，身体成背弓姿势。随后含胸收腹，以髋部发力带动大腿和小腿加速向后上方甩出，使整个身体脱离横杆，即将着垫时主动领首，使肩背先着垫缓冲。

图6-15　过杆

2. 易犯错误

表6-4　背越式跳高易犯错误及纠正方法

序号	易犯错误	纠正方法
1	起跳后不进垫（杆）	确定好步点并用标志盘做标志；改进跑的技术，加快助跑速度，防止助跑弧线过大；多做迈步起跳辅助练习，要求动作积极、快速
2	起跳后冲杆	迈步摆腿练习，加快骨盆前送动作与迈步速度，要求摆动腿早摆、快摆；做不过杆的迈步起跳和短、中程助跑起跳的结合练习，强化摆动腿和摆臂的有力上摆、提肩、拔腰技术
3	起跳后坐杆	加强背弓辅助练习，弧线助跑起跳躺垫子练习；迈步放脚时摆动腿积极蹬地送髋，起跳脚着地时髋部快速移上支撑点，同时主动抬头挺胸，提肩拔腰，眼看前上方；加强髋肩关节的灵活性和全身的柔韧性、协调性训练

3. 学练方式

（1）直、弧线助跑练习

弧线跑、直弧线跑结合练习：沿半径10—15米的圆周中速跑、直线加速5至7步后转入弧线跑等。

（2）助跑起跳技术练习

迈步摆腿：前迈步在倒数第二步时摆动腿积极蹬地推动身体重心向前上方运动，起跳腿积极下放，摆动腿折叠屈膝向摆动腿异侧肩方向摆动，起跳动作开始时身体保持适度内倾，起跳离地时身体直立于地面。

圆周助跑起跳练习：在圆周上每跑3至5步接起跳动作，要求起跳时控制好身体内倾，强调提肩、拔腰、头向上顶、起跳腾空后转成面向圆心，助跑节奏要明快。

（3）过杆与落地技术练习

双膝跪撑向后倒体：双膝跪撑后倒仰卧在垫子上，脚靠近臀部做背越式过杆挺髋练习。倒体时强调髋部发力，背肌紧张收缩使身体成弓形。

直立向后倒体：海绵垫与腰同高，背对海绵垫站立，肩下潜接触海绵垫同时挺髋，当肩触垫时成弓形。注意海绵垫较低时需同伴保护，练习时避免后躺的动作。

原地背越式跳跃皮筋：背对海绵垫，原地起跳成空中背弓，接小腿向上踢举，肩背积极下潜落垫。注意后跳的发力方向，避免垂直向上以及水平向后，越过皮筋时，强调挺髋动作。

短程助跑跳跃皮筋：短程助跑节奏明快，起跳时积极向上跳起，起跳腾空后随身体沿纵轴旋转，下放摆动腿、潜肩并与挺髋协调配合过皮筋。注意起跳腾空后，身体沿纵轴旋转并转向背对横杆，杆上动作强调摆动腿下放、潜肩、挺髋成背弓及收腿动作的协调配合。

（4）完整技术练习

完整技术练习中，助跑时身体重心移动要稳，最后4至5步助跑的足迹落在弧线上，起跳脚的着地点要准确；起跳结束时，身体由倾斜转入直立姿势向上腾起；过杆时，双肩后引、挺髋、小腿放松下垂，做好背弓。在熟练掌握全程助跑与起跳节奏的基础上，逐渐提高横杆的高度。

（二）挺身式跳远

1. 动作要领

挺身式跳远完整技术可分成助跑、起跳、腾空和落地4个部分，它们是相互影响、相互作用的统一体。正确了解跳远技术的各个部分动作，在练习中实现各部分技术动作的有机结合是掌握跳远技术的关键。

（1）助跑

助跑的任务是在保证准确踏板并能有效地完成起跳动作的基础上，获得更快的水平速度。助跑的速度、准确性、助跑的节奏——特别是最后几步的节奏——是助跑技术的关键因素。助跑的准确性取决于步长发挥的稳定性。助跑节奏指的是助跑的加速方式，一般分为平稳加速和积极加速两种：平稳加速的特点是开始阶段步频较慢，然后逐渐加大步长，最后几步在保持步长的基础上加快步频；积极加速的特点是助跑开始几步的步长短，步频快，上体前倾，使步频保持在较高水平上，这样能够较早地摆脱静止状态并获得较快的助跑速度。

（2）起跳

起跳的任务是充分利用助跑的速度，在较短的时间内（大约0.13秒），获得尽可能大的腾起初速度和适宜的腾起角度，为腾跃更远的距离创造有利条件。起跳技术可分为3个阶段：起跳脚的着板瞬间、缓冲和蹬伸。

起跳脚的着板瞬间：助跑最后一步时，起跳腿膝关节抬得稍低，起跳脚积极、主动着板。起跳脚着板瞬间，是脚跟先触及地面并迅速滚动到全脚掌着地（滚动式着地）。此时，上体与地面的夹角约为90°—107°，眼睛正视前方，小腿与地面夹角约65°，膝关节角为175°左右。

缓冲：起跳脚着板至膝关节的弯曲达最大程度为缓冲阶段。缓冲阶段躯干、髋部积极前移，带动摆动腿快速折叠前摆，为蹬伸创造有利条件，同时起跳腿的同侧臂向前向上摆至肘稍低于肩为止，异侧臂后引或侧引稍偏后，使肘稍低于肩关节。此时上体处于较直的姿势，身体重心保持在较高的位置。

蹬伸：起跳腿膝关节最大弯曲时开始至起跳腿蹬离地面瞬间为止是蹬伸阶段。当身体重心及时准确地移至起跳腿时，起跳腿髋、膝、踝各关节快速充分蹬伸，使整个身体快速向上伸展。此时上体和头部保持正直，摆动腿大腿摆至水平或高于水平部位，小腿自然下垂，双臂前后摆起，肩、腰向上提起。

图6-16 挺身式跳远腾空技术

（3）腾空

起跳离地后，人体进入腾空阶段，腾空阶段的任务是维持身体平衡，为合理的落地技术创造条件。腾空后，摆动腿下放、伸髋与身后的起跳腿靠拢，在腾空最高点时，身体充分伸展，形成"挺胸展髋"姿势，两臂此时姿势为上举或后摆，然后收腹举腿，双腿前伸，进入落地动作。

（4）落地

在腾空阶段经过最高点后，开始将两腿向上、向前伸出，上体向下折叠，膝关节主动向胸部靠拢。即将落地时，膝关节伸直，脚尖勾起，两臂从上面向前并在落地前向后快摆。脚跟接触沙面时，前脚掌迅速下压，屈膝，髋腰前移，两臂积极前摆，使身体重心迅速移过落点，避免后坐。

2. 易犯错误

表6-5 挺身式跳远易犯错误及纠正方法

序号	易犯错误	纠正方法
1	"制动式"起跳	强调助跑起跳时加速身体前移，用"扒"地式踏板起跳，可在斜坡跑道上做下坡跑起跳；理解并处理好高度与速度之间的关系
2	腾空时挺身过早	用助跳板辅助起跳，增加腾空时间并强化"腾空步"姿势；起跳后越过小栏架后做挺身展体动作
3	落地时后坐	采用立定跳远练习，强化落地时两臂迅速向前挥摆，帮助身体重心移过支撑点；加强落地时两腿屈膝缓冲时机

3. 学练方式

（1）确定助跑步数与距离

倒跑法确定步点与距离：以踏板为起点，固定步数正常速度反方向助跑，辅助者观察并对最后一步落脚点进行标记，标记点即为起点，在正常方向助跑起跳进行确认或调整。初学者可从6步或者8步开始练习。

（2）助跑与起跳技术练习

学习助跑起动的方式：起动方式分为两脚前后站立的静态起动及先走或慢跑2—6步的动态起动。根据个人习惯与水平，静态起动前几步的步幅和速度变化较小，有利于提高助跑的准确性；动态起动比较自然，动作放松，但速度不易控制，一定程度上不利于助跑的准确性。

学习设置助跑标志：助跑标志的设置有两种方法，一种是只在起点上设标志；另一种是除了在起点上设置外，助跑的最后4—6步处也设置，即设置第二标志物。

上一步起跳摆腿练习：两脚前后开立，后腿上步变前腿为起跳腿，原前腿推动身体向前变为摆动腿。起跳腿向前上方用力蹬伸，身体往前上方移动，摆动腿与双臂协调配合，积极向前上方摆动使身体重心迅速高抬跃起。强调起跳腿、摆动腿与双臂配合提肩拔腰向上摆起。

短程助跑起跳练习：在跑道上，慢跑4—6步做起跳动作，每组3—4次重复进行。注意腿部蹬摆与双臂摆动的配合，注意缓冲落地。

踏板跑练习：短程或者全程助跑，起跳腿准确踏上起跳板后跑过或者做轻微起跳动作。强调重心移动速度、助跑的节奏、起跳的向前性。

全程助跑起跳练习：全程助跑并准确踏板起跳。强调助跑的节奏、上板起跳的速度优于力量，关注腾空速度与角度。

（3）腾空与落地技术练习

空中与落地技术模仿练习：原地挺身跳练习、利用单杠摆体练习、应用跳箱做挺身式空中姿势动作练习、站在跳箱上立定跳远体会落地动作练习等。空中动作注意摆动腿的放松与积极下放、挺胸展髋、避免仰头挺腹；落地动作注意快速收腹送髋、举大腿伸小腿。

空中与落地技术练习：短程助跑进行空中与落地技术完整动作练习。

（三）背向滑步推铅球

1. 动作要领

推铅球运动是一项以力量为基础，以速度为核心的速度力量型项目，一个完整的背向滑步推铅球技术动作由握持球、滑步（图6-17中动作①—⑧）、转换（图6-17中动作⑨—⑫）、最后用力（图6-17中动作⑬—⑯）和维持身体平衡（图6-17中动作⑰）5个部分组成。

（1）握持球

五指自然分开，将铅球放在靠近食指、中指和无名指的指根处，拇指与小指扶在铅球

图6-17 完整滑步推铅球技术

的两侧维持球体稳定,掌心空出,手腕背屈。握好球后,将球放在锁骨内端上方,贴近颈部,头部略向右转(右手持球),掌心向内,肘部抬起略低于肩,躯干保持正直。

(2)滑步

滑步技术包括预备姿势、团身动作和滑步3个部分。

预备姿势(以右手持球为例):持球背对投掷方向,右脚沿投掷圈后沿站立,重心落在右脚掌上,左脚脚尖点地置于右脚后方20—30厘米处,维持身体平衡。上体保持直立,两肩与地面平行,左臂可向前上方自然抬起。

团身动作:身体重心平稳之后,上体前屈至与地面接近平行,同时屈膝下蹲,左腿与头部向右膝靠拢,完成团身动作。

滑步动作:团身动作完成后,臀部主动后移,同时左腿摆腿,紧接着右腿蹬伸,使身体的重心获得一个向后的移动速度,然后积极回收右腿支撑。滑步时应注意,先蹬摆左腿带动,后蹬伸右腿加速,整个过程上体保持前屈,身体重心不应起伏过大,当右腿蹬伸回收形成支撑后,铅球位置应在右腿膝关节上方外侧。

(3)转换

完成滑步后,从右腿着地到左腿着地这一阶段为转换阶段,主要任务是保持滑步带来的水平速度,并为最后用力形成合理的身体姿势。转换阶段右脚落地时膝关节应内扣并保持支撑状态,左腿外旋以前脚掌内侧积极着地,当左脚落地时,身体重心由右腿移向两腿偏右的位置，上体稍微后倾，左臂内扣，保持好头部方向并固定好铅球。

（4）最后用力

最后用力阶段是推铅球技术中最为重要的部分，可分为蓄力部分与最后爆发用力部分。

蓄力部分：是指从左脚落地开始到手臂对铅球施加加速度这一阶段。此时投掷臂并未给铅球施加加速用力，在胸部、肩部与头部保持原有姿势的情况下，通过右腿的拧转与蹬伸，推动右侧骨盆前移，使右侧髋关节与腰拧紧，同时左侧相对肌群预拉长，为最后的爆发用力创造条件。

● 图6-18　转换阶段

最后爆发用力：当完成蓄力后，充分利用下肢的蹬伸力量，衔接转髋转体，然后右胸加速前挺带动铅球，最后利用手臂顺势转肩推出铅球。该阶段左腿的支撑与左侧肢体的制动是提高铅球的出手高度与速度的保障。

（5）维持身体平衡

铅球出手后，应采用两腿交换并降低身体重心的方式来减缓向前的冲力，维持身体平衡，避免出现犯规。

● 图6-19　最后爆发用力

2. 易犯错误

● 表6-6　背向滑步推铅球易犯错误及纠正方法

序号	易犯错误	纠正方法
1	滑步动作不稳	加强腿部与核心区的力量，强化腿部着地蹬地发力的衔接与节奏感；进行扛杠铃杆滑步练习
2	推球发力动作不充分	可采用推弹力带进行辅助练习；强调动作的整体性，在保持躯干稳定的前提下推球，强化推球时支撑腿的练习；查看握持球方法是否正确；上肢力量不足或者持球过重，可改为轻球练习
3	推球方向偏右、偏左	偏右：强化握持球的滑步练习，将球稳定住；采用推墙练习，将右胸充分拉伸，髋蹬转到正向投掷方向 偏左：可先进行原地正向推铅球练习，强化左腿的支撑与左侧躯干的制动

3. 学练方式

（1）原地推铅球练习

握持球练习：包括手指张开推墙练习、持球砸地练习。体会铅球架在指根时发力的感觉，避免满手抓球。

原地推铅球：包括原地推墙练习，原地推实心球、铅球。推墙练习注意右腿的蹬拧用力，体会右侧肢体拧紧的感觉；推实心球注意最后发力左腿的支撑动作与左侧肢体的制动动作，要求发力充分。其他辅助练习还有推弹力带练习等。

（2）背向滑步练习

背向单腿支撑后跳练习：单腿支撑团身后跳，体会摆动腿的后摆带动感觉，学会臀部后移与支撑腿蹬伸的配合，注意动作的协调性。

背向滑步练习：肩扛木棍背向滑步，滑步时保持身体姿势平稳，避免重心起伏过大，腰部扭紧的同时保持锁紧双肩，滑步后身体保持稳定。为保证滑步方向，可沿着跑道直线练习。

（3）完整技术练习

徒手完整技术练习：可通过录像观察技术的完成质量，关注技术各阶段的质量与整体的衔接。

完整技术练习：握持实心球、小球、标准球、大球完整技术练习。通过改变球的重量查看技术的完成质量，要求技术的稳定性与流畅性。

四、田径竞赛主要规则

（一）认识室外田径场

标准室外田径场由两个半径为36.5米的半圆弯道和两个长度相等的直段组成，称为"400米标准跑道"，跑道内容纳一个标准足球场（68米×105米），可进行所有田赛项目（图6-20）。

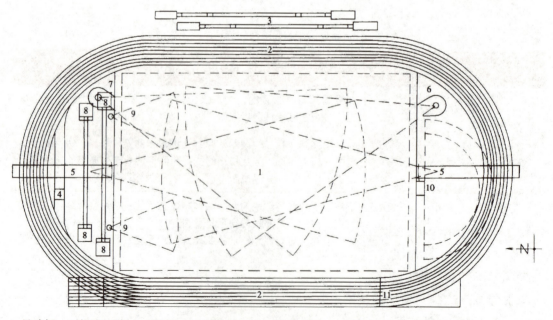

1. 足球场　2. 标准跑道　3. 跳远和三级跳远设施　4. 障碍水池　5. 标枪场地　6. 掷铁饼和链球设施
7. 掷铁饼设施　8. 撑杆跳高设施　9. 推铅球设施　10. 跳高设施　11. 终点线

● 图6-20　标准田径比赛设施布置示意图

田径场内画有许多标志线，如起点线、终点线、栏位点、接力区等。在直道上，每条分道上都可以看到靠近分道线两侧有很多长10厘米、宽5厘米的短线，通常蓝色短线为男子110米栏的栏位点，黄色短线为女子100米栏的栏位点。另外在全程跑道上还设有绿色短线标记，为400米栏的栏位点。4×400米接力区：在第一直曲段分界线附近，跑道上有蓝色带勾的成对短线组成，距离为20米，此为第一、二棒运动员完成交接棒的区域；第三、四棒运动员必须在终点线后10米处的蓝色虚线和终点线前10米处的蓝色虚线间完成交接棒，该区域都称为接力区。4×100米接力区分布在跑道的第二、三、四直曲段分界线附近，各分道上成对的相距30米的黄色勾线构成接力区。

（二）田径比赛通则

1. 检录

检录要求：参加比赛的运动员须按照要求佩戴号码，否则不得参加比赛；所有运动员必须在赛前控制中心接受裁判员检录后，由裁判员带队入场；径赛项目比赛中，运动员须沿跑道逆时针方向进场，如运动员挤撞或阻挡别人，妨碍别人比赛，应取消其该项比赛资格；对于兼项运动员，遇到项目同时比赛时，应遵从田赛服从径赛的原则，向有关田赛项目主裁判申请，允许只在某一轮次的比赛中以不同于赛前抽签确定的顺序先进行试跳（试掷）一次，回来后已错过的试跳（试掷）顺序一律不补。

2. 径赛主要规则

（1）赛前检录

检录裁判员依据比赛日程安排，按照比赛项目的时间及规定检录时间，准时检录，并按预定时间准时将报到的运动员带到各项目起点处，将运动员和检录单交给助理发令员。在接力赛中，需要将不同棒次运动员分别带到各接力区，交各接力区检查员。

（2）起跑

起跑由起点裁判负责，包括发令协调员、发令员、助理发令员、召回发令员。

主要规则：起跑时，不允许运动员触及起跑线后沿前的地面。400米及400米以下项目，包括4×100米接力、4×400米接力项目的第一棒运动员应采用蹲踞式起跑，口令分为"各就位""预备""鸣枪"。800米及以上径赛项目采用站立式起跑，口令分为"各就位""鸣枪"。单项比赛中，任何对起跑犯规负责的运动员取消其该项目的比赛资格。全能比赛中，对第一次起跑犯规的运动员予以警告，若再次发生犯规，任何对起跑犯规负责的运动员取消其该项目的比赛资格。

（3）比赛中检查裁判工作

在分道跑项目中，运动员只能在自己的分道内完成，跑出自己的分道时，如没有获得利益，也未阻挡他人，一般不应取消比赛资格，否则应取消比赛资格；在中长跑分道或分组起跑，以及4×400米接力中（第二棒）的运动员必须超越抢道线后才可抢道。运动员擅自离开跑道后，不得继续比赛。利用战术实施提供帮助者应给予警告或取消比赛资格；跨栏跑时，运动员在跨越栏架瞬间其脚或腿低于栏顶水平面、跨越他人栏架、有意用手推或用脚踢倒栏架，均属犯规；4×100米接力跑时，必须在规则规定的30米接力区内完成交接棒，在接力区外完成传接棒、捡棒时阻挡他人或空手跑过终点，均属犯规。接力跑时运动员必须手持接力棒跑完全程，如发生掉棒，必须由掉棒人捡起。允许掉棒运动员离开自己的分道捡棒，但不得因此缩短比赛距离和妨碍其他运动员。

（4）终点裁判工作

计时：手计时中如用三只秒表计成绩，当有两只表成绩相同时，应以两只表所示成绩为准；如各不相同，则以中间成绩为准。如用两只表计成绩，应以成绩较差者为准。手计时应精确到1/10秒，电子计时应精确到1/100秒。

名次：径赛项目中判定运动员到达终点的名次顺序，是以运动员躯干的任何部分到达终点线后沿的垂直面的先后为准。以决赛的成绩作为个人的最好成绩，而不以预、次、复赛的成绩判定最后名次。

3. 田赛主要规则

（1）田赛通则

检录时间除撑杆跳高提前1.5小时外，其他项目运动员距比赛时间提前40分钟检录，距比赛时间20分钟随裁判入场，撑杆跳高运动员提前1小时入场；入场后，由主裁判宣布有关注意事项和练习要求后，运动员丈量步点并按顺序试跳或试投1—2次，赛前5分钟停止练习，整理场地、器材，准备开始比赛；比赛中，按抽签排定运动员的试跳（投）的顺序，依次进行比赛。试跳（投）成功将白旗上举，试跳（投）失败将红旗上举，红旗平举表示停止试跳（投），用黄旗提示时限；前3轮比赛结束，核对成绩，宣告进入前8名的运动员名单。然后按成绩排名相反的顺序由差到好依次试跳（投），参加后3轮比赛。

（2）跳跃类（高度）

运动员必须用单脚起跳。一旦比赛开始，运动员不得使用助跑道或起跳区进行练习。如有下列情况之一者，则判为试跳失败：①试跳后，由于运动员的试跳动作，致使横杆未能留在横杆托上；②在越过横杆之前，运动员身体的任何部位触及立柱以外的地面或落地区。运动员可以在主裁判事先宣布的横杆升高计划中的任何一个高度开始试跳，也可在以后任何一个高度根据自己的意愿决定是否试跳。但在任何高度上，只要运动员连续3次试跳失败，即失去继续比赛的资格。除非比赛中只剩下1名运动员，并且他已获得该项目比赛的冠军，否则：①每轮之后，横杆升高不得少于2厘米；②横杆升高的幅度不得增大，全能比赛中，每轮的横杆提升高度均为3厘米（跳高）。在比赛过程中不得移动跳高架或立柱，除非有关裁判长认为该起跳区或落地区已变得不适于比赛。

（3）跳跃类（远度）

运动员必须用单脚起跳，一旦比赛开始，运动员不得使用比赛助跑道进行练习。如有下列情况之一，则判为试跳失败：①在未做起跳的助跑中或在跳跃中，运动员以身体任何部位触及起跳线以外地面；②从起跳板两端之外的起跳线的延长线前面或后面起跳；③在落地过程中触及落地区以外地面，而落地区外触地点较区内最近触地点更靠近起跳线；④完成试跳后，向后走出落地区；⑤采用任何空翻姿势。

（4）投掷类

除标枪运动员经过直线助跑（跑道宽4米，长至少35米）外，其余项目运动员均必须从静止姿势开始试掷。比赛开始前，运动员可在比赛场地练习试掷，练习时应按抽签排定的顺序进行，并始终处于裁判员的监督之下。一旦比赛开始，运动员不得持器械练习，也不得使用投掷或落地区以内地面练习投掷。运动员进入圈内开始投掷后，如果运动员身体的任何部位触及圈外地面，或触及铁圈和抵趾板上面，或以不符合规定的方式将铅球推出，均判为一次投掷失败。器械必须完全落在落地区角度线内沿以内，试掷方为有效。每次有效试掷后，应立即测量成绩。从铅球落地痕迹的最近点取直线量至投掷圈内沿，测量线应通过投掷圈圆心。

4. 全能项目主要规则

项目及比赛顺序：男子十项全能第一天为100米、跳远、铅球、跳高、400米，第二天为110米栏、铁饼、撑竿跳高、标枪和1 500米。女子七项全能第一天为100米栏、跳高、铅球、200米，第二天为跳远、标枪和800米。比赛中若有可能，则在上一项结束后到下一项比赛开始，给予每名运动员至少有30分钟的休息时间。全能项目中跳远及各个投掷项目，每名运动员只能试跳（投）3次，计取最好成绩。

积分方法：全能项目各单项成绩的计分是根据世界田联制定的现行《全能评分表》，以累加总分计算名次，总分高者排前。运动员必须参加所有项目的比赛，如弃权某个项目，则不能参加后续项目的比赛，也不计算总分。但如果某个项目因成绩太低或失败，没有得分，仍可计算总分。全能运动比赛如总分相等时，名次并列。

思考与练习

1. 世界现代田径大致经历了几个发展阶段？每个阶段的特点是什么？
2. 接力跑运动中传接棒的方式有哪几种？各自的特点是什么？
3. 跨栏跑的技术由哪几部分组成？各技术环节的任务是什么？
4. 在推铅球练习的过程中容易出现哪些错误动作？该如何改进这些错误动作？
5. 在背越式跳高教学中，导致练习者助跑与起跳不连贯，起跳前减速的原因是什么？纠正方法有哪些？
6. 说出几种在跳远比赛中常见的犯规情况。

自主测评

1. 短跑

100米完整的短跑技术，使用起跑器采用蹲踞式起跑，起评标准：男14.5秒，女16.5秒。

优 秀	良 好	合 格	有待提高
各技术环节衔接紧密，全程技术完整连贯，蹬摆配合及上下肢配合协调，动作放松，后蹬有力、充分	各技术环节衔接紧密，全程技术较完整，动作放松、协调	能完成完整技术，动作幅度一般，放松能力不充分	跑的动作消极，起跑不流畅，后蹬乏力，途中跑有明显的"坐着跑""直腿跑"，严重影响跑速

2. 跨栏跑

采用蹲踞式起跑完成5个栏，男子栏高84厘米，栏间距7.5—8.5米；女子栏高76.2厘米，栏间距6.5—7.5米。起评标准：男12秒，女14秒。

优 秀	良 好	合 格	有待提高
起跨积极，起跨时摆动腿大小腿折叠前摆，攻栏动作积极快速，过栏时无明显跳动现象，上下肢配合协调，下栏着地制动较小，栏间节奏明显	起跨较积极，能在起跨时摆动腿大小腿折叠前摆，攻栏动作较积极、快速，过栏时无跳动现象，上下肢配合协调，下栏较积极，栏间节奏较好	起跨不积极，起跨时摆动腿大小腿折叠不够，能基本过栏，栏间节奏把握一般	起跨不积极，摆动腿无攻栏动作，跳栏无栏间节奏，不能用三步过栏

3. 背越式跳高

6步以上助跑完整技术，3次试跳机会取最好成绩，起评标准：女1米，男1.3米。

优 秀	良 好	合 格	有待提高
有良好的弧线助跑技术，助跑有节奏，起跳积极有力，挺髋充分，能连贯协调完成动作	弧线助跑技术较好，助跑能快速自然，起跳较有力，能基本完成背弓动作	能完成弧线助跑接起跳动作，起跳动作不够有力，背弓动作不充分	弧线助跑起跳动作不协调，没有背弓动作

4. 跳远

男子采用3米板，女子采用2米板。每人有两次试跳机会，以较优成绩作为最终成绩。起评标准：女3.60米；男4.60米。

优 秀	良 好	合 格	有待提高
全程助跑节奏技术良好，起跳快速有力，空中动作完成充分，落地技术合理	全程助跑节奏技术较好，起跳较有力，空中基本完成挺身动作	能完成完整助跑起跳技术，但节奏不够明显，空中挺身不充分	助跑起跳技术掌握较差，有明显的捣小步，跨大步动作，空中无挺身动作

5. 铅球

女子3千克，男子5千克，背向滑步。起评标准：男8米，女6米。每人两次试掷机会，以较优成绩作为最终成绩。

优　秀	良　好	合　格	有 待 提 高
完成技术动作连贯，加速节奏性强，有良好的超越器械动作，最后用力顺序正确，出手速度快	完成技术动作连贯，加速节奏较好，并能做好超越器械动作，最后用力技术较合理，出手速度较快	能完成完整推铅球技术，加速节奏较慢，预摆到滑步衔接不连贯，出手速度不快	滑步产生较大的跳动、停顿，有手抛铅球现象，最后用力技术动作杂乱

参考文献

［1］文超.田径运动高级教程［M］.北京：人民体育出版社，2013.

［2］刘建国，范秦海，李建英，等.田径运动［M］.北京：高等教育出版社，2016.

［3］国家体育总局.中国田径教练员岗位培训教材［M］.北京：人民体育出版社，2009.

［4］张贵敏.田径运动教程［M］.北京：人民体育出版社，2007.

［5］周建梅，李建臣.田径运动技术诊断［M］.北京：化学工业出版社，2016.

第七章 体操运动

【本章导学】

体操被誉为"运动之父",是适合人们终身参与的体育项目。本章主要对体操运动的起源与发展、特点与价值、组织与赛事、基本技术和主要竞赛规则进行了概述。在基本技术部分,重点对技巧体操、器械体操和艺术体操的基本技术动作和简单动作套路的动作要领、易犯错误和学练方式进行了分析。通过本章学习,能够了解体操运动的发展史、主要组织和赛事,明晰体操的特点与价值,掌握体操的基本技术,并能够在展示课或比赛中熟练展示简单动作套路。

一、体操运动概述

（一）体操运动的起源与发展

1. 体操运动的起源

体操历史源远流长，最早的记载可追溯至古埃及遗址的绘画和雕刻。在古埃及中王国时期的贝尼哈桑（Beni Hasan）岩墓壁画中发现了滚翻、传球和杂耍技巧的元素，这些动作与现在的单跳和体操非常相似。与古埃及同期，迁徙至希腊的米诺斯人通过跳公牛（"公牛舞"）进行祭神活动。后来，希腊土著继承了米诺斯人对运动和身体健康的崇尚，将体操作为身体训练的手段，并创造了古希腊语"Gymnos"（体操）一词。公元前2世纪，罗马帝国占领了古希腊。公元394年，罗马帝国废除古代奥运会，体操运动中断。直至19世纪，随着体育比赛在欧洲的流行，体操再次发展起来，学校和俱乐部也开始广泛开展体操活动。该时期，德国体操、瑞典体操、丹麦体操是最具代表性的体操流派。

我国体操早在远古时期便已萌芽。大量的考古文物、丰富的文字史料、众多的社会民族学发展研究都有关于我国体操产生和发展进程的记载。我国古代体操总体上可归纳为以下两大类：第一类，强筋骨、防疾病的医疗体操。古代中国虽无"体操"一词，却有类似体操的"养生""导引""乐舞"和"百戏"等健身活动，较为典型的代表是"五禽戏""八段锦"和"易筋经"。第二类，反映在古代歌舞、戏剧、杂技中和流传于民间的技巧运动。例如出土的西汉乐舞杂技陶俑中，就有手倒立、后手翻、桥和空翻等动作。

2. 体操运动的发展

体操运动发展到现代奥林匹克时期，已展露出现代体操的雏形。世界现代体操主要朝着竞技化的方向发展，在20世纪50年代以前，体操运动的参赛国主要为欧洲国家。20世纪50年代至70年代初，体操比赛设男子6个项目、女子4个项目，类别有团体赛、全能赛和单项决赛，并制定了第一版较为完备的评分规则。20世纪70年代以来，体操动作技术突飞猛进，出现了一系列以运动员命名的动作，世界体操进入全面创新阶段。20世纪80年代，国际体操联合会修改了团体比赛的形式以及个人全能和单项决赛的计分方法，在规则中增加了"D"组难度动作，体操从此向着难、美、新、稳的艺术化方向迅速发展。进入90年代，评分规则中新增了"E"和"SE"组高难度动作，竞技体操呈跨越式发展，表现出竞赛复杂化、选手年轻化、训练科学化以及动作高难化的发展趋势。2006年，国际体操联合会颁布的竞技体操评分规则发生了重大变革，运动员成套动作的得分由动作的难度价值（D分）和完成情况（E分）组成，突破了代表完美完成的"10分"，打破了保持半个多世纪的体操评分体系。

随着世界体操的发展与外来体操的传入，我国也开启了近代体操的发展之路。1840年鸦片战争以后，西方的器械体操陆续传入我国，并被运用到军事训练、学校教育和日常锻炼等活动中。1908年在上海成立了中国体操学校，教学内容包括徒手体操和兵式体操。"五四"运动时期，体操在学校教学中的中心地位发生了彻底变化，球类等活泼新颖的运动项目受到追捧。

1949年，中华人民共和国成立以后，体育运动备受重视，体操也得到了深入的发展。首先是群众性体操活动大普及，从1951年开始，全国范围内先后推行了成年、少年、儿童广播体操；在企业、机关、学校以及医疗单位，广泛开展卫生体操、生产体操、医疗体操、健美操等体操活动，对增强人民体质、丰富人民生活、预防疾病起到了积极的作用。同时，体操被列为各级学校体育教学大纲的主要内容。在群众性体操运动广泛开展的基础上，竞技体操先后经历了起步发展、停滞发展、恢复发展和快速发展四个阶段。从1985年到2021年的9届奥运会期间，我国竞技体操发展进入了世界领先行列，除2016年第31届奥运会外，中国体操队均有金牌收获，为我国体育事业的发展做出了巨大贡献。

体育之光

体操王子——李宁

李宁，20世纪最杰出的运动员之一，运动生涯中先后摘取14项世界冠军，被誉为"体操王子"。敢于拼搏与创新的他，为中国体育运动与体育产业的发展做出了卓越贡献。他的传奇经历一直激励着中国体操队不断突破创新，同时也激发了我们追逐梦想的决心和勇气。

（二）体操运动的特点与价值

1. 体操的特点

（1）练习内容的丰富性

体操内容非常丰富，有徒手体操、手持轻器械体操和器械体操；练习形式多种多样，可个人、可集体、可徒手、可手持轻器械或在器械上进行练习；练习难度和运动负荷的大小可因人而异，灵活掌握。

（2）表现形式的优美性

体操是一个表现美的项目，融合了舞蹈的形体艺术、美术的造型艺术、音乐的声乐艺术，并将这些艺术元素通过运动员高超的技艺表现出来，给人以力量、高雅、新颖的感受。因此，体操运动享有体育艺术的美誉。

（3）保护帮助的特殊性

体操是一项技术性很强的运动，多数动作具有一定的难度和挑战性，需要练习者具备相应的时空感觉和运动能力，而这种感觉与能力必须在保护与帮助下多次尝试体会才能形成。因此，保护与帮助是体操教学训练中独具特色的教学措施与手段。

（4）教学训练的规范性

经过长期实践，体操教学在文件制定、器械布置、列队方式、队伍调动、教学步骤、保护帮助等各个环节都形成了操作规范。体操训练系统也建立了科学选材、基础训练、难度发展、技术创新、成套训练、选拔参赛、总结调整等一系列成熟的训练规范。

（5）继承创新的协同性

在漫长的发展过程中，体操运动的精髓不断被提炼与升华，并成为运动员创新高难动作、挑战人类极限的重要途径。也就是说，没有继承和创新就没有体操今天的发展。一方面，自2006年竞技体操评分突破了代表完美完成的"10分"，体操动作编排与风格就开始不断地推陈出新。另一方面，体操项目不断发展壮大，相继有跑酷、花样跳绳等新兴项目从中分化出来。

2. 体操的价值

（1）挖掘人体潜能

体操动作的创新需要体操运动员不断挖掘人体潜能，挑战人类自身极限。自2006年版竞技体操评分规则突破了象征完美意义的"10分"，难度"上不封顶"，各国体操运动员就更加注重高难动作的创新，G、H、I、J组难度动作层出不穷。

（2）促进身体健康

体操是克服自重而完成的一项运动，对发展力量素质具有显著的效果。因此，体操运动员普遍具有较高的代谢水平，较低的脂肪含量和匀称、健硕、完美的体形。此外，可根据自身需要选择练习内容，将其设计成有氧、无氧或混合供能的运动形式，提升心肺功能。

（3）培养体育品德

体操作为基础运动项目，对人的全面发展具有重要价值。练习体操，不仅能够强健体魄，还可以获得以体育德、以体育智、以体育美、以体育心的效果。充分发挥体操的育人价值，可以培养学生沉着、冷静、勇敢、果断的体育品德。

（4）满足审美需求

体操能给人以美的享受。体操能够塑造优美体形，给人以"形体美"。经常参加体操运动使人的举止变得更加优雅，给人以"动作美"。同时，观赏体操竞技场上的艺术编排、明朗节奏、轻松动作和个人风格的表演，能够给人以"欣赏美"。

(三)体操运动的重要组织与赛事

1. 体操运动重要组织

(1)国际体操联合会(FIG)

国际体操联合会(International Federation of Gymnastics,FIG)(图7-1)成立于1881年,总部设在瑞士,现拥有156个成员国/地区。中国体操协会于1956年加入国际体操联合会。国际体操联合会是世界体操运动管理的最高权力机构,其主要职责包括组织世界性的体操比赛、研究和引导世界体操发展趋势、制定和修改竞赛规则、审核批准国际级裁判和选派大型比赛的裁判员等。

(2)亚洲体操联盟(AGU)

亚洲体操联盟(Asian Gymnastics Union,AGU)(图7-2),前身为亚洲体操联合会,成立于1964年,总部设在多哈,拥有38个成员国/地区,是亚洲体操运动的管理机构。其主要职责是鼓励和促进亚洲青年健康发展,使其通过体操运动陶冶性情、增强体魄;鼓励和指导运动员、教练员提高体操运动技术。

● 图7-1 国际体操联合会标志　　● 图7-2 亚洲体操联盟标志　　● 图7-3 中国体操协会标志

(3)中国体操协会(CGA)

中国体操协会(Chinese Gymnastics Association,CGA)(图7-3)成立于1954年,是中国体操运动的管理机构。其主要职责包括在中国宣传及推广体操运动、举办国际及全国性体操比赛活动、选拔参加国际比赛的运动员、制定教练员和裁判员等级制度、推动体操项目的科学研究等。

2. 体操运动重要赛事

(1)奥运会体操比赛

自1896年第1届现代奥运会起,体操便是比赛项目之一,起初只有男子体操比赛,设置项目也与现在不尽相同。直至1936年奥运会和1960年奥运会,才分别确立目前的男子六项(自由体操、鞍马、吊环、跳马、双杠、单杠)和女子四项(高低杠、平衡木、跳马、自由体操)的比赛。1984年,艺术体操成为奥运会女子项目,1996年增设集体全能比赛。

(2)世界体操锦标赛

世界体操锦标赛(The World Gymnastics Championships)是由国际体操联合会主办并

由其所属的一个国家体操协会承办的世界性体操赛事。该赛事于1903年开始举办，起初每两年举办一次，后改为四年一次。2002年之后，除奥运年外，每年举办一次，即每四年举办三次。比赛项目设置与奥运会基本相同，但在奥运会翌年为单项世界体操锦标赛，不设置男、女子团体项目。

（3）世界艺术体操锦标赛

世界艺术体操锦标赛（Rhythmic Gymnastics World Championships）是除奥运会之外最负盛名的艺术体操赛事，于1963年开始举办。圈是最早出现的艺术体操器械，随后绳、球、带、棒相继出现，并于1971年取消徒手项目。其举办频率与世界体操锦标赛相同，除奥运年外，每年举办一次。

二、技巧运动

（一）鱼跃前滚翻

1. 动作要领

方法：半蹲开始，两臂由后向前摆，同时两脚蹬地，身体向前上方跃起，身体在空中保持两臂前伸，含胸姿势。两手撑垫，顺势屈臂、低头、团身，向前滚翻成站立（图7-4）。

要点：蹬地、摆臂配合协调，有腾空；背着地时，屈膝团身，滚动圆滑。

图7-4　鱼跃前滚翻

2. 易犯错误

表7-1　鱼跃前滚翻易犯错误及纠正方法

序号	易犯错误	纠正方法
1	蹬地、摆臂配合不协调，无腾空	可先进行原地蹬地、摆臂徒手练习，再进行兔跳练习（半蹲，两臂后举；两脚蹬地，同时两臂前摆跃起；两手撑地，收腹、屈腿，两脚落地成半蹲）
2	屈臂、低头过早	可通过击掌或言语等信号提示练习者屈臂、低头的时机
3	团身不紧，未能依次滚动	可先练习团身前后滚动和前滚翻练习，体会团身滚动，再进行远撑前滚翻练习，体会滚动过程中头后部、颈、肩、背、腰的依次着地

3. 学练方式

（1）远撑前滚翻练习

远撑前滚翻练习时手尽可能远撑，可在垫上设置线、标志物等标记，以提示撑手的位置，远度可根据练习者的实际情况而定（图7-5）。

图7-5　利用标记的远撑前滚翻

（2）越障碍物前滚翻练习

根据练习者的实际情况设置适宜高度的皮筋、海绵砖、小垫子等障碍物，按照蹬地有力、双手远撑的动作要点进行练习（图7-6）。

图7-6　越障碍物的前滚翻

（3）在保护帮助下练习

保护帮助者站于或单膝跪于练习者的侧前方，腾空时一手扶肩，另一手托大腿顺势前送，助其缓冲，前滚（图7-7）。

图7-7　在保护帮助下练习

（二）直腿后滚翻

1. 动作要领

方法：站立开始，上体前屈，重心后移，双手后伸于腿外侧撑垫，臀后坐垫时上体后倒收腹举腿翻臀后滚,两手迅速撑于肩上,当滚至颈部着垫时,两手用力推撑,翻转过头,经屈体立撑成站立(图7-8)。

要点:屈体后滚要迅速,推撑及时要有力。

图7-8 直腿后滚翻

2. 易犯错误

表7-2 直腿后滚翻易犯错误及纠正方法

序号	易犯错误	纠正方法
1	臀部着垫时太重,滚翻节奏被打乱	重点练习撑地技术,可在保护与帮助下反复体会重心后移、撑手、顺势屈臂过渡到臀部着垫接后滚练习
2	滚翻无动力,翻转困难或翻不过去	可先直立进行夹肘推手的练习,再由直角坐垫开始进行倒肩和收腹举腿的练习,并逐渐加快速度;或在斜坡上由高向低做后滚翻,体会夹肘推撑用力和翻转的动作
3	屈腿与推手不充分、不及时	可练习仰卧举腿提臀至脚触垫子练习,保持腿伸直,提高腿的控制能力;也可在练习者翻臀过支撑点,脚尖触地瞬间提示或帮助快速提拉臀部,推手成站立

3. 学练方式

（1）站立体前屈，撑手后坐练习

站立位开始，后坐移重心保持屈体，先撑手后坐垫。

（2）并腿坐于垫上，屈体后滚练习

并腿坐于垫上，后滚翻臀，两手肩上撑垫。

（3）斜坡上由高向低做直腿后滚翻练习

利用斜坡练习直腿后滚翻，体会夹肘推撑用力和翻转动作。

（三）技巧小组合

1. 肩肘倒立接前滚翻成蹲立

（1）动作要领

方法：直角坐开始。上体后倒，收腹举腿，翻臀，当脚尖至头上垂直部位时，两臂压垫，两腿向上伸直，展髋，同时两臂屈肘内收，两手插于腰背成肩肘倒立（稍停）。前滚时，两手伸开，身体前倒，经肩、背、腰、臀依次滚动，当臀部将要着垫时，迅速屈膝收腿，团身跟肩，抱腿成蹲立（图7-9）。

要点：撑腰背时要夹肘，重心控制在支撑面，紧身立腰是关键，前滚团身卡时机。

图7-9　肩肘倒立接前滚翻成蹲立

（2）易犯错误

● 表 7-3　肩肘倒立接前滚翻成蹲立易犯错误及纠正方法

序号	易犯错误	纠正方法
1	肩肘倒立腰背不直，屈髋	可先进行徒手练习夹肘，撑腰背，然后进行仰卧屈体，连续做伸腿展髋练习，明确伸腿方向及展髋时机
2	前滚不能成蹲撑	先反复进行仰卧举腿翻臀前滚团身练习，并用信号（言语或击掌）提示收腿团身时机，也可由高垫向低处练习；或在保护帮助下完成动作，前滚时跟进，推肩背帮助成蹲撑

（3）学练方式

伸腿展髋练习：练习者仰卧屈体于垫上，连续做伸腿展髋练习。体会伸腿方向及展髋时机（图7-10）。

利用标志物练习：将标志物悬挂，练习者做肩肘倒立，同时触碰标志物，体会伸腿展髋（图7-11）。

● 图 7-10　伸腿展髋练习

在保护帮助下练习：在保护帮助下进行完整练习，当练习者后倒举腿时，保护者握其脚踝或小腿帮助其向上提展；前滚时，松手跟进，一手扶小腿，一手推肩背助其成蹲撑（图7-12）。

● 图 7-11　利用标志物练习　　● 图 7-12　在保护帮助下练习

2. 头手倒立接前滚翻

（1）动作要领

方法：蹲撑，头手撑垫成正三角形，两肘内夹，颈部紧张，一腿上举，一腿蹬地，两腿并拢伸直，紧腰、夹臀，头手支撑倒立；前滚时，脚尖远伸使重心前移，屈臂低头，头后部在两手前着地，同时微屈、紧腰，以肩、背、腰、臀依次前滚，当滚至背部着地时，迅速收腹、屈膝、跟上体、团身抱腿，经蹲成直立（图7-13）。

要点：头手倒立开始重心前移，当前移至失去重心时再做屈臂低头动作；手倒立前倒时应有控制，速度要慢，屈髋团身不要太早。

图7-13 头手倒立接前滚翻

（2）易犯错误

表7-4 头手倒立接前滚翻易犯错误及纠正方法

序号	易犯错误	纠正方法
1	头手倒立时，头手距离太近或太远，用头顶撑地	保护与帮助者纠正或要求练习者头手撑在标志点上
2	蹬摆配合不协调，提臀不够，重心未前移	练习者可将头、两手和脚按照标记位置进行蹬摆练习，然后在帮助下反复进行头手倒立的蹬摆练习（帮助者站在练习者前，采用两手扶髋的方法）
3	前滚翻力量小，不能成蹲立	可先反复练习肩肘倒立前滚翻成蹲立动作，然后可在练习者前滚团身时，推其背，助其上体前跟

（3）学练方式

发展屈臂支撑的静力性练习：可练习分腿体前屈的屈臂支撑，和蹲撑开始两腿分别架于支撑肘关节上的静力练习。

前滚翻练习：先进行一腿后摆，一脚蹬地，不经头手倒立的前滚翻，使练习者充分体会屈臂低头前滚的技术。

头手倒立的蹬摆练习：先明确头手支撑位置和头着地位置，在此基础上进行头手支撑蹬地举腿、回落练习，可重复数次，体验手脚位置及蹬地举腿的力量。

在保护帮助下练习：可在保护者的帮助下先练习头手倒立动作；再以较慢的速度进行头手倒立前滚翻动作，体会先屈臂、再低头、含胸、屈髋、屈膝抱腿的动作感觉（图7-14，图7-15）。

图7-14 保护帮助下的头手倒立

图7-15 保护帮助下的头手倒立前滚翻

3. 燕式平衡接鱼跃前滚翻

（1）动作要领

方法：由站立开始，单腿慢慢后举，上体前屈，当腿举至最高位置时，抬头挺胸成单腿支撑、两臂侧平举；燕式平衡后，两臂由后向前摆，同时一脚蹬地，身体向前上方跃起，身体在空中保持两臂前伸，含胸姿势。两手撑垫，顺势屈臂、低头、团身，向前滚翻成站立（图7-16）。

要点：蹬地、摆臂配合协调，有腾空；身体依次着垫，滚动圆滑。

图7-16 燕式平衡接鱼跃前滚翻

（2）易犯错误

● 表7-5 燕式平衡接鱼跃前滚翻易犯错误及纠正方法

序号	易犯错误	纠 正 方 法
1	燕式平衡后举腿高度不够，屈膝	练习时，脚尖绷直用力后伸。同时，练习者应加强柔韧性练习，同时还需强化腰背肌的力量
2	鱼跃腾空不明显，滚动不流畅	练习者可反复练习远撑前滚翻和鱼跃前滚翻动作，体会鱼跃腾空动作的发力顺序

（3）学练方式

分解练习：分别练习燕式平衡（可从手撑地的燕式平衡过渡到手扶把杆或肋木进行练习，再到独立完成动作）和鱼跃前滚翻。

利用标记或提示进行练习：可设置标志物标记鱼跃前滚翻的手撑地落点，也可由帮助者言语提醒动作转换的时机，练习燕式平衡接鱼跃前滚翻完整动作。

在保护帮助下练习：保护帮助者站于练习者侧方，一手托其腿，一手托其臂，滚翻跃起腾空时，顺势托其大腿前送。

三、器械体操

（一）跳马——横箱屈腿腾越

1. 动作要领

方法：助跑上板、积极踏跳、双脚跳起后领臂含胸，使上体稍前倾，向前上方腾起，两手撑箱、屈腿收腹提臀，使膝靠近胸部。紧接着用力直臂顶肩推手，制动腿，上体急振上抬，屈髋挺身，屈膝缓冲落地（图7-17）。

要点：起跳有力，提臀屈腿，快速推手，伸腿展体。

● 图7-17 横箱屈腿腾越

2. 易犯错误

● 表7-6　跳马——横箱屈腿腾越易犯错误及纠正方法

序号	易犯错误	纠正方法
1	助跑节奏差，步点不准确，上板犹豫	通过丈量和调整助跑技术，形成稳定的步幅和相对固定的助跑距离，培养准确果敢地上板踏跳的习惯
2	不推手，做成屈腿摆越动作	先练习并腿起跳推手，体验快速推手动作。当推手过晚难以推离箱面时，可采用击掌或提示"推"等听觉刺激，让练习者在两腿未过支撑点时及时推离箱面
3	腾越后，腿未下伸展体	先练习直臂顶肩支撑，原地向上屈腿抬膝跳起后，再进行两腿下伸展体落地的练习。或练习原地纵跳，跳上成蹲撑（立），向前跳下时伸腿展体

3. 学练方式

（1）助跑踏跳练习

（走）跑3—7步再踏跳，由走到跑，逐渐提高助跑速度和距离（图7-18）。

● 图7-18　助跑踏跳练习

（2）原地纵跳，屈腿抱膝，缓冲落地练习

原地起跳，腾起快速屈腿抱膝，紧接着伸腿落地屈膝缓冲练习。

（3）原地或助跑跳起撑箱，在箱上成蹲撑，后跳下练习

原地或助跑跳起，直臂撑箱，屈腿收腹提臀，在箱上成蹲撑，紧接挺身跳下。对于完成动作困难的学生，可只做起跳支撑屈腿收腹提臀原地落下的动作。

（4）垫高支撑点的横箱屈腿腾越练习

在横箱箱面两边放置硬度适中的发泡海绵并加以固定，练习时，手撑海绵腾越过箱。要求海绵绑扎牢固，可根据学生实际情况设置20厘米、10厘米、5厘米等不同高度，供学生选择，适应后逐渐降低高度，直到全部移去海绵。

（5）在保护帮助下练习

可以由两个人同时保护与帮助，一人站正面，另一人站箱前侧面，完成横箱屈腿腾越完整动作（图7-19）。

图7-19 保护帮助下的横箱屈腿腾越

(二)单杠——骑撑前回环

1. 动作要领

方法:由反握骑撑开始,直臂顶肩,重心上提,前腿举起前跨,上体挺直前倒。回环时后腿贴杠。回环过杠下垂面后,前腿前伸下压,使大腿根部靠杠。回环至上体超过杠水平面后,直臂压杠跟上体,翻腕控制握杠还原成骑撑(图7-20)。

要点:直臂顶肩撑杠,上体积极前倒,使身体重心尽量远离握点;当上体回环至杠后水平部位时,直臂压杠、挺胸、翻腕、制动腿成骑撑。

图7-20 骑撑前回环

2. 易犯错误

表7-7 单杠——骑撑前回环易犯错误及纠正方法

序号	易犯错误	纠正方法
1	右腿无前伸远跨动作,上体便前倒	保护帮助者在杠前托练习者右小腿,使其体会右腿前跨,上体挺直前倒动作
2	身体回环接近杠后水平部位时,右腿无压杠和展髋动作	在杠后托练习者背部,使其体会伸压杠动作,另外可在杠前设一标志物,让练习者右腿前跨触标志物做前回环

3. 学练方式

（1）利用跳箱辅助练习

在单杠前放一个跳箱，练习者向前踏跳箱做前倒前跨练习。

（2）利用标志物练习

可在杠前设一标志物（距前脚20厘米左右），做前腿远跨，脚触标志物做前回环练习，充分体会低杠骑撑重心上提、前腿远跨、上体前倒。

（3）在保护帮助下练习

① 在保护帮助下做骑撑重心上提，举腿前跨，上体做前倒动作。保护帮助者站于杠前侧方，一手扶练习者肩关节，另一手托其小腿顺势前送。

② 保护帮助者站在杠后练习者右侧，右手从杠下翻握其右手腕，防止脱手，待其上体回环过杠下垂面时，左手托其背部帮助完成。成骑撑时，右手换握其上臂，左手托其后腿，防止练习者前翻或后倒。

（三）双杠——前滚翻成分腿坐

1. 动作要领

方法：由分腿坐撑开始，两手靠近大腿握杠，低头含胸，上体前倒，同时屈臂顶杠、收腹提臀，两肩在手前撑杠。臀部前翻过肩上方时，两手迅速向前换握杠。两腿大分下压，同时两臂压杠，跟上体成分腿坐（图7-21）。

要点：上体前倒同时低头收腹提臀腿离杠，肩着杠时及时分肘以肩臂撑压杠，以防漏杠；先并腿，后换握杠，再分腿展髋。

● 图7-21 前滚翻成分腿坐

2. 易犯错误

● 表7-8 双杠——前滚翻成分腿坐易犯错误及纠正方法

序号	易犯错误	纠正方法
1	上体前倒时，肩触杠时分肘不及时，易发生跌落	先进行在低杠上的收腹提臀和肩触杠分肘的练习。同时要注意加强练习者上肢和核心的力量练习
2	前滚不能成蹲撑	先在垫子上利用标志物进行前滚翻的练习，再逐渐过渡到双杠上

3. 学练方式

（1）基础练习

先在低双杠上练习收腹提臀和肩触杠分肘动作，再逐步增加练习难度。

（2）垫上练习

在垫子上练习由分腿立撑，向前滚翻成分腿坐。在慢滚翻动作中体验，经并腿屈体前滚，当滚翻至腰部将着垫子时，两臂换至体侧压垫子（图7-22）。

● 图7-22　在垫子上练习前滚翻分腿坐

（3）在保护帮助下练习

① 在练习者杠前地上放置一层海绵垫，在帮助下慢做，要求仰卧屈体时身体折紧并腿，两肘外分以臂肩撑压杠，控制好身体重心并及时换握杠起成分腿坐，待正确掌握后便可撤去海绵垫，在帮助下做完整动作。

② 帮助者站在杠侧，一手托练习者大腿，一手从杠下托其肩，帮助收腹提臀，提高重心。当练习者臀部前翻至垂直部位时，两手换至杠下托其背和腰部，帮助前滚成分腿坐。

体育之光

马燕红：中国体操第一位女子世界冠军和奥运会冠军

1979年，在第20届世界体操锦标赛上，马燕红勇夺女子高低杠冠军，这是中国体操队获得的第一个世界冠军。在当时训练保障还相对落后的条件下，获得第一个世界冠军来之不易。中国体操队这支体育军团的王牌之师也由此开启了辉煌时代。在1984年洛杉矶奥运会上，马燕红成功摘取女子高低杠金牌，并完成第一个以中国人名字命名的体操动作——马燕红下，此后以中国运动员名字命名的体操动作层出不穷。

她的名言"任何看起来毫不费力的背后，都是拼尽全力"，更是激励了中国几代体操人。

四、艺术体操

（一）基本手型与脚位

1. 基本手型

艺术体操手型多数采用芭蕾手型。手型的一般要求是手指自然放松，稍伸展开，拇指与中指稍向里合。

2. 基本手位

艺术体操手位多采用芭蕾的7个基本手位（图7-23）：

一位：两臂成弧形于前下方，指尖相对，掌心稍向内。
二位：两臂保持弧形前举（稍低于手和肩），掌心向内。
三位：两臂保持弧形上举（稍向前），掌心向内。
四位：一臂上举（三位），一臂前举（二位）。
五位：一臂上举（三位），一臂侧举，掌心向前下方。
六位：一臂前举（二位），一臂侧举。
七位：两臂侧举，掌心向前下方，肘稍向上抬。

一位　　二位　　三位　　四位　　五位　　六位　　七位

● 图7-23　基本手位

3. 基本脚位

一位站：双脚形成一字站位，脚后跟相对，重心在第2、3根脚趾上，双腿持续向内用力，髋部外展，臀部内收。

二位站：在一位脚的基础上，双脚分开一个脚的间距，脚后跟相对，重心在第2、3根脚趾上，双腿持续向内用力，髋部外展，臀部内收。

三位站：在二位脚的基础上，收回一只脚到足弓的前方，重心在两腿之间，双腿持续向内用力，髋部外展，臀部内收。

四位站：在三位脚的基础上，一脚向前，形成双脚前后一位站，间距一个脚的距离，前脚掌对齐脚后跟，脚后跟对齐前脚掌，重心在两腿之间，双腿持续向内用力，髋部外展，臀部内收。

五位站：在四位脚的基础上，前脚收回，前后站位，使双脚前脚掌与脚后跟完全贴合，重心保持垂直，双腿持续向内用力，髋部外展，臀部内收（图7-24）。

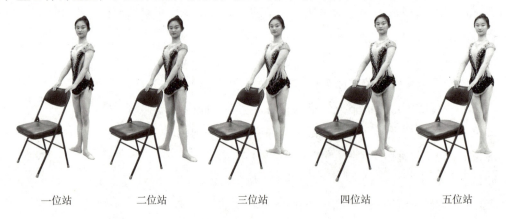

一位站　　　二位站　　　三位站　　　四位站　　　五位站

图7-24　基本站位

（二）基本步伐

1. 基本步法

柔软步：走步时腿绷直迈出，由脚尖逐渐过渡至全脚掌柔和着地。

脚尖步：走步时高起踵立，腿绷直迈出，由脚尖至前脚掌着地。

滚动步：走步时左脚向前一大步，由脚尖过渡到全脚掌着地的同时重心前移，右脚快速向前跟进，右腿屈膝并以前脚掌在左脚内侧点地。

2. 基本动作

（1）跳步

跳跃是指单脚或双脚在蹬地之后，身体向上腾起，在空中形成固定的姿态，然后通过屈膝缓冲落地的动作。

依据跳跃动作幅度的大小可以分为大跳、中跳和小跳；依据身体在空中形成等姿态，有跨跳、鹿跳、反跨跳、结环跳等（图7-25）。

图7-25　跳步

（2）转体

以单脚为支点，身体绕垂直轴（纵轴）转动的动作。转体动作可以连接转体类身体动作和其他类型的身体动作形成单一、复合或混合转体动作。依据转体动作过程中，身体姿态变化的数量、动作连接方式和转动度数的不同，以确定该转体动作的难易程度（图7-26）。

● 图7-26 转体

（3）平衡

平衡动作是指以身体某部位（脚、膝、臀）支撑地面，配合手臂、躯干和腿构成平衡姿态，保持一定的时间。通过平衡动作的练习，可发展肌肉力量，增强控制重心稳定性的能力（图7-27）。

● 图7-27 平衡

（4）柔软

摆动：单手、双手或身体其他部位持器械，以肩（肘、腕）、髋为轴，在一定的面上（水平面、垂直面等）做小于180°的弧线运动。

波浪：波浪是艺术体操所特有的身体动作之一，指身体或身体的某一部位相邻的关节依次弯曲，随之依次伸展的自然性推移运动。以波浪完成的部位分为全身波浪、躯干波浪和手臂波浪（图7-28）。

图7-28　手臂波浪

（三）球操小组合

1. 手臂滚球接向内"8"字绕环

（1）动作要领

① 1拍：左手持球两臂侧平举。

② 2—6拍：球从左臂、胸前至右臂自由滚动。

③ 7拍：右手接球两臂侧平举。

④ 8拍：右手持球向内绕"8"字，右手托球以肘为轴，屈臂在体前侧做向内水平中绕环成反托。

⑤ 9—12拍：顺势伸直手臂，向左侧水平摆动，做以肩为轴的头上向内水平大绕环，整个动作保持手掌始终向上平稳托住球，躯干随球绕动。

⑥ 13拍：右手接球两臂侧平举（图7-29）。

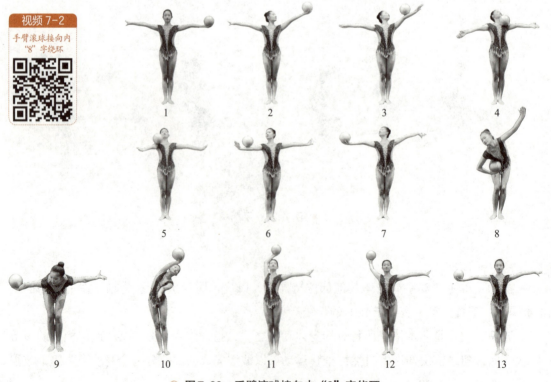

图7-29　手臂滚球接向内"8"字绕环

（2）易犯错误

● 表7-9　手臂滚球接向内"8"字绕环易犯错误及纠正方法

序号	易 犯 错 误	纠 正 方 法
1	单手持球时，出现勾手持球动作	可原地站立进行持球练习，体会本体肌肉感觉
2	单手反托球时，出现抓球动作	可用比艺术体操球更大的球进行练习，体会手指放松、勾球的感觉

（3）学练方式

扶持滚球练习：右手托球右前侧举，左手扶持使球沿右臂滚动至胸部，然后右手扶持使球沿左臂滚动至左手（图7-30）。

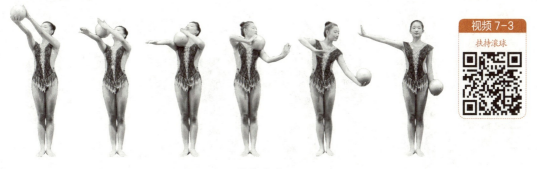

● 图7-30　扶持滚球

右手持球向外绕"8"字练习：右手托球直臂以肩为轴，做头上向外水平大绕环成反托，接着以肘为轴，经内向外做中绕环，整个动作保持手掌始终向上平稳托球，身体随球绕动。速度可由慢变快（图7-31）。

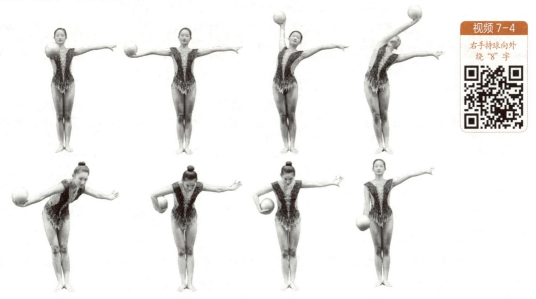

● 图7-31　右手持球向外绕"8"字

2. 单手体后抛球手背接球

（1）动作要领

①1拍：右手持球左臂侧平举。

②2拍：立踵，右臂向上摆臂，左臂侧平举。

③3—4拍：半蹲的同时，两臂经体侧向后方摆动，随即配合蹬地、立腰，手臂伸直向后抛球。注意持球方式，不要抓球。

④5—7拍：判断来球方向，接球时伸臂迎球，手指尖触球时，手臂顺球下落的冲力顺势后摆缓冲，两腿半蹲。手背接球时，两手背向上靠拢，稍屈腕，使球落在两手腕凹处（图7-32）。

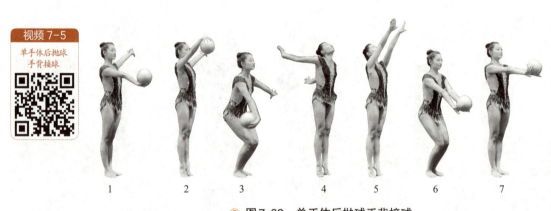

● 图7-32 单手体后抛球手背接球

（2）易犯错误

● 表7-10 单手体后抛球手背接球易犯错误及纠正方法

序号	易犯错误	纠正方法
1	抛球时，爆发性不足，出手无力	可通过手臂力量练习，提高手臂的爆发力
2	抛球时，抛球方向不正确	可两人一组进行定点抛球练习。两人相对站立，在不同方向、不同距离进行抛接，体验不同位置伸臂的"手感"

（3）学练方式

背后弯臂小抛练习：双手抱球于后背，直臂下沉，弯臂、手腕向上发力抛出，球经背部、头部后，于体前直臂接球。

双手抛球练习：两手通过手臂的摆动，将球抛向空中，抛球可低抛、中抛和高抛。接球时，判断好球的落点，伸臂主动迎球，接球瞬间手臂下摆缓冲。高度可由矮至高，逐渐增加抛球的高度，体会直臂抛球的感觉（图7-33）。

图7-33 双手抛球

单手抛球练习：除抛球手为单手外，抛球动作与双手抛球练习一致。着重注意接球时手臂下摆缓冲的感觉。动作熟练后，可改为用手背接球，体会手腕下压停球（图7-34）。

图7-34 单手抛球

（四）圈操小组合

1. 水平绕环双手体后换握圈接体前向内转动圈

（1）动作要领

① 1—4拍：右手反握圈，以肩为轴，直臂经前向右上方水平绕环一周。

② 5—9拍：手臂内旋手心向上持圈摆动至体后，左手手心向上于体后接圈，经体侧向前方结束绕环。注意双手在体后换握圈时应准确连贯无停顿。

③ 10—15拍：单手持圈经摆动使圈在手的虎口处沿着掌心、手背连续地进行圆周运动。双手持圈置于腰部（图7-35）。

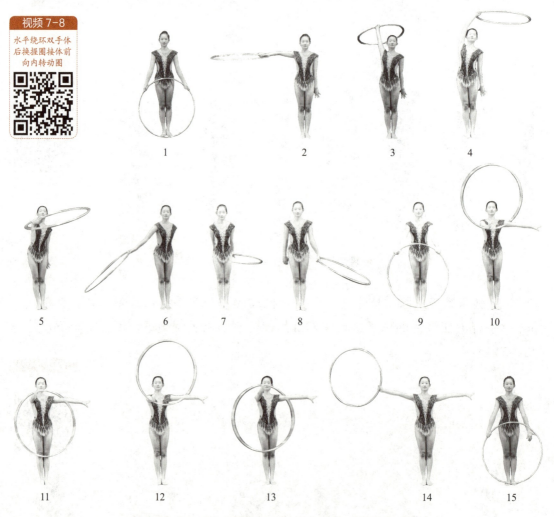

● 图7-35　水平绕环双手体后换握圈接体前向内转动圈

（2）易犯错误

● 表7-11　圈操小组合易犯错误及纠正方法

序号	易犯错误	纠正方法
1	握圈水平环绕时，圈面没有保持水平面	可先练习直臂握圈，再练习不同位置的持圈动作，体会圈位于不同位置时，手臂的发力感
2	手上转动圈时，圈面没有保持与地面垂直状态	可两人一组进行练习，一人练习时，另一人站在与圈面平行处，尽量保证练习者转动圈时不触碰到同伴的身体

（3）学练方式

持圈摆动练习：单手或双手持圈，手臂自然伸直，以肩为轴在不同面，向不同方向做幅度小于360°的摆动动作，也可双手换握摆动。做摆动动作时，圈面要保持平稳与准确，动作连贯、流畅、舒展。

体侧垂直绕"8"字练习：原地持圈，右臂伸直右手反握圈，从后向前绕环至体前时，向左侧下方摆动，在左侧从后向前绕环一周，手腕灵活转动带动圈面的改变，圈面保持矢状面。整个绕环动作要求大幅度、连贯流畅地完成（图7-36）。

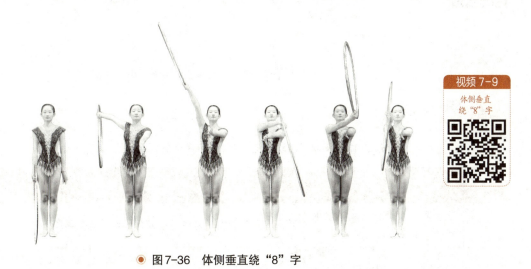

● 图7-36 体侧垂直绕"8"字

转动练习：原地持圈，左、右手交替进行不同方向、不同水平面于虎口处沿掌心、虎口、手背的连续圆周运动（图7-37）。

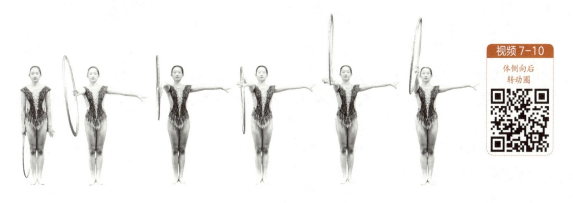

● 图7-37 体侧向后转动圈

2. 平抛圈接双手绕圈小跳过圈

（1）动作要领

1—2拍：两腿屈膝弹动1次，同时双手体前持圈向下摆动，注意不要翻腕。

3拍：蹬地提踵立，向上方水平抛圈。

4拍：立踵，双手接圈。当圈下落时双手主动接圈后摆。

5—7拍：双手持圈，前摇圈1次，同时从右脚开始，两脚依次跳过圈。（图7-38）

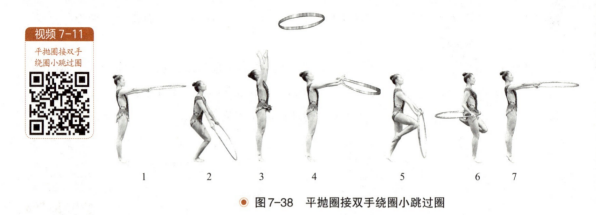

1　　　　2　　　　3　　　　4　　　　5　　　　6　　　　7

● 图7-38　平抛圈接双手绕圈小跳过圈

（2）易犯错误

● 表7-12　平抛圈接双手绕圈小跳过圈易犯错误及纠正方法

序号	易犯错误	纠正方法
1	平抛圈时，圈面未保持水平状态，出现翻转现象	练习者可先向左下方进行摆臂，练习熟练后再向下摆臂
2	抛圈时，向上抛出高度不够	可练习原地摆臂向上跳，做到蹬地发力，手臂向上摆动，手脚协调发力
3	跳圈时动作不协调、不连贯	可用艺术体操绳进行折叠绳练习，先将绳折叠一次，进行跳绳练习，后折叠两次成三折绳进行跳绳练习

（3）学练方式

垂直抛圈练习：右手正握圈向后预摆，两腿屈膝后迅速蹬地成提踵立，同时手臂快速向前上方摆动，接近最高点时将圈抛出，当圈下落至体前上方时接圈顺势后摆。

无器械练习：无器械做下蹲摆臂平抛圈接手腕翻腕小跳过圈动作，注意在做动作时思考每个动作需要注意什么，做到动作连贯，体会发力感觉。

翻腕抛圈动作练习：做平抛圈相同动作，不同的是下蹲摆臂后手腕翻腕抛圈，试一试对比平抛圈与翻转抛圈的区别。

五、体操竞赛主要规则

（一）体操场地器械要求

1. 竞技体操

竞技体操包括自由体操、跳马、鞍马、吊环、双杠、单杠、高低杠和平衡木，其场地器械要求见图7-39。

2. 艺术体操

艺术体操的器械包括绳、圈、球、棒、带等，其场地及器械要求见图7-40。

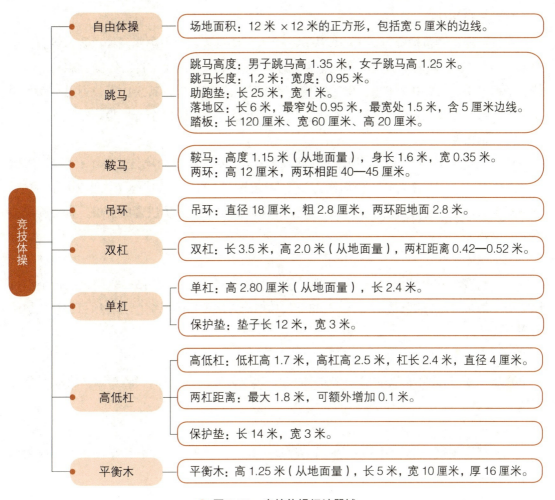

图 7-39　竞技体操场地器械

图 7-40　艺术体操场地器械

（二）体操比赛的主要规则

1. 竞技体操比赛

竞技体操比赛包括资格赛、团体决赛、个人全能决赛和单项决赛四种比赛，设有男子6项（自由体操、跳马、鞍马、吊环、双杠、单杠）和女子4项（自由体操、跳马、高低杠、平衡木），一共10个单项。除了资格赛不会产生奖牌以外，其余比赛包括男、女子团体决赛，男、女子个人全能决赛，加上各个单项决赛，一共有14个产生奖牌的项目。

（1）资格赛

比赛采用5-4-3制，每个国家/地区可派5名运动员，在每个项目比赛中，每队可派4名队员上场，取最高3人分数相加作为该项目的成绩，各个项目成绩相加作为团体成绩。资格赛至关重要，它将决定参加团体决赛、个人全能决赛、单项决赛的资格。资格赛成绩不带入决赛。

（2）团体决赛

在资格赛中获团体成绩前8名的队伍参加团体决赛。比赛采用5-3-3制，在每个项目比赛中，每队可派3名队员上场，3人的分数相加作为该项目的成绩，各个项目成绩相加作为团体成绩。

（3）个人全能决赛

在资格赛中获全能成绩前24名的运动员参加全能决赛，以全能决赛成绩决定全能名次。

（4）单项决赛

在资格赛中获各个单项成绩前8名的运动员参加单项决赛。以各个单项决赛的成绩决定单项名次。

2. 艺术体操比赛

艺术体操包括个人和集体项目。个人项目包括绳、圈、球、棒、带5个单项，比赛中运动员根据规程完成其中4项（按照绳、圈、球、棒、带的顺序每2年轮换一次），时间为1分15秒至1分30秒；集体项目要求5人共同完成2套动作，其中一套持同一种器械，另一套持不同种器械，时间为2分15秒至2分30秒。艺术体操比赛与竞技体操比赛一样，以资格赛决定全能赛、团体赛和单项决赛的参赛资格。不同的艺术体操比赛会设置不同竞赛项目，在全国比赛中设有个人项目比赛、集体项目比赛以及大团体赛。而在奥运会赛程中，仅设有个人全能资格赛、个人全能决赛、集体全能资格赛以及集体全能决赛。

（1）个人项目比赛

个人项目比赛包括个人全能赛、个人单项赛和个人团体赛。个人全能赛为1个人参加比赛规定的4个项目，取4套动作的总分评定名次；个人单项赛以单个项目的最高分评定名次；个人团体赛每队由3—4名运动员组成，共计12套动作，取10套最高得分总和评定名次。

（2）集体项目比赛

集体项目比赛包括集体全能赛和集体单项赛。集体全能赛为集体2个项目的总分，集体单项赛以集体的单个项目的成绩总和评定名次。

（3）大团体赛

大团体赛简称"大团"，为个人项目和集体项目的总分，也就是整个团队的成绩。由个人运动员成绩最高的8套成套动作得分及2套集体成套动作成绩总和决定团体名次。

链接7-1
国际体操联合会评分规则：男子竞技体操

链接7-2
国际体操联合会评分规则：女子竞技体操

链接7-3
国际体操联合会评分规则：艺术体操

思考与练习

1. 简述世界现代体操大致经历了几个阶段，推动每个阶段发展的因素是什么。
2. 为什么说体操是适合人类终身从事的体育项目？它有哪些特点和独特价值？尝试思考如何发挥其独特价值。
3. 尝试论述任一技巧运动、器械体操和艺术体操的动作要领、学练方法以及易犯错误。
4. 通过本章的学习，总结归纳体操和艺术体操的比赛设置（可采用简短的语言或思维导图）。

自主测评

	动作名称	规格	典型错误	扣分
1	前滚翻	团身，滚翻圆滑	1. 团身不紧 2. 翻滚不圆滑 3. 无滚动过程（不承认）	0.1—0.3 0.1—0.3 1.0
2	鱼跃前滚翻	有明显腾空，屈髋 > 120°，滚动圆滑	1. 腾空高度不够 2. 屈髋 < 120° 3. 滚动不圆滑 4. 无腾空过程（不承认）	0.1—0.3 0.1—0.3 0.2—0.3 1.0
3	直腿后滚翻	屈体后滚迅速，推撑及时有力	1. 屈腿15°以下 2. 屈腿16°—30° 3. 滚翻不圆滑 4. 屈腿30°以上（不承认）	0.1 0.3 0.1—0.3 1.0

续表

动作名称		规格	典型错误	扣分
4	肩肘倒立	肘内收手撑腰，伸髋挺腹腿蹬直	1. 肩肘倒立时身体不直 2. 肩肘倒立不足2″ 3. 肩肘倒立不足1″（不承认）	0.1—0.3 0.3 1.0
5	头手倒立	头手撑垫成正三角形，重心保持在支点垂直范围内	1. 倒立不直 2. 静止时间不足2″ 3. 没停（不承认）	0.1—0.3 0.3 1.0
6	燕式平衡	支撑腿绷直，全脚掌控制平衡，后举腿尽量高举，两腿夹角不小于135°	1. 燕式平衡时肩低于水平 2. 燕式平衡时支撑腿屈膝 3. 燕式平衡开度小于180° 4. 燕式平衡开度小于160° 5. 燕式平衡开度低于135° 6. 平衡时间不足2″（不承认）	0.1—0.3 0.1—0.3 0.1 0.3 0.5 1.0
7	跳马——横箱屈腿腾越	起跳有力，提臀屈腿，快速推手，伸腿展体	1. 踏板、起跳无力 2. 撑手不协调，无制动 3. 无第二腾空	0.1—0.3 0.1—0.3 0.1—0.3
8	单杠——骑撑前回环	直臂顶肩撑杠，当上体回环至杠后水平时，直臂压杠、挺胸、翻腕、制动腿成骑撑	1. 回环时髋角小于135° 2. 回环时屈臂 3. 支撑时无立肩、背腿、亮相	0.1—0.3 0.1—0.3 0.1—0.3
9	双杠——前滚翻成分腿坐	滚杠连贯，幅度大，推撑及时，分腿坐正	1. 滚杠不连贯 2. 幅度小 3. 推撑不及时 4. 分腿坐不正	0.1—0.3 0.1—0.3 0.1—0.3 0.1—0.3

参考文献

［1］全国体育院校教材委员会.体操（第一版）［M］.北京：人民体育出版社，1989.

［2］吕万刚，胡建国，宋文利.体操（第一版）［M］.北京：北京体育大学出版社，2007.

［3］邵斌，黄玉斌.体操［M］.北京：人民体育出版社，2014.

［4］李萍，陶成武，方奇，等.现代体操运动的意蕴发展与结构演变［J］.北京体育大学学报，2020，43（7）：127—134.

［5］陶成武，周建社，李萍."大体操"概念下的"体操"的内涵与外延［J］.首都体育学院学报，2019，31（6）：544—548.

［6］罗超毅."五位一体"打造"大体操"概念［N］.中国体育报，2014-06-05（01）.

［7］郭春红，王文生.世界体操节的创立与发展对普及中国体操运动的启示［J］.首都体育学院学报，2009，21（1）：115—118.

［8］吴润平."体操"词义议——体操理论系列问题研究之一［J］.成都体育学院学报，1995，21（1）：45—49.

［9］［美］CAINE D J. Handbook of Sports Medicine and Science, Gymnastics［M］. New Jersey: Wiley-Blackwell, 2013.

［10］张予南，高留红.体操初级教程［M］.北京：北京体育大学出版社，2011.

［11］［希］FRANTZOPOULOU A, DOUKA S, KAIMAKAMIS V, et al. Acrobatic gymnastics in Greece from ancient times to the present day［J］. Studies in physical Culture &Tourism, 2011, 18.

［12］［美］SWEENEY E. Gymnastics Medicine: Evaluation, Management and Rehabilitation［M］. Berlin: Springer, 2020.

［13］［美］MONÈM JEMNI. The Science of Gymnastics［M］. New York: Routledge, 2017.

［14］《艺术体操运动教程》编写组.艺术体操运动教程［M］.北京：北京体育大学出版社，2014.

第八章 篮球运动

【本章导学】

　　篮球运动是在特定规则、时间与空间限制下，将球投入对方篮筐以得分，并阻止对方进球或得分的体育项目。本章主要介绍了篮球运动的起源与发展、基本技术、进攻技战术、防守技战术以及篮球竞赛的主要规则。其中基本技术有运球、传接球、投篮和持球突破，进攻技战术包括传切、突分、掩护和策应，防守技战术包括抢过、穿过、夹击、换防和关门。通过学习本章内容，能够在了解篮球发展概述的基础上，掌握篮球运动的基本技战术并能在比赛中合理地运用篮球规则。

一、篮球运动概述

（一）篮球运动全球发展概况

1891年，在美国马萨诸塞州斯普林菲尔德市，由于当地冬季气候寒冷、不宜在室外活动，一所学校的体育教师詹姆斯·奈史密斯（James Naismith）发明了篮球运动。因为这项游戏起初使用的是桃篮和球，遂取名为篮球。最初的篮球规则很简单，没有严格的人数限制，但两队人数要相等，场地大小、比赛时长均没有统一。直到1892年，奈史密斯为确保篮球游戏相对公平和安全，制定了13条篮球规则，之后比赛方式不断得到改进，使篮球游戏逐步规范并向现代篮球运动过渡。其间篮球运动得到了广大学生的喜爱并迅速传遍美国，继而传到欧洲、亚洲、澳洲和非洲，至今已成为世界上人们最喜欢的体育运动之一。

自1891年篮球游戏产生以来，其新颖的比赛方式吸引了大量体育爱好者，成为民间的一种娱乐活动，从学校走向社会，乃至全世界。这一时期的篮球运动技战术都非常简单，单兵作战为主要攻守形式。1932年6月18日，国际业余篮球联合会在日内瓦宣告成立，总部设在意大利的罗马，当时共有葡萄牙等8个国家参加。1950年，第1届世界男子篮球锦标赛在阿根廷举行，1953年，第1届世界女子篮球锦标赛在智利举行，开创了世界男、女篮球专项运动会的先河。此后，各大洲的业余篮球联合会先后成立，洲际篮球运动会相继举行，身高两米以上的高大运动员大批涌现，国际上开始有了"得高大中锋者得篮球天下"的说法。篮球规则也得到了进一步的修订，场地限制区面积扩大，增加了"一次进攻必须在30秒内完成"的规定，这是篮球史上具有革命意义的变化，它结束了"控制球打法"，提高了攻守转换速度，使得篮球场上的争夺更加激烈，比分大幅度提高，比赛更具观赏性。20世纪70年代，篮球规则又有了较大变化，如：增加了"垂直原则""合法防守""身体接触原则"的概念，以及球回后场、全队累计10次犯规后罚球、对投篮动作犯规追加罚球等。20世纪80年代，规则继续调整，如：扩大了球场面积（场地尺寸变为28米×15米）、设立了3分投篮区、全队累计10次犯规所罚球改为7次等。这是继30秒规则设立后竞赛规则的又一次重大修改，推动了篮球运动朝着快速、文明、公平的方向发展。

冷战结束后，全球政治格局发生了重大变化，篮球运动进入了一个新的发展时期。国际奥委会和国际业余篮球联合会取消了对职业运动员的限制，允许篮球职业运动员参加奥运会和世界锦标赛。国际业余篮球联合会更名为国际篮球联合会，业余篮球与职业篮球融合，职业化、产业化、社会化成为篮球运动发展的大趋势，推动了篮球运动向更均衡、更高水平发展。

（二）篮球运动中国发展概况

1895年，篮球运动由美国人来会理（David Willard Lyon）传入天津。初期，主要在天津、上海及北京等少数城市的某些组织和部分中等以上学校中开展。1959年，国内篮球界提出了"以投为纲"，发扬"快、准、灵"的风格，和"以我为主、以攻为主、以快为主、以小打大、积极防守"的战术指导思想。此后又在总结我国篮球运动发展历程和篮球运动全球发展现状的基础上，从中国运动员的实际出发，召开多次篮球训练工作会议，确立了"积极主动""勇猛顽强""快速灵活""全面准确"的训练指导思想。随着篮球运动国际交往逐渐增多，运动技术水平不断提高，我国篮球运动有了"快攻""跳投""紧逼防守"三大制胜法宝，逐步形成了"快速、准确、灵活"的独特风格。因此，1959年可谓是新中国篮球运动史上的里程碑。1981年12月至1982年1月，国家体委在杭州召开全国篮球教练员工作会议，确立了"国内练兵，一致对外"的方针，确立了科学化训练的指导思想；1985年在沈阳召开的全国篮球训练工作会议上提出了坚持"以小打大""快速、灵活、全面、准确"的训练指导思想；1985年至1987年间国内篮球界进行了"以小打大""以大打大"和围绕我国篮球风格的学术讨论，活跃了篮球学术思想，并于1987年提出了"以防守为主"的训练指导思想。

随着我国社会主义市场经济的逐步建立，体育改革进一步深化，我国篮球运动也不断更新观念、转变思想，大胆改革创新。1995年，中国篮协决定进一步对竞赛制度进行改革，以职业化、产业化为导向，并以全国男篮甲级联赛赛制改革为突破口，加速篮球竞赛体制改革的进程；1996年举办了由前卫体协、吉林省、北京体育师范学院、上海交通大学等八个省市、部队、学校组队参加的男子职业篮球联赛（当时称CNBA职业联赛），这是国内篮球职业化联赛的开端，也是一次大胆的改革尝试。

（三）篮球运动的特点

1. 集体性

篮球比赛是以两队攻守对抗、同队队员相互协同的形式进行的竞赛。只有集整体的力量和智慧，发挥团队精神、协同配合，才能获得比赛的胜利。

2. 对抗性

篮球比赛是在规定的场地范围内进行的，攻守同场对抗，身体接触频繁，竞争快速激烈。运动员不仅需要良好的体能、高超的技战术能力，还需要较高的智力和优良的心理素质。因此，篮球运动是一项对抗性很强的运动。

3. 时空性

篮球比赛在一定的时间和空间范围内进行。全场比赛的时间、一次进攻的时间、由后场推进至前场的时间、进攻队员在限制区停留的时间等都是被严格限制的。因此，在比赛过程中必须要有强烈的时间观念和空间意识，充分运用规则去争夺时间、拼抢空间优势，从而取得主动，赢得胜利。

4. 综合性

篮球运动包含跑、跳、投等身体活动，教学与训练涉及体能、技术、战术、心理和智力等，其原理与社会学、管理学、生理学、体育学、军事学、教育学、心理学等学科密切相关，表现出了高度综合性的特征。

（四）重要组织及赛事

1. 重要组织

（1）国际篮球联合会（FIBA）

国际篮球联合会，简称"国际篮联"（FIBA），原名为国际业余篮球联合会，是一个国际性的篮球运动组织，由世界各国的篮球协会组成，1932年在瑞士日内瓦成立，总部设于瑞士尼永。国际篮联负责制定国际篮球条例、篮球比赛用的篮球场和篮球规格（例如：球篮的高度、篮球场的长宽度、禁区的大小、三分线的距离和比赛用球等），任命可以在国际篮球比赛执法的裁判和举办大型篮球比赛。

图8-1　国际篮球联合会标志

（2）美国国家篮球协会（NBA）

美国国家篮球协会的英文全称是National Basketball Association，简称"美职篮"（NBA），成立于1946年6月6日。这是由北美30支职业球队组成的男子职业篮球联盟，是美国四大职业体育联盟之一。美职篮分为东部联盟和西部联盟，每个联盟又被划分为3个赛区，各赛区由5支球队组成。

图8-2　美国国家篮球协会标志

（3）中国篮球协会（CBA）

中国篮球协会成立于1956年6月，简称"中国篮协"（CBA），是具有独立法人资格的全国性群众体育组织，由各省（自治区、直辖市）篮球协会、各行业篮球协会及解放军相应的运动组织为团体会员组成的全国性非营利性联合组织，是全国体育总会的团体会员，是中国奥林匹克委员会承认的奥运项目组织，是代表中国参加国际篮球联合会和亚洲篮球联合会的唯一合法组织。

图8-3　中国篮球协会标志

2. 重要赛事

（1）奥运会篮球比赛

奥运会是世界体坛最高级别的综合性赛事。1936年第11届奥运会上，男子篮球被列为正式竞赛项目。男子篮球比赛到2021年（2020东京奥运会）共举办了20届，中国男篮获得的最好成绩是第八名。在1976年第21届奥运会上，女子篮球被列为奥运会正式比赛项目，到2021年已举办了12届，中国女篮获得的最好成绩是亚军。

（2）世界杯篮球赛

世界篮球锦标赛是国际篮球联合会主办的重要的世界性比赛之一，每4年举行一次。男子比赛始于1950年，到2019年已举办了18届。中国男篮于1978年首次参加了第8届世界男篮锦标赛，迄今为止共参加了5届比赛，最好成绩是1994年第12届世锦赛的第八名。

首届世界女子篮球锦标赛于1953年在智利的圣地亚哥举行，到2022年已举办了19届。中国女篮于1983年首次参加了该项赛事，并取得第八名。迄今为止共参加了5届比赛，最好成绩是在1994年第12届和2022年第19届世界女子篮球锦标赛上获得亚军。

（3）美国职业篮球联赛（NBA）

美国职业篮球联赛（NBA）是全世界公认的最高水平的篮球赛，它云集了美国国内和世界各国最优秀的篮球运动员。目前球队已扩大到了30支，拥有众多世界篮球高手的美国职业篮球联赛已逐步成为国际性的篮球比赛。美国职业篮球联赛的竞赛方法是：将联赛分成常规赛和季后赛两个阶段。常规赛从每年的11月初开始，至次年4月20日左右结束。季后赛从4月下旬开始，到6月下旬决出冠军为止。第一轮采用5战3胜制，第二、三轮（东、西部联盟半决赛和决赛）和东、西部总决赛均采用7战4胜制。

（4）中国男子篮球甲A联赛及中国男子篮球职业联赛（CBA）

中国男子篮球甲A联赛，是我国国内水平最高和规模最大的篮球赛事。中国篮球协会于1995年正式推出了与国际接轨的赛事——中国男子篮球甲A联赛。首届1995—1996赛季，有12支球队参加，采用主客场制，分预赛、决赛两个阶段。为进一步深化联赛改革，逐步探索和建立具有中国特色的职业联赛制度，中国篮球协会在2005—2006赛季推出新的"中国男子篮球职业联赛"（CBA）。这个新联赛脱胎于十年甲A联赛，继承了甲A联赛的思想和方法，但与甲A联赛又有明显的区别，它是在推进联赛职业化进程上取得的初步成果，是总结提炼出的一条符合我国实际的篮球职业化发展道路。

（5）中国女子篮球甲级联赛（WCBA）

随着全国男子篮球甲A联赛的迅速发展，酝酿许久的中国女子篮球甲级联赛（WCBA）于2002年2月正式拉开帷幕，它标志着女子篮球甲级联赛已正式由赛会制走向赛季制。主客场联赛的实行，不但增加了女篮比赛的场次，而且活跃了球市，促进了全社会对女子篮球运动的关心与了解。中国女子篮球甲级联赛分为预赛和决赛两个阶段。预赛前八名的球队进行主客场3战2胜交叉淘汰赛，取得获胜场次后不再比赛；1/4决赛、半决赛的负队不再进行比赛。预赛9—12名的球队进行主客场双循环比赛。联赛采用升降级的方法，第11、12名的球队降为乙级球队，参加每年一次的全国女子篮球乙级联赛。

（6）中国大学生篮球联赛（CUBA）

中国大学生篮球联赛（CUBA）是在教育部全国大学生体育联合会领导下以及中国篮球协会指导下进行的赛事活动，该联赛创办于1996年，具有以下特点：其一，挖掘高校篮球潜力；其二，丰富校园文化生活；其三，拓宽与普及高等院校群众性篮球活动，提高篮球运动的文化氛围；其四，促进相关篮球产业市场在高等院校的开发。

二、篮球基本技术

（一）运球

1. 动作要领

两脚前后开立，与肩同宽，两膝微屈，上体稍向前倾，抬头平视，非运球手臂屈肘平抬，用以保护球。运球时，五指自然张开，用手指和指根以上的部位触球，掌心微微空出，手指、手腕放松。低运球时以腕关节为轴，用手指、手腕的力量运球；高运球时以肘关节为轴，上臂带动前臂，用前臂和手指的力量运球（图8-4，图8-5）。球的落点随运球的速度、方向和防守情况不同而不同：在无人防守或对方消极防守时，落点在运球手的同侧前外方；在对方积极防守时，落点应在体侧或后方，以便保护球。运球时，既要使移动速度和运球速度协调一致，又要保持合理的运动节奏，并注意对身体重心的控制。

● 图8-4　低运球

● 图8-5　高运球

2. 易犯错误

● 表8-1　篮球运球易犯错误及纠正方法

序号	易犯错误	纠正方法
1	掌心触球（运球时有击手声）	注意运球动作要领，徒手做模仿练习，反复练习手部、臂部迎送动作。同时多进行对墙运球练习
2	低头运球	目视教师的手势进行运球，大胆运球、不要害怕失误

3. 学练方式

熟悉球性练习：将球放在地上使之静止不动，用手指、手腕的力量不断拍球，利用球的反弹作用将球拍起，随后再把球拍至地上静止，再重新把球拍起。

原地运球（体前变向运球）练习：运球者两脚开立，与肩同宽，右手运球按拍球的右侧方使球弹向左侧，左手按拍球的左侧方使球弹向右侧，球的落点始终在体前中间位置，反复练习。

行进间运球（运球急停急起）练习：根据老师所给的信号练习急停急起或变速运球。

（二）传接球

1. 动作要领

双手持球时，两手手指自然张开，拇指相对呈"八"字形，用指根以上部位持球的两侧后下方，掌心微微空出，两臂屈肘，自然下垂，置球于胸腹之间；单手持球时，手指自然张开，用手掌外沿和指根以上部位托球，掌心空出。通常短距离传球主要靠手指、手腕和手臂用力将球传出；远距离传球要通过下肢蹬地、腰腹力量及上下肢的协调配合，最后经手臂手腕和手指拨球的力量将球传出（图8-6，图8-7）。

图8-6　双手胸前传球

图8-7　单手肩上传球

2. 易犯错误

● 表8-2　篮球传接球易犯错误及纠正方法

序号	易 犯 错 误	纠 正 方 法
1	双手胸前传球时，两肘外展过大，两臂用力不均衡，形成挤球，出手后两手上下交叉	由指导者站在身后，伸出双臂限制练习者肘过分外展；多做徒手模仿练习，体会伸臂、翻腕、拨指动作，熟练之后再持球练习
2	单手肩上传球时，没有摆臂、拨指、抖腕动作	多做徒手练习体会正确的动作，提高手腕、手指的灵活性和力量，增强控制球能力

3. 学练方式

原地传接球练习：两人一组面对面站立，做传接球练习，也可对墙练习，间距根据能力的提高而由近至远。

行进间传接球练习：两人一组一球，相距约4米面对面站立，一人原地传球，另一人向左右、前后移动接球。传接球一定次数后，互相交换练习。

有防守的传接球练习：三人一组一球，两人原地传球，相距约5米，中间一人防守，如果传出的球被防守人触到或抢断，则与传球人交换位置。

（三）单手肩上投篮

1. 动作要领

双脚原地开立，右脚稍向前，身体重心落在两脚中间，屈肘，手腕后仰，掌心向上，五指自然张开，持球于右眼前上方，左手扶球侧双膝微屈，上体放松并稍后倾，目视瞄篮点。投篮时下肢蹬伸，同时顺势伸腰展腹，抬肘上伸前臂，手腕前屈带动手指弹拨球，最后通过食指、中指柔和用力将球投出，球离手后右臂应有自然跟进动作（图8-8）。

● 图8-8　单手肩上投篮

2. 易犯错误

● 表 8-3　篮球投篮易犯错误及纠正方法

序号	易犯错误	纠正方法
1	持球时掌心托球	牢记持球时五指自然张开，指根部位接触球，掌心空出，可以同学相互间观察是否出现掌心托球的错误动作
2	上下肢发力不协调	多做徒手模仿练习，体会下肢蹬伸，顺势伸腰展腹，抬肘上伸前臂，拨指压腕动作，熟练之后再持球练习

3. 学练方式

徒手模仿投篮动作练习：根据技术动作的要领，将动作分解为投篮基本站立姿势、持球举球姿势、下肢蹬伸同时伸腰展腹、伸展上臂、拨指压腕等环节，反复练习，熟悉动作过程和动作要领。

持球投篮动作练习：持球练习原地投篮动作，感受球离手时上下肢协调发力和手指拨球动作。

篮下投篮动作练习：确定瞄篮点，可以尝试让球空心进入篮筐或使球通过触击篮板反弹入球篮。确定瞄篮点，感受投篮的角度、距离、力量和飞行弧线。

（四）持球突破

1. 动作要领

持球突破的技术动作主要由蹬髋、侧身探肩、推放球和加速几个环节组成。蹬髋：在突破时，屈膝降低重心同时上身前倾，使重心前移，提高移动水平速度。突破时跨出的第一步要稍大，抢占有利的超越位置，但以不影响前进速度为宜。跨出的脚要紧靠对手的侧面，脚尖向着突破方向，以便第二步蹬地加速突破防守。侧身探肩：上体前移与侧身探肩同时进行，重心向里靠，内侧手臂前摆，迅速占据有利位置，便于突破对手和保护球。推放球：突破前，双手持球于腰髋部位，侧身探肩同时将球稍向前移，同侧手扶球的后上部，另一侧手托球的下部。突破加速时立即向下方推放球，做到球领人。加速：在完成上述动作后，中枢脚迅速蹬地，二次加速前进（图8-9，图8-10）。

视频 8-2
持球同侧步突破

● 图 8-9　持球同侧步突破

● 图 8-10 持球交叉步突破

2. 易犯错误

● 表 8-4 持球突破易犯错误及纠正方法

序号	易犯错误	纠正方法
1	突破蹬髋时中枢脚移动	注意中枢脚固定并有一旋转"捻地"动作,同时牢记走步违例的规则
2	突破时起动加速不突然	反复练习中枢脚用力蹬地动作,通过中枢脚的蹬地突然起动,加速前进

3. 学练方式

蹬髋动作练习：原地持球,确定中枢脚,降低重心,用中枢脚蹬地发力,向突破方向跨出一大步。

侧身探肩动作练习：原地持球,上体前移与侧身探肩同时进行,重心向内靠,同时将球置于远离防守一侧腰髋部。体会持球保护球动作。

推放球练习：双手持球置于腰髋部位,侧身探肩同时突然起动立即向下方推放球,做到球领人。

二次加速动作练习：原地持球,蹬髋、侧身探肩和推放球动作完成后,感受中枢脚迅速蹬地发力动作,加速前进。

三、篮球基本战术

（一）篮球进攻战术

1. 传切配合

传切配合是指进攻队员之间利用传球和切入技术组成的简单配合。它包括一传一切和空切配合。随着现代篮球高空技术和技巧的发展,简洁、突然、攻击性强的吊扣配合,一传一切和空切或空中接球直接扣篮配合都是比赛中经常使用的配合方法。

（1）传切配合的方法

一传一切配合：如图8-11所示,⑤传球给④后,立刻摆脱对手⑤向篮下切入,接同伴④的回传球投篮。

空切配合：如图8-12所示,④传球给⑤时,⑥乘其对手⑥不备,突然横切或从底线切向篮下接⑤的传球投篮。

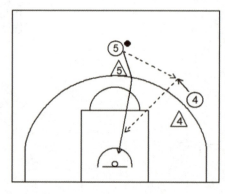
● 图8-11　一传一切配合

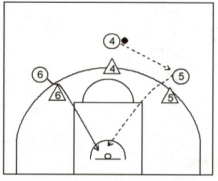
● 图8-12　空切配合

（2）运用提示

切入队员首先要掌握好切入时机,根据对方的防守情况,利用假动作摆脱,及时、快速地切入篮下,并随时准备接球。

传球队员要利用假动作吸引、牵制对手,并采用合理的传球方法及时、准确地将球传出。

2. 突分配合

突分配合是指持球队员突破对手后,主动或应变地利用传球与同伴进行攻击的一种配合方法。

（1）突分配合的方法

如图8-13所示,④持球从底线突破④,遇到⑥补防时,④及时传球给横插到有利位置的⑤,实现投篮。

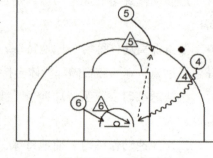
● 图8-13　突分配合

（2）运用提示

进攻队员突破时要快速、突然,在突破过程中要随时观察场上攻守队员位置的变化,及时准确地传球。接球队员要把握时机,及时摆脱对手,迅速抢占有利位置接球投篮。

3. 掩护配合

掩护配合是掩护队员采用合理的行动,用自己身体挡住同伴的防守队员的移动路线,使同伴借以摆脱防守的一种配合方法。掩护配合能否成功,关键在于一瞬间创造出来的位置差和时间差，争取空间与地面的优势从而达到完成进攻的目的。

（1）掩护配合的方法

侧掩护配合：侧掩护配合一般分为无球和有球两种情况。给无球队员做侧掩护（图8-14）时，⑤传球给④后，即向相反方向跑动给⑥做侧掩护，当⑤跑到⑥侧面掩护到位时，⑥摆脱防守者切入篮下接④的传球投篮；给持球队员做侧掩护（图8-15）时，⑤传球给④后跑到④的侧面做掩护，④接球后做投篮或突破的动作，吸引④的防守，当⑤掩护到位时，④从④的右侧突破投篮。⑤掩护后及时移动到有利的位置接球或抢篮板球。

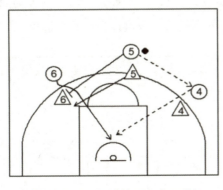
● 图8-14 侧掩护配合（无球）

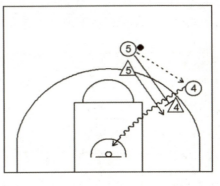
● 图8-15 侧掩护配合（有球）

后掩护配合：主要运用于前锋为后卫做后掩护（图8-16）。⑤传球给⑥时，④跑到⑤身后给⑤做后掩护，⑤传球后做向左切入假动作吸引⑤的防守，当④掩护到位时，⑤突然向右侧切入篮下接⑥的传球投篮。

前掩护配合：这是掩护者跑到同伴防守者身前，用身体挡住防守者向前移动的路线，使同伴借机摆脱防守并接球进行攻击的一种掩护方法（图8-17）。⑥跑到⑤的前面给⑤做前掩护，⑤利用掩护摆脱，接④传来的球投篮或进行其他攻击动作。

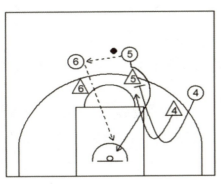
● 图8-16 后掩护配合

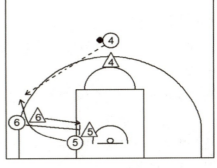
● 图8-17 前掩护配合

（2）运用提示

掩护要符合规则，不能有推、拉、顶等违规动作，与对方队员发生身体接触时不能再用跨步等动作去阻挡。掩护队员的动作要突然，被掩护队员要用假动作吸引防守自己的队员，不让对方发现同伴的掩护意图。

4. 策应配合

策应配合是指进攻队员背对或侧对篮筐接球，以该队员为枢纽，与同伴配合而形成的一种里应外合的配合方法。

（1）策应配合的方法

示例一：如图8-18所示，④摆脱△防守插到罚球线作策应，⑤将球传给④，并立即空切篮下，接④的策应传球投篮。

示例二：如图8-19所示，④传球给策应者⑤，并从⑤身边切入篮下，⑥向底线下压后绕出，⑤可将球传给④展开篮下进攻或传给⑥外围投篮，也可以自己直接进攻。

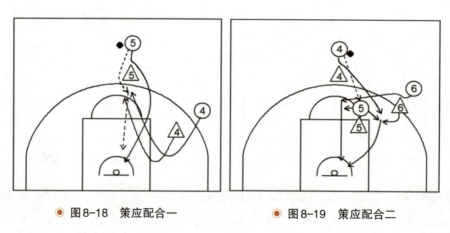

● 图8-18 策应配合一　　　　● 图8-19 策应配合二

（2）运用提示

策应队员要及时抢位要球，两手持球于胸前，身材较高的策应者可将球持于头顶。接球后结合转身、跨步等动作协助同伴摆脱防守或个人进行进攻。外围传球队员要根据策应者的位置和机会，及时准确地传给策应队员，做到人到球到，传球后迅速摆脱切入篮下，创造进攻机会。

（二）篮球防守战术

篮球防守技战术中主要有抢过、穿过、夹击、换防和关门等基础防守配合。

1. 抢过配合

抢过配合是破坏掩护配合的有效方法之一。当掩护队员临近防守者时，防守者要积极向前跨出一步，目的是贴近自己防守的对手，从掩护队员前面抢过去，能够继续防守自己的对手。配合中要求防守掩护队员的同伴及时呼应，并配合行动，以备补防。

（1）抢过配合的方法

示例一：如图8-20所示，进攻队员②传球给③后跑去给①做掩护，防守队员△1发现后要提醒同伴△2注意。△1在②临近的一刹那，迅速抢在②之前继续防守①。

示例二：如图8-21所示，②接球后向其右侧运球，③上来掩护，此时△3要及时提醒△2，△2在③临近的刹那，迅速靠近②，从②和③之间抢过，继续防守②，△3要配合行动。

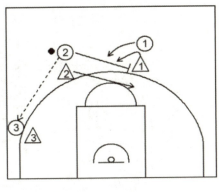 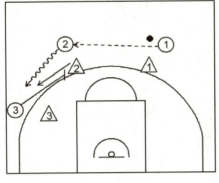

● 图8-20 抢过配合一　　● 图8-21 抢过配合二

（2）运用提示

抢过时要贴近进攻者，抢前一步的动作要及时、迅速、突然、有力。发现对方要做掩护，一定要提醒同伴做出行动。要选择好利于协防的位置，密切注意两名进攻者的行动，及时做好补防。

2. 穿过配合

穿过配合是破坏掩护配合、及时防住自己对手的一种配合。当进攻队员掩护时，防守掩护的队员要及时提醒同伴，并且自己主动后撤一步，为让同伴能及时从自己和掩护队员之间穿过，以便继续防守各自的对手。

（1）穿过配合的方法

如图8-22所示，②传球给①后去给③做掩护，②要提醒同伴，并主动离②远一点。③当②掩护到位前一刹那主动后撤一步，从②和②中间穿过，继续防守③。

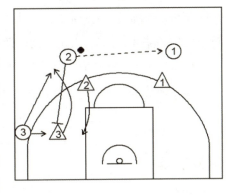

● 图8-22 穿过配合

（2）运用提示

防守掩护的队员要及时提醒同伴并主动做出"让路"的动作，穿过队员要迅速穿过，并调整防守位置和距离。穿过配合一般在无投篮威胁时使用。

3. 夹击配合

夹击配合是两名防守队员采取突然的行动，积极防守一名进攻队员的方法。

（1）夹击配合的方法

示例一：如图8-23所示，③从底线突破，③封堵底线，迫使③停球。②同时迅速向底线跑去与③协同夹击③，封堵其传球路线，迫使其违例或失误。

示例二：如图8-24所示，②在边线外掷球入界，②和③协同夹击③，两人封堵③的接球。

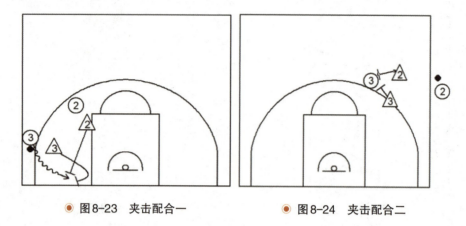

● 图8-23 夹击配合一　　　　● 图8-24 夹击配合二

（2）运用提示

夹击配合的主要目的是造成对手5秒违例和传球失误，从而获得进攻球权。因此，要正确掌握夹击的时机和区域，实施夹击时要果断迅速、出其不意。在形成夹击时要用身体和腿部限制进攻队员的活动，利用手臂封堵传球和接球，但要防止犯规的发生。夹击配合一般是在边角区域进行。

4. 换防配合

换防配合是为了破坏进攻队员的掩护配合，防守队员之间及时呼应交换自己所防对手的一种配合方法。

（1）换防配合的方法

示例一：如图8-25所示，②去给③做掩护，△2要主动发出换防信号，及时封堵③向篮下突破的路线，此时△3应该及时调整自己的防守位置，防止②向篮下空切。

示例二：如图8-26所示，①传球给②后利用③的定位掩护切入篮下，此时△3看到同伴△1被掩护住时，应该主动呼应同伴换防，△3防①在篮下接球，△1调整位置防③。

视频8-5 换防配合

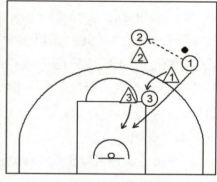

● 图8-25 换防配合一　　　　● 图8-26 换防配合二

（2）运用提示

交换防守时，防掩护者的队员要主动发出换人信号，两人准备交换防守对象。两防守队员要到位交换，及时换防。在交换防守后，应在适当时机再进行换防，以免在个人防守力量对比上失衡，比如出现"以小防大"的情况。

5. 关门配合

关门配合是两名防守队员主动靠拢，协同防守突破的一种配合方法。

（1）关门配合的方法

如图8-27所示，当①从正面突破时，△1和△3或△1和△2进行关门配合。

（2）运用提示

防守有球队员应积极堵截进攻者的突破路线，临近突破一侧的防守队员要及时向同伴靠拢进行关门，不给突破的进攻队员留有通过的空隙。关门配合也常用于区域联防。

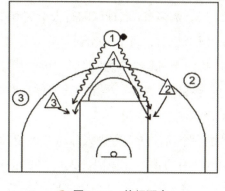

图8-27　关门配合

四、篮球竞赛主要规则

（一）篮球运动的场地规格

篮球比赛场地一般是一块长28米、宽15米（从界线的内沿丈量）、平坦、无障碍的硬质地面。球场两端的界线称为"端线"，球场两边的界线称之为"边线"。比赛场地所有的线应该颜色相同，且应用白色或其他能明显区分的颜色画出，线宽5厘米并清晰可见。中圈画在比赛的场地中央，半径为1.8米（从圆周的外沿丈量）。两个罚球区半圆的半径是1.8米（从圆周的外沿丈量），它的圆心在两条罚球线的中点上。罚球线长度是3.6米，应与每条端线平行，从端线内沿到罚球线的最外沿距离应是5.8米，它的中点应落在连接两条中点的假想线上。

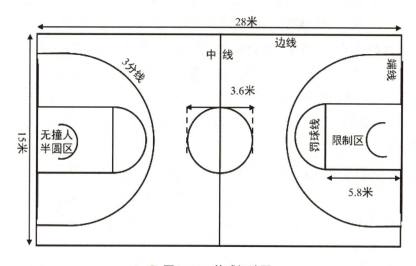

图8-28　篮球场地图

（二）篮球比赛的主要规则

1. 比赛通则

篮球比赛由2个队参加，每队出场5名队员。每队的目标是在对方的球篮中得分，并阻止对方队得分。每支球队应该由不超过12名有资格参赛的球员组成，其中包括1名队长；1名主教练员；最多有8名球队随行人员（其中最多包括2名助理教练员）可以坐在球队席上。比赛由4节组成，每节10分钟。在预定的比赛开始之前应有20分钟的比赛休息时间。在上半时的第1节和第2节之间、下半时的第3节和第4节之间，以及每个决胜期之前都应有2分钟的比赛休息时间。半场的比赛休息时间应是15分钟。

2. 球中篮及相应的得分值

球中篮是指一个活球从上方进入球篮并停留其中或完整地穿过球篮。当活球进入对方队的球篮，中篮得分应按下述原则计入进攻队的名下：一次罚球中篮计1分；从2分投篮区域球离手，中篮计2分；从3分投篮区域球离手，中篮计3分；在最后一次罚球中，球触及篮圈后，在球进入篮圈前被任一队员合法地触及，中篮计2分；如果一名队员意外地将球投入了自己队的球篮，中篮计2分，并作为对方队的得分，登入记录表中；如果1名队员故意地将球投入了自己队的球篮，此属违例，并且中篮不计得分。

3. 掷球入界

掷球入界是指球被执行掷球入界的界外队员传入比赛场地。除第1节之外的所有各节和各决胜期开始时，掷球入界必须在记录台对侧、中线的延长部分执行。执行掷球入界的队员应面向记录台，双脚分别跨立在中线延长部分的两侧，并有权将球传给赛场上任何地点的同队队员。

执行掷球入界的队员须遵守以下规则：不得超过5秒钟球才离手；不能在球在其手中时步入比赛场地内；掷球入界的球离手后，球不能触及界外；球接触到另一队员前，不能触及在比赛场地上的球；不能使球直接进入球篮；在球离手前，从界线后面指定的掷球入界地点向一个方向或双向横移的全程不能超过1米。然而，只要环境允许，许可其从界线向后移动，多远都可以。在掷球入界过程中：其他队员不得在球被掷过界线前，将他们身体的任何部位越过界线；当掷球入界地点在界线和任何界外障碍物之间少于2米时，其他队员距离执行掷球入界的队员不得少于1米。

如果掷球入界违例，罚则是将球判给违例队的对方队员在原掷球入界的地点掷球入界。

4. 暂停/替换

暂停是指由主教练员或第一助理教练员提出请求的一个中断比赛的时段。每次暂停应持续1分钟。每一队可以被准予：上半时，2次暂停；下半时，3次暂停；但在第4节比赛最后2分钟，最多只能被准予2次暂停；每一个决胜期，1次暂停。未用过的暂停不可转入下一个半时或决胜期。

当出现死球时，比赛计时钟停止并且裁判员已结束了他和记录台的联系时，双方球队都可以请求暂停；当某队投篮得分时，非得分队可以请求1次暂停。在第4节和每个决胜期的最后2分钟投篮得分，双方球队都可以请求暂停。

当掷球入界的队员或执行第1次罚球的队员可处理球时，1次暂停机会结束。

替换是指替补队员请求成为队员的1个中断比赛的时段。在1个替换机会期间，每队可以替换1名或多名队员。

当球成死球，比赛计时钟停止并且裁判员已结束了他和记录台的联系时，或在成功的最后一次罚球后出现死球时，双方球队都可以请求1次暂停。在第4节和每个决胜期的最后2分钟投篮得分时，只有非得分队可以请求1次替换。

当掷球入界的队员或执行第1次罚球的队员可处理球时，1次替换机会结束。

（三）违例及其罚则

1. 带球走

带球走是指当队员在比赛场地上持着1个活球时，其一脚或双脚超出规则所述的限制，向任一方向违规运动。旋转是指在比赛场地上正持着1个活球的队员，用其中枢脚始终接触着该脚与地面接触的那个点，而另一只脚向任一方向踏出1次或多次的合法运动。

2. 使球回后场

当某队队员双脚都在本队前场，且正持着（或接住）球，或正在运球，或球在位于该队前场的队员之间传递，这一状态被称为该队在其前场控制着1个活球。此时，该队是不能让球违规回到该队的后场的。判罚球回后场违例必须具备3个因素：一是球队控制球；二是在前场最后触及球；三是在后场首先触及球。

使球回后场的罚则是将球判给对方球队在对方前场最靠近发生该违例的地点掷球入界，直接位于篮板后面的地点除外。

3. 关于"3秒""5秒""8秒""24秒"的规定

3秒的规定：当球队在本队的前场控制着1个活球，并且比赛计时钟正在运行时，该队的队员不得在对方队的限制区内停留超过持续的3秒钟。

5秒的规定：1名被严密防守的队员必须在5秒钟内传球、投篮或运球。

8秒的规定：每当1名后场的队员获得控制活球时；在掷球入界中，球接触在后场的任何队员或被在后场的任何队员合法触及，并且那名掷球入界队员的球队仍然在本队后场控制球时，则该队必须在8秒钟内使球进入本队前场。

24秒的规定：每当1名队员在比赛场地上获得控制活球时；或每当在掷球入界中，球接触在比赛场地上的任何队员或被在比赛场地上的任何队员合法触及，并且那名掷球入界队员的球队仍然控制球时，该队必须在24秒内尝试投篮。

（四）犯规及其罚则

1. 侵人犯规

侵人犯规是指无论在活球或死球的情况下，1名队员与另1名对方队员非法接触的犯规。队员不得通过伸展其手、臂、肘、肩、髋、腿、膝、脚或将身体弯曲成"不正常的姿势"（超出他的"圆柱体"，即球员所在地面的位置以及他在上面的空间），或用任何粗野或猛烈的动作去拉、阻挡、推、撞、绊对方队员，或阻止对方队员的行进。

侵人犯规的罚则是登记该违犯队员1次侵人犯规。

2. 技术犯规

技术犯规包括但不限于无视裁判员已给出过的警告；与裁判员、技术代表、记录台人员、对方人员或被允许在球队席就座的人员不礼貌地进行交涉和/或沟通；使用可能冒犯或刺激观众的粗话或手势；挑逗或戏耍对方队员；将手靠近对方队员的眼睛摇动/遮挡，以妨碍其视线；过分挥肘；当球穿过球篮后，通过故意地触球或阻止迅速地开始执行掷球入界或罚球的方式来延误比赛；骗取犯规等。

链接8-1

2022版FIBA篮球规则（英文官方版）

技术犯规的罚则是登记违犯者1次技术犯规，并计入全队犯规之中。判给对方队1次罚球，并且此次罚球应该立即（优先）执行。

思考与练习

1. 篮球运动的特点是什么？有哪些价值？
2. 篮球进攻基础配合有哪几种？分别有哪些要求和要点？
3. 篮球防守基础配合有哪几种？分别有哪些要求和要点？
4. 篮球运动中常见的违例与犯规有哪些？

自主测评

1. 左右手半场跑篮

（1）听到测试计时哨声后，被测试者从右侧中线后出发区出发，右手运球跑篮，如跑篮未进需要补篮，直到投进为止。抢到篮板球后，右手运球跑至左侧中线转身区，踩中线后，转身并换左手运球跑篮，如跑篮未进需补篮。补篮不中，直至测试评分表的合格规定时间，测试终止。进球后左手运球回到起点，计时结束，完成测试。

（2）测试要求：被测试者必须按照规定路线完成运球跑篮，右手跑篮必须右手运球，右手投篮，右手补篮；左手跑篮必须左手运球，左手投篮，左手补篮，不允许随意换手。跑篮的投篮手法为高手投篮。（参照《青少年篮球运动技能等级标准与测试方法》中二级测试科目）

● 表8-5 左右手半场跑篮测试评分表

	优秀	良好	合格	有待提高
	男生：19″0 女生：19″5	男生：20″0 女生：20″5	男生：21″0 女生：21″5	男生＞21″0 女生＞21″5

2. 体前变向跑篮

（1）听到测试计时哨声后，被测试者从右侧中线后出发区出发，左手运球至1号障碍物做体前变向。右手运球跑篮，如跑篮未进需补篮，直到投进为止。抢到篮板球后，右手运球跑至左侧中线转身区，转身后右手运球至2号障碍物做体前变向。左手运球跑篮，如跑篮未进需补篮。补篮不中，直至测试评分表的合格规定时间，测试终止。进球后左手运球回到起点，计时结束，完成测试。

（2）测试要求：被测试者必须按照规定路线完成运球体前变向跑篮技术动作，测试中间运球不允许随意换手。行进间跑篮的投篮手法为高手投篮。（参照《青少年篮球运动技能等级标准与测试方法》中三级测试科目）

● 表8-6 体前变向跑篮测试评分表

	优秀	良好	合格	有待提高
	男生：20″0 女生：21″5	男生：21″0 女生：22″5	男生：22″0 女生：23″5	男生＞22″0 女生＞23″5

参考文献

[1] 孙民治.篮球运动教程[M].北京：人民体育出版社，2007.

[2] 王家宏.球类运动——篮球（第三版）[M].北京：高等教育出版社，2015.

[3] 孙民治.现代篮球高级教程[M].北京：人民体育出版社，2004.

[4] 中国篮球协会.篮球规则2020[M].北京：北京体育大学出版社，2020.

[5] 陈佩杰，唐炎.青少年篮球运动技能等级标准与测试方法[M].北京：科学出版社，2018.

第九章 足球运动

【本章导学】

　　足球被誉为世界第一运动,它是一项竞争激烈、对抗性强、技战术复杂、比赛时间较长的运动。本章主要讲述足球运动的概念、起源、主要组织、现代足球中常用的几种主要进攻和防守技战术及最新的国际足球规则。通过本章的学习,在了解足球起源与发展、特征与价值的基础上,掌握足球运动的基本技战术,知晓足球比赛的基本规则,学会在实践中合理运用足球技战术。

一、足球运动概述

（一）足球运动的起源与发展

1. 足球运动的起源

2001年，国际足联第八任主席约瑟夫·布拉特在亚洲足联举办的教练员培训班上所作的《国际足球发展史报告》中强调：足球起源于中国。2005年，在国际足联成立百年庆典的闭幕式中，中国山东淄博被正式认证为世界足球起源地。1863年10月26日，位于英国伦敦11个最主要的俱乐部和学校，在伦敦弗里森酒店举行会议创立了英格兰足球协会，并制定了世界上第一个统一的足球规则，这一天被公认为现代足球的诞生日。

2. 足球运动的发展

英格兰足球协会的成立，极大地带动了欧洲和拉丁美洲等国家足球运动的发展，随后各国陆续成立足球协会。1872年，英格兰和苏格兰之间举行了世界足球史上第一次足球协会之间的正式比赛。1888年，英格兰足球总会宣布成立英格兰足球甲级联赛，这也是现代足球历史上第一个全国性的足球职业联赛。1900年，在巴黎举行的第2届夏季奥林匹克运动会上，足球被列入正式比赛项目，但并没有得到当时人们的足够重视。1904年，为进一步推动足球运动的发展，法国、比利时、丹麦、荷兰等国家发起成立了世界足球最高组织机构——国际足球联合会（简称"国际足联"）。1926年，国际足联在卢森堡会议上决定，1930年在乌拉圭举行第1届国际足联世界杯，并决定之后每四年举行一次。足球世界杯的举行，逐步将足球运动发展成为了世界第一运动。目前，世界足球最发达的地区主要集中在欧洲和南美洲。其中，法国、英格兰、意大利、西班牙、德国、葡萄牙、比利时、荷兰是欧洲足球强国的代表；而南美足球的强国代表有巴西、阿根廷和乌拉圭。

（二）足球运动的特点与价值

1. 足球运动的特点

（1）参与的广泛性

除了正规足球比赛外，只要有一个足球，一块空地，人们就可以进行足球运动。如果要进行比赛，没有球门，也可以用石块、衣物、书包代替。参与足球运动，没有身高、年龄、性别等因素的限制。此外，足球运动还可在室内外进行。因此，足球运动深受广大人群的欢迎与喜爱，这也是足球成为世界第一运动的根本原因。

（2）对抗的激烈性

足球运动是一项对抗较为激烈的运动项目，比赛中双方争夺控球权，达到将球攻进对方球门、阻止球进入本方球门的目的。一场高水平的比赛，双方因争夺和冲撞而倒地的平均次数可达200次，可见对抗之激烈。

（3）技战术的多变性

足球运动是一项技术上丰富多样、战术上变幻莫测、胜负结局难以预测的非周期性运动项目。比赛中运用技战术时会受到对手直接的干扰、限制和抵抗。因此，在足球比赛中，技战术运用的灵活机动性非常重要。

2. 足球运动的价值

（1）有利于个体优秀品质的养成

经常从事足球运动，不仅会对自身良好性格的形成产生巨大的影响，而且还可以培养人的意志力、自制力、责任感，及顽强、机智果断、坚韧不拔、勇于克服困难、团结合作、密切配合等优秀品质。

（2）有利于增强体质、促进身体健康

足球运动可以帮助人们进行全面的身体锻炼，强健体魄，是全民健身活动中一项行之有效的体育运动项目。经常从事足球运动，可以提高人们的力量、速度、灵敏、耐力、柔韧等身体素质，并使人的高级神经活动得到改善，尤其是能增强人体的心血管系统、呼吸系统等的功能，从而促进人体的健康。

（3）有利于精神文明建设

随着足球运动的普及，足球已成为我国许多城市中人们生活的一部分。人们从踢足球中得到情绪体验、从看足球中得到艺术享受、从谈论足球中得到思想交流，足球运动丰富了人们的业余文化活动，提高了人们的生活质量。足球已成为一些城市的政治、经济、文化、生活的重要组成部分。

（三）足球运动的重要组织和赛事

1. 足球运动的重要组织

（1）国际足球联合会（FIFA）

国际足球联合会（Fédération Internationale de Football Association，FIFA），简称"国际足联"（图9-1），由比利时、法国、丹麦、瑞典、荷兰、瑞士、西班牙共同倡议，于1904年5月21日在法国巴黎成立，目前会员数达到了211个，国际足联同时是国际单项体育联合会总会成员之一。国际足联主要任务是促进足球运动的发展，通过组织各级（业余、非业余、职业）比赛及其他手段发展协会会员、官员和运动员之间的友好往来。

（2）亚洲足球联合会（AFC）

亚洲足球联合会（Asian Football Confederation，AFC），简称"亚足联"（图9-2），于

1954年5月8日在中国香港成立，创会成员包括阿富汗、缅甸、中国台北、中国香港、印度、印度尼西亚、日本、韩国、巴基斯坦、菲律宾、新加坡及越南。亚足联总部设在马来西亚吉隆坡。亚足联主要职能是负责管理亚洲区足球事务，举办各项国家级赛事及俱乐部级赛事，并协助国际足联举办世界杯预选赛。

（3）中国足球协会（CFA）

中国足球协会（Chinese Football Association，CFA）（图9-3）成立于1955年，协会会址位于中国北京。中国足球协会主要任务是研究制定我国足球的发展规划、指导本项目俱乐部的建设和后备人才的培养、管理本项目的各级国家队、与其他国家和地区的足球开展国际交往和技术交流等。

● 图9-1　国际足球联合会标志　　● 图9-2　亚洲足球联合会标志　　● 图9-3　中国足球协会标志

2. 足球运动的主要赛事

（1）国际足联世界杯

国际足联世界杯（FIFA World Cup）简称"世界杯"，是由全世界国家级别球队参与，象征足球界最高荣誉，并具有最大知名度和影响力的足球赛事。世界杯每四年举办一次，任何国际足联会员国（地区）都可以派出代表队报名参加这项赛事。其中，巴西国家队是目前夺得世界杯冠军最多的球队（5次）。2002年韩日世界杯，中国国家队首次晋级世界杯决赛圈。

（2）奥运会足球比赛

奥林匹克运动会足球比赛是奥林匹克运动会的竞技项目，每四年举办一次。自1896年在希腊举行的第1届奥林匹克运动会至1908年的第4届奥林匹克运动会，足球运动均为表演赛项目。从1912年第5届奥运会起，足球才被列为正式比赛项目。参加奥运会足球比赛的运动员以23岁以下球员为主，经国际奥委会与国际足联协议，每支球队允许有3名超龄球员。

（3）中国足球协会超级联赛

中国足球协会超级联赛简称"中超"或"中超联赛"，是中国大陆地区最高级别的职业足球联赛，其下级联赛分别是中国足球协会甲级联赛、中国足球协会乙级联赛及中国足球协会会员协会冠军联赛。中超联赛开始于2004年，前身为1989年成立的中国足球甲A联赛，由中国足球协会组织，中超联赛有限责任公司运营，是全亚洲最具竞争力、平均上座率最高的足球联赛之一，冠军将获得火神杯。

二、足球基本技术

（一）颠球

1. 动作要领

脚背正面颠球最常见，同时也是最简单、最重要的颠球练习。颠球时，支撑腿的膝关节微屈，身体重心转移到支撑腿上，当球落至低于膝关节的高度时，颠球脚的膝、踝适当放松，并柔和地向前上方稍甩动，小腿、脚尖稍翘起，用脚背正面轻击球的底部，将球向上颠起。颠球不宜过高，略带下旋。

2. 易犯错误

● 表9-1 足球颠球易犯错误及纠正方法

序号	易犯错误	纠正方法
1	颠球时发力不当，脚触球的部位不准	反复颠带绳的球，每颠球1次体会一下动作要领
2	脚击球时踝关节过于松弛，造成发力不稳定	无球状态做保持踝关节紧张的练习，击球的下中部以膝关节为轴屈伸小腿。多颠带绳球，体验踝关节发力的感觉
3	未等球下落至合适高度提前出脚	反复练习，球落至恰当的颠球位置时（距地面约20厘米），用脚轻轻颠起

3. 学练方式

（1）单脚颠球（以右脚为例）

右脚踩球，利用皮球弹起的离地间隙用脚尖挑球，挑球成功后尝试颠球1次。颠球时尽可能绷脚尖。不要急于增加连贯颠球的次数，需要通过练习不断夯实基础。待熟练到颠球高度与速度可自由控制时，可尝试逐渐增加颠球数量（图9-4）。

（2）双脚交替颠球

在熟练掌握单脚颠球之后，可开始尝试左右脚颠球转换。右脚踩球，向后拉球将球挑起开始颠球，左右脚交替进行。由简到难，先尝试左右脚各颠1次，随后逐渐增加次数（图9-5）。

视频9-1
双脚交替颠球

● 图9-4 单脚颠球　　● 图9-5 双脚交替颠球

（二）运球

1. 动作要领

（1）脚内侧运球：自然跑动，步幅稍小，上体略前倾并向球侧稍转，两臂协调摆动。运球腿屈膝提起、脚尖稍外转，用脚背内侧部位向侧前推拨（图9-6）。

（2）脚背正面运球：运球时身体呈正常跑动姿势，上体稍前倾，步幅不宜过大，运球腿提起，膝关节稍屈，关节前送，提踵，脚尖下指，在着地前用脚背正面部位触球后中部将球推送前进。

（3）脚背外侧运球：运球时身体呈正常跑动姿势，上体稍前倾，步幅不宜过大，运球腿提起，膝关节稍屈，关节前送，提踵，脚尖稍向内旋转，使脚背外侧正对运球方向，在运球脚落地前用脚背外侧推拨球的后中部。

（4）拨球：利用脚踝关节向侧的转动，达到用脚背内侧或脚背外侧触球的目的，将球拨向身体的侧前方、侧方、侧后方（图9-7）。

视频9-2 脚内侧运球

● 图9-6 脚内侧运球

● 图9-7 拨球

视频9-3 拨球

2. 易犯错误

● 表9-2 足球运球易犯错误及纠正方法

序号	易犯错误	纠正方法
1	眼睛只盯球，不能随时观察周围情况	运球时要不时地抬头观察，眼睛尽量扫视整个球场，确保每个人的位置都一目了然
2	运球时不是推拨球而是击球，容易使球失去控制	反复体会推拨球的动作要领，掌握好发力大小

3. 学练方式

（1）绕两个标志物进行"8"字弧线运球练习（图9-8）。

（2）在慢跑中沿弧线运球。用脚内侧、脚背内侧、脚背外侧沿中圈线做顺时针、逆时针方向运球练习。

（3）慢跑中单脚交替用脚背内侧和脚背外侧运球沿折线行进。

（4）在慢跑中双脚交替用脚背内侧运球沿折线行进。

（5）运用多种方法完成变向运球突破练习（图9-9），可利用腿部、上半身、头部的晃动完成假动作过人。

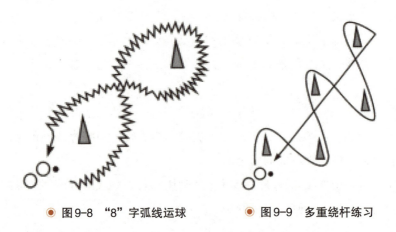

图9-8　"8"字弧线运球　　　图9-9　多重绕杆练习

（三）踢球

1. 动作要领

踢球的动作要领一般由助跑、支撑脚站位、踢球腿的摆动、脚触球部位、踢球后的随前动作5个环节组成（图9-10）。

图9-10　踢球

2. 易犯错误

表9-3　足球踢球易犯错误及纠正方法

序号	易犯错误	纠正方法
1	支撑脚站位偏前或偏后	可在支撑脚落地位置用标志贴提示，帮助练习者支撑脚落位
2	没有对自己踢球腿的摆动速度加以控制	控制好助跑速度和节奏，步伐清晰，注意力集中
3	勾脚击球，击球点不稳定	脚背、踝关节绷紧，固定脚形

3. 学练方式

（1）2人辅助对踢

2人一组，1人将球踩在地面固定，另1人做原地（或加助跑）摆腿击球动作，力量稍小，主要是体会动作要领（图9-11）。

（2）2人对传练习

两人互传地滚球，力量稍轻，注意动作的规范性。提示：传球距离应加以控制，初学阶段不宜采用大力踢球，避免出现动作变形（图9-12）。

视频9-5 两人辅助对踢

● 图9-11　两人辅助对踢　　　　● 图9-12　两人对传练习

（3）踢球腿摆动模仿练习

可以先在地面确定一个支撑脚落地点，然后加一步、两步或多步助跑，反复练习。练习时注意体会腿部肌肉的放松，只在触球前刹那通过绷紧腿部肌肉加固关节即可。

（四）正面抢断

1. 动作要领

（1）正面跨步堵抢

两脚前后开立，两膝微屈、重心下降、面向对方。在对方出球脚触球后即将着地或刚着地时，支撑脚立即用力后蹬；抢球脚以脚内侧对着球跨出，膝关节弯曲，上体前倾、身体重心移到抢球脚上。另一脚立即前跨，如双方的脚同时触球时，则要顺势向上提拉，使球从对方脚背滚过。同时身体重心要迅速跟上，把球控制住（图9-13）。

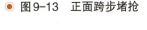

● 图9-13　正面跨步堵抢

（2）合理冲撞抢球

当防守者并肩与运球者跑动追球时，防守者重心稍下降，靠近对手一侧的手臂紧贴身体，利用对方同侧脚离地的间隙，用肘关节以上部位适当冲撞对手同样部位，使对手身体失去平衡，乘机将球控制住（图9-14）。

● 图9-14　合理冲撞抢球

2. 易犯错误

● 表9-4　正面抢断易犯错误及纠正方法

序号	易 犯 错 误	纠 正 方 法
1	抢球时机把握不好，不能抢先触球	要求在对手接球调整动作时突然进行抢截球
2	抢球动作缺乏力度，提拉速度慢，影响抢球效果	要求抢球发动要突然，动作要快且准
3	触球后重心跟进不及时，不能及时控球	要求抢球后身体重心能快速随球移动

3. 学练方式

（1）两人同球争抢练习

将球放在两人中一人的脚前，另一人与其相距2米。当另一人上步做正面脚内侧堵抢练习时，在其触球瞬间持球人也用脚内侧触球。两人可轮换做抢球练习。

（2）两人行进间对抢练习

两人相对站立，一人运球跑向另一人（慢速），另一人选择好时机实施正面脚内侧堵抢技术。

（3）团队传抢练习

以"3V3"的形式在足球禁区范围里进行练习，一队目标为传球和带球控制球权，另一队目标是采取防守截球的手段夺得球权，被断球后攻守互换。

三、足球基本战术

（一）二过一配合

视频9-8 二过一配合

1. 动作要领

（1）二过一前插进攻

二过一是指2名进攻球员通过一传、一切越过1名防守队员的战术配合方法。

斜传直插二过一（图9-15）和直传斜插二过一（图9-16）都是通过1次传球和穿插越过1名防守队员。在进行配合时，两名进攻队员要保持适当的距离，在前插队员突然启动后，控球队员送出直传球或斜传球，达到绕过防守队员的目的。

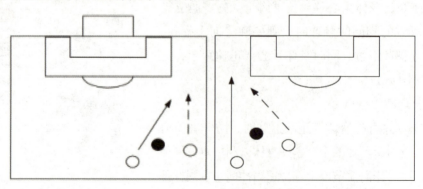

● 图9-15　斜传直插二过一　　　● 图9-16　直传斜插二过一

（2）踢墙式二过一

踢墙式二过一是足球比赛中的一种战术配合，旨在通过球员间的快速传球和移动，突破对方防线并创造得分机会。

持球者A运球靠近防守者C，当距防守者C 2—3米的距离时，持球者A迅速将球传给接球者B，随后持球者A快速前插并突破防守者C，准备接应接球者B传来的球，持球者A接到球立刻调整好姿势完成射门动作（图9-17）。

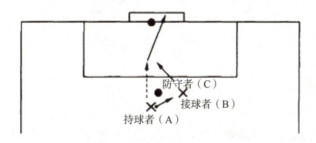

图9-17 踢墙式二过一

2. 易犯错误

表9-5 二过一配合易犯错误及纠正方法

序号	易犯错误	纠正方法
1	配合的2人传跑不一致，导致传球被防守球员截下	2人之间先进行基础传球练习，培养默契感，然后加入标志盘模拟防守球员再次进行练习
2	往前接应的球员和防守球员处于同一水平线上	接应的队员在跑动过程中要时刻注意自身和防守球员的位置，要跑出角度，以便接应传球人传来球

3. 学练方式

（1）二过一配合过杆练习

每组8—10人，分成两队，相距10米左右，2人为1组，依次进行二过一配合过杆练习（图9-18）。

（2）往返二过一配合练习（固定第二传球手）

每组7人，再分成2个小队，每队3人，相距30米，呈纵队面对面接力，中间1人为固定传球手，①运球传给⑦，⑦直接传给①，①得球传给④，④按①的方法进行练习，随后②⑤③⑥参考①④练习方式依次进行练习（图9-19）。

（3）二过一配合射门练习（固定第二传球手）

全队分成若干组，每组固定1个第二传球者，站立于标志杆另一侧，然后与队员依次进行二过一过杆射门练习（图9-20）。

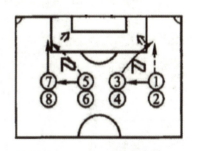

图9-18 二过一配合过杆练习

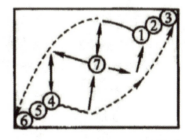

图9-19 往返二过一配合练习

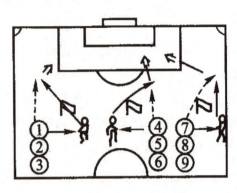

● 图9-20 二过一配合射门练习

（二）围堵抢断

1. 动作要领

围堵抢断是指在局部地区防守人数占优的情况下进行围抢。围抢局面一旦形成，围抢队员的行动要协调一致，抢截要迅速准确。在围抢的同时，外围防守队员须紧盯前去接应的进攻者，否则围抢局面有可能失败。

2. 易犯错误

足球比赛中围抢失败的原因有许多，涉及技术、战术、身体素质、意志品质、心理因素等方面。围堵抢断易犯错误及纠正方法具体见表9-6所示。

● 表9-6 围堵抢断易犯错误及纠正方法

序号	易犯错误	纠正方法
1	由攻转守后，队员回防不及时给对方进攻创造了条件	强化练习，增强自身的攻防快速转换意识，确保在第一时间进行攻防转换。同时提升个人的体能储备，增强反复往返回防的能力
2	忽略对方前锋的跑位，只关注球的情况	训练时反复提醒自己紧跟对手前锋，注重每次训练后的防守复盘，并说出自己的防守不足
3	队友间不沟通，上抢和保护的职责分工不明确	训练时可以主动暂停比赛，防守队员之间互相沟通想法，然后恢复比赛改正错误

3. 学练方式

① 在1/2足球场地内，设两个球门，队员进行11对11的训练以还原真实比赛场景。如对方右后卫得球，就近队员立刻对其堵截，其他队员相应盯防各自的对象，将防区压缩在30—40米的区域内，一旦抢下球，立刻转入反攻。

② 在长30米、宽60米的场地内两边各设两个球门（共4个门），队员进行5对5攻防练习。要求任何一方队员得球后，相近的防守队员必须立刻紧逼。

③ 在场地内进行分队（11对11）比赛。要求攻方队员在前场30米处一旦丢球立刻快速退回本方半场密集防守，前场仅留1—2名队员封堵。

④ 在长50米、宽20米的场地上，两端各设1个球门，队员进行6对6攻守练习。这种练习经常会形成围抢的局面，当进攻队员在边线或球门线运球移动时，守方队员即可协同一致对其围抢。

（三）制造越位

1. 动作要领

防守方在看到对方队员带球进攻的时候，中场的球员后撤到后卫线一带。这时，攻方球员势必会进入防守方的后区，这时的防守方后卫选择不后撤，攻方就无法继续直接将球传给后区的进攻队员，否则便掉入越位的陷阱（图9-21）。

制造越位是为了遏制对方进攻速度的战术，因其是人为制造，必然存在一定的风险，故要有应对措施，一旦攻方前锋得球后不构成越位，守方后卫应该迅速撤回进行阻拦、夹击。

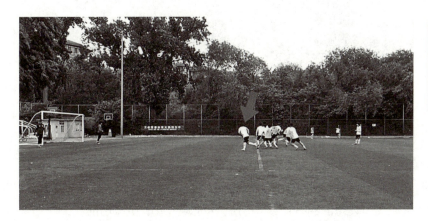

图9-21 制造越位战术

2. 易犯错误

表9-7 制造越位易犯错误及纠正方法

序号	易犯错误	纠正方法
1	某位防守球员在执行战术时落在最后	训练时要求每位球员同步行动，按指令反复练习，提高熟练度
2	整体防守球员对进攻时机判断不准确，前压时机错误	通过哨声让所有球员同步前压，提高队员们对于进攻传球发起瞬间的敏感度
3	防守球员完成战术后没有积极回追	注意力始终放在对方进攻球员身上，哨响之前不能停止回追

3. 学练方式

后防线4—10人呈"一"字形排开，听到指令后，全体队员同步奔跑前移，训练要求前提是速度快，每个人的频率高度一致，做到口令结束后没有球员落在防线最后。

四、足球竞赛主要规则

（一）比赛场地规格

1. 场地面积

比赛场地应为长方形，其长度不得多于120米或少于90米，宽度不得多于90米或少于45米（国际比赛的场地长度不得多于110米或少于100米，宽度不得多于75米或少于64米）（图9-22）。

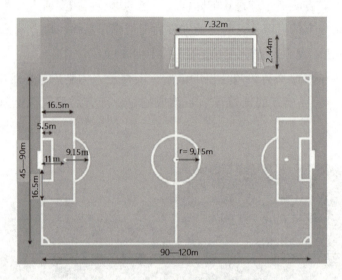

● 图9-22 标准足球场示意图

2. 画线

比赛场地应按照平面图画出清晰的线条，线宽不得超过12厘米，不得做成V形凹槽。较长的两条线叫边线，较短的叫球门线。场地中间画一条横穿球场的线，叫中线。场地中央应当做一个明显的标记，并以此点为圆心，以9.15米为半径，画一个圆圈叫中圈。场地每个角上应各竖一面不低于1.5米高的平顶旗杆，上系小旗一面；相似的旗和旗杆可以各竖一面在场地两侧正对中线的边线外至少1米处。

3. 球门区

在比赛场地两端距球门柱内侧5.5米处的球门线上，向场内各画一条长5.5米与球门线垂直的线，一端与球门线相接，另一端画一条连接线与球门线平行，这3条线与球门线范围内的地区叫球门区。

4. 罚球区

在比赛场地两端距球门柱内侧16.5米处的球门线上，向场内各画一条长16.5米与球门线垂直的线，一端与球门线相接，另一端画一条连接线与球门线平行，这3条线与球门线范围内的地区是罚球区，在两球门线中点垂直向场内量11米处各做一个清晰的标记，作为罚球点。以罚球点为圆心，以9.15米为半径，在罚球区外画一段弧线，即罚球弧。

5. 角球区

以边线和球门线交叉点为圆心，以1米为半径，向场内各画一段四分之一的圆弧，这个弧内区域叫角球区。

6. 球门

球门应设在每条球门线的中央，由两根相距7.32米、与两面角旗点相等距离、直立的门柱与一根下沿离地面2.44米的水平横木连接组成。为确保安全，无论是固定球门或可移动球门都必须稳定地固定在场地上。门柱及横木的宽度与厚度，均应对称相等，不得超过12厘米。球网附加在球门后面的门柱横木和地上。球网应适当撑起，使守门员有充分活动的空间，球网的材料允许用麻、黄麻或尼龙制成。可使用尼龙绳，但不得比麻绳或黄麻绳细。

（二）比赛规则

1. 违规判罚

（1）越位：

凡进攻队员较球更接近于对方球门线者，即判定为处于越位位置。下列情况除外：

① 该队员在本方半场内。

② 至少有对方队员2人比该队员更接近于对方的球门线。

（2）越位的判罚

当队员踢或触及球的一瞬间，同队队员处于越位位置时，裁判员认为该队员有下列行为，则应判为越位：

① 在干扰比赛或干扰对方。

② 企图从越位位置获益。

下列情况，队员不应被判为越位：

① 队员仅仅处在越位位置。

② 队员直接接球门球、角球或界外掷球。

队员被判罚越位，裁判员应判由对方队员在越位地点踢间接任意球。如果该队员在对方球门区内越位，那么这个任意球可以在越位时所在球门区内任何地点执行。

2. 犯规与不当行为

队员故意违反下列9项中的任何一项者，即可判定其犯规或行为不当：

① 踢或企图踢对方队员。

② 绊摔对方队员，即在对方身后或身前，伸腿或屈体绊摔或企图绊摔对方。

③ 跳向对方队员。

④ 猛烈地或带有危险性地冲撞对方队员。

⑤ 除对方正在阻挡外，从背后冲撞对方队员。

⑥ 打或企图打对方队员或向对方吐唾沫。

⑦ 拉扯对方队员。

⑧ 推对方队员。

⑨ 用手触球，例如：用手或臂部携带、推击球（守门员在本方罚球区内除外）。

链接9-1
足球竞赛规则

思考与练习

1. 一名球员在进行带球突破时，全神贯注观察着自身和球的运动，这样是否正确？
2. 制造越位犯规陷阱的关键是什么？
3. 进行二过一传切配合时，传球的次数应该控制在几次？穿插的队员应该注意哪些要点？

自主测试

科目：快速运球、短距离传接球、运球过障碍、射门。

场地布置见下图（图9-23）。

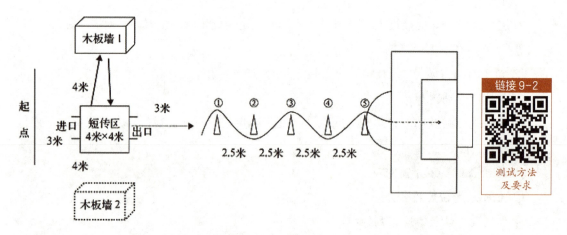

图9-23　场地示意图[1]

参考文献

［1］全国体育院校教材委员会.现代足球［M］.北京：人民体育出版社，2000.

［2］杨一民.中国体育教练员岗位培训教材——足球［M］.北京：人民体育出版社，1997.

［3］中国足球协会.足球竞赛规则2021/2022［M］.北京：人民体育出版社，2021.

［4］全国青少年运动技能等级标准研制组.青少年足球运动技能等级标准与测试方法［M］.北京：科学出版社，2018.

［5］德国足球协会.国际足球教练员培训教程［M］.北京：人民体育出版社，2005.

［6］姜振捷，徐云鹏.体育与健康［M］.重庆：重庆大学出版社，2021.

［7］王茂利.大学体育与健康［M］.西安：西北大学出版社，2019.

1　图片引自《青少年足球运动技能等级标准与测试方法》.

第十章 排球运动

【本章导学】

本章首先对排球运动的起源与发展、场地和器材、重要组织与赛事、主要竞赛规则进行了概述，然后围绕排球运动中的传球、垫球、扣球、发球4个基本技术动作要领、易犯错误和纠正方法，以及学练方式展开详细的图文讲解，同时在加强对基本技术掌握的基础上，对排球进攻和防守的技战术进行了阐述。通过本章的学习，能够了解排球运动的起源与发展，熟练掌握排球的基本技术动作，在排球比赛中正确地使用排球攻防战术以及竞赛规则，享受排球运动带来的快乐。

一、排球运动概述

（一）排球运动的起源和发展

1. 排球运动的起源

1895年，排球运动由美国人韦廉姆·G·摩根发明，最早是在篮球馆里将网球网架到5英尺6英寸（约1.98米）的高度，然后用篮球内胆当作游戏用球，像打网球一样隔着球网来回击打，使其在空中飞来飞去，直至球在哪一方场地落地为失败一次。由于篮球内胆太轻，不易控制球的方向、路线和落点，而足球又太重太大，容易挫伤参与者的手指、手腕，于是摩根找到了当时美国规模较大的司堡尔丁体育用品公司，设计出了历史上第一批排球，这种排球外表由皮质材料制成，内装橡胶胆，能够有效保护排球运动参与者的手指和手腕。

1896年在美国进行了首次排球表演赛，这一运动因和网球的打法相似，被命名为"volleyball"，即"空中截球"的意思，这一叫法一直被沿用至今。

2. 排球运动的发展

排球运动诞生之初，是为中老年人锻炼身体而创造的一种娱乐性游戏活动，人们用手对球进行隔网拍打，相互嬉戏，以使球不落地为乐趣。排球运动在由以娱乐为主向比赛过渡的过程中，参与的人数先后经历了16人制、12人制、9人制、6人制的演变过程。1947年，国际排球联合会在巴黎成立，于1949年和1952年分别举行首届男子、女子世界排球锦标赛。在1964年第18届奥运会中排球被列为正式比赛项目。20世纪60年代至70年代，日本女排创造了滚动救球、小臂垫球及勾手飘球技术，是排球技战术史上的一次重大革命。随着经济的发展，人们对物质文化消费的需求不断提高，健身娱乐成为人们消除疲劳的有效方法，于是20世纪90年代国际排联把沙滩排球列入整体规划，娱乐排球的再兴起，标志着现代排球运动进入了竞技排球和娱乐排球共存的新时代。

1905年，排球运动传入中国，最初名称按英语谐音叫"华利波"，后改为"队球"，最终改为"排球"。排球运动最早主要在我国的华南、华东和华北地区开展。1953年，中国排球协会成立，并于1954年成为国际排联的会员国，此时我国通过交流和比赛，学习了6人制的正面扣球，以及"中一二""边一二"和"二次进攻"等进攻战术，防守上主要学习了"心跟进"的防守阵型。在排球训练中，结合我国的实际情况，首次提出了"三从一大"的训练原则，即从难、从严、从实战出发，坚持大运动量训练，使我国的排球运动水平显著提高。1979年，中国男排、女排获得亚洲锦标赛冠军，取得了参加奥运会的资格。在1981至1986年间，中国女排异军突起，连续五次夺得世界冠军，在国人中引起强烈反响，极大地促进了排球运动在我国的推广和普及。

（二）排球运动的特点与价值

1. 排球运动的特点

（1）娱乐性

排球规则不断改进使得比赛连续性提高，增加了击球往来的次数和精彩性，使得参与者和观众可以充分享受排球运动带来的乐趣；现代社会物质文明高度发展更使得娱乐成为缓解人们紧张生活的重要方式，从事排球运动可以缓解由于工作、学习和生活造成的紧张和压力，达到强身健心的目的。

（2）竞争性

排球比赛双方的攻防转换是在激烈对抗中进行的。比赛是身体素质、技术、战术水平等要素的综合体现，故每位队员都需要拼尽全力，在激烈的比赛竞争中学会克服各种困难，战胜自我，同时这也是锤炼意志品质的过程。

（3）广泛性

排球场地设备简单，比赛规则容易掌握，适合于不同年龄、性别、体质、训练程度的人。运动时，既可在球场上比赛和训练，也可以在一般空地上活动，运动量可大可小，因此排球运动是一项参与群体多、普及范围广的体育项目。

2. 排球运动的价值

（1）增进身心健康

经常参加排球运动，不仅能改善人体中枢神经系统和内脏器官的功能状况，同时还可提高力量、速度、弹跳、灵敏和耐力等专项身体素质和运动能力。长期参加排球运动，会使人在兴奋与愉悦中增进健康，强健体魄。

（2）振奋民族精神

国人对中国女排有着特殊的情节，20世纪80年代，中国女排通过"五连冠"，造就出了以拼搏为核心的女排精神，激发了国人强烈的民族自豪感和爱国情怀。2003年，时隔17年，中国女排重新夺得世界冠军；2004年女排在雅典奥运会上团结拼搏，上演大翻盘，以3：2战胜俄罗斯队，重夺奥运冠军；在2016年里约奥运会上，女排时隔12年又一次获得奥运冠军。中国女排的胜利不仅极大地振奋了民族精神，同时也为中华民族伟大复兴增光添彩。

（3）铸就优秀品质

排球比赛是一项靠集体配合取胜的球类竞赛活动，队员在场上要相互协调配合，填补空缺，经常参加排球训练和比赛不仅能够学会控制情绪和调节心理的手段和方法，还可以培养良好的体育道德作风和团结协作的集体主义精神。

（三）排球运动的主要组织和赛事

1. 排球运动的组织机构

（1）国际排球联合会（Fédération Internationale de Volleyball，FIVB）

国际排球联合会简称"国际排联"（图10-1），成立于1947年，总部设在瑞士洛桑。其主要任务是负责排球在全球范围内的推广、普及以及比赛等工作。国际排联与国家联合会以及私营企业密切合作，旨在通过举办世界级的排球比赛、营销和开发等活动，将排球运动发展为一项世界性的体育运动。

图10-1　国际排球联合会标志

（2）亚洲排球联合会（Asian Volleyball Confederation，AVC）

亚洲排球联合会简称"亚洲排联"（图10-2），成立于1952年，总部设在泰国曼谷，致力于加强和发展各会员协会之间的互相了解和友谊、发展亚洲排球运动、协助新成立的国家排协加入国际排联、指导并协助会员协会举办国际比赛等。亚洲排联负责组织亚洲男、女排球锦标赛与奥运会排球预选赛。

图10-2　亚洲排球联合会标志

（3）中国排球协会（China Volleyball Association，CVA）

中国排球协会（图10-3）是中国排球运动的全国性群众组织，是中华全国体育总会领导下的单项运动协会之一，成立于1953年，总部设在北京。中国排球协会致力于团结全国排球工作者，努力开展全国性的排球运动，增强人民体质，攀登世界排球技术高峰，并为促进中国人民与其他国家人民和排球运动员之间的了解和友谊服务。几十年来，中国排球协会与近100个国家和地区进行了友好访问与比赛。

图10-3　中国排球协会标志

2. 排球的主要赛事

（1）奥运会排球赛

1964年在日本东京举行的第18届奥运会上，排球被正式列为奥运会比赛项目。奥运会排球比赛是世界最高水平的比赛，参加奥运会比赛需要经过严格的选拔，通常一个洲只允许一个代表队参加比赛，加上上一届奥运会和世界锦标赛的前两名以及举办国可以直接参赛，一般有8—10个队具备参加比赛的资格。

（2）世界排球锦标赛

世界排球锦标赛是由世界排球联合会（FIVB）主办的国际排球比赛，是排球项目最早、规模最大的世界性比赛之一，每四年举行一届。该比赛原与奥运会同年举行，自1962年起改在奥运会后第二年举行（第5届女排世锦赛除外）。

（3）世界杯排球赛

世界杯排球赛的前身是亚、欧、美"三大洲"排球赛。1964年，国际排联将其扩大为世界性比赛,并更名为"世界杯"排球赛。1965年9月,在波兰华沙举行了首届世界杯男子排球赛;1973年在乌拉圭举办了第一届世界杯女子排球赛。世界杯排球赛是由全球高水平的男、女球队参加的国际性排球比赛,每四年举办一次。1991年开始世界杯赛被改在奥运会前一年举行,相当于奥运会资格赛,参赛队伍最多为12支。

二、排球基本技术

(一)传球——正面双手传球

1. 动作要领

准备姿势:上身适当挺起,仰头看球,两手自然抬起,屈肘,放松置于额前;**击球点**:在额前上方约一球距离;**击球手型**:手触球时,十指自然张开使两手呈半球形,使手指与球吻合,手腕稍后仰,以拇指内侧,食指全

图10-4 传球手型

部,中指的第一、二指节触球的后中下部,无名指和小拇指在球两侧辅助控制球的方向,两大拇指相对成"一"字形(图10-4);**用力方法**:迎球时手腕做前屈动作迎球,触球后全身协调用力,最后用手腕手指的弹力将球送出(图10-5)。

图10-5 正面双手传球完整动作

2. 易犯错误

表10-1 排球正面双手传球易犯错误及纠正方法

序号	易犯错误	纠正方法
1	击球点过高、过低	传固定球,体会正确的击球点;移动后接传球,保持在额前接住球,提高选位能力
2	击球手型不正确,不是呈半球状	近距离对墙轻传球,体会手指触球的感觉

3. 学练方式

徒手模仿传球练习:排成体操队形,全体做好准备姿势,模仿传球手型体会蹬地、伸

臂协调用力将球传出的动作。

传固定球练习：两人一组，一人持球置于另一人额前约一球距离，将球固定，另一人做传球动作练习，体会全身协调用力，练习固定次数后两人进行交换。

对墙传球练习：每人一球，距离墙20—50厘米连续传球练习。

两人连续对传练习：两人相距3米左右，连续对传。

（二）垫球——正面双手垫球

1. 动作要领

准备姿势：面对来球，两脚左右开立与肩同宽；**击球手型**：常用的垫球手型有3种：叠掌式、抱拳式和互靠式，初学者一般采用叠掌式（图10-6）；**垫球动作**：当球飞到腹前一臂距离时，两臂夹紧前伸，插入球下，同时配合蹬地；**击球点**：保持在腹前一臂距离的高度，做跟腰、提肩、顶肘、压腕的连续动作；**触球手臂部位和击球部位**：用前臂的手腕关节以上两小臂内侧所构成的平面击球的后中下部（图10-7）。

图10-6　垫球手型

垫球的手型和部位

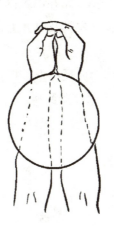

图10-7　正面双手垫球完整动作

2. 易犯错误

● 表 10-2　排球垫球易犯错误及纠正方法

序号	易犯错误	纠正方法
1	垫球部位不准确，容易用手腕或者大臂垫球	模仿练习，垫固定球，自垫发力练习，两臂夹紧移动垫球
2	两臂用力不当，摆动幅度过大，动作不协调	近距离垫抛来的低球和连续自垫低球

3. 学练方式

徒手模仿练习：徒手做正面双手垫球动作，体会全身协调用力。

垫固定球练习：两人一组，一人双手持球置于练习者腹前一臂距离高度的位置，另一人做垫球动作击球，体会击球部位和触球的手臂位置。

一抛一垫练习：两人一组，一人抛球，一人垫球，距离3—5米，体会全身协调用力。

对墙连续垫球练习：一人一球，轮流练习，距离2米左右。

（三）扣球

1. 动作要领

准备姿势：两臂自然下垂，站在离球网3米处，观察来球；**助跑**：左脚先向前迈出一步，紧接着右脚跨出一大步，左脚及时并上，踏在右脚之前，两脚尖稍稍右转，手臂向上引摆；**起跳**：双脚蹬地向上起跳，配合摆臂，注意制动；**空中击球**：挺胸展腹，右臂向后上方抬起，肘高于肩，身体形成反弓形，挥臂时，迅速转体收腹，做鞭甩动作击球，五指微张，以掌心为主全掌包满球，在最高点击球的后中部，主动用力屈腕、屈指向前推压，将球击出；**落地**：落地时屈膝缓冲（图10-8）。

视频10-3 扣球

● 图 10-8　正面扣球完整动作

2. 易犯错误

● 表10-3 排球扣球易犯错误及纠正方法

序号	易犯错误	纠正方法
1	助跑起跳前冲，击球点保持不好	多做助跑起跳结合练习；做限制起跳，地上画出起跳点和落点
2	上步时间太早，起跳早	以口令、信号限制启动时间
3	击球手法不正确，手未包满球	对墙扣球；低网扣球练习；练习手腕推压，鞭甩动作

3. 学练方式

助跑起跳练习：球网前助跑起跳练习，四人一组，分别站在球网两侧3米进攻线附近，听老师口令练习，节奏由慢到快。

挥臂击球练习：每人一球，对墙进行扣球练习。

完整扣球动作练习：网前助跑起跳扣抛球，由老师抛球，抛球弧度适中，轮流助跑起跳扣球。

（四）发球——正面上手发球

1. 动作要领

准备姿势：面对球网，两脚自然开立，左脚在前，左手托球于体前；**抛球与引臂**：左手将球平稳地抛于右肩的前上方，同时右臂抬起，手掌自然张开；**挥臂击球**：在右肩前上方伸直手臂至最高点处，用全掌击球的后中下部，手腕迅速推压，击球后，随着重心前移，迅速入场（图10-9）。

● 图10-9 正面上手发球完整动作

2. 易犯错误

● 表10-4 排球发球易犯错误及纠正方法

序号	易犯错误	纠正方法
1	抛球不稳,抛球偏前或偏后	直臂抛球距身体一臂远,反复练习抛球动作
2	找不准击球点	结合反复抛球做摆臂练习;对墙发球练习
3	发球无力,不能全身协调发力	对墙轻扣球,体会蹬地发力

3. 学练方式

对挡网(墙)发球练习:距离挡网或(墙)4米左右,体会发球的方向、高度和力度。
隔网发球练习:每人一球,在中场位置发球,要求将球发过球网。
端线发球练习:到端线后面,进行完整的发球练习。

(五)排球基本站位

在排球比赛中,最基本的站位是每队在场上有6名球员,根据位置和职责可以大致分为前排站位和后排站位。前排通常包括主攻手、副攻手和二传手。他们的任务是在进攻时打击对方场地,防守时接发球和拦网。后排球员通常包括接应二传手、自由防守球员和另一个副攻手。他们主要的任务是在前排球员无法有效组织进攻时,通过跑动和配合来制造机会。换发球时队员按站位顺时针旋转(图10-10)。

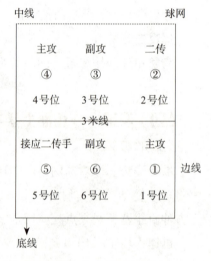

● 图10-10 排球基本站位

三、排球进攻技战术

(一)垫—传—扣

1. 动作要领

对方发球后,由第一个接发球的本方队员用垫球动作将球垫给二传,二传触球后将球传出或垫起给攻手,在二传将球传出后,攻手采用扣球的动作,将球扣过过网区,完成进攻。

2. 学练方式

以3号位队员做二传为例:

(1)抛球垫、传练习

教师在对方场区发球给5号位,接发球队员在5号位成一路纵队,接一传后,将球垫起给3号位二传队员的位置,轮流练习。

(2)二传队员的传球练习

要求二传队员根据不同的来球移动抢位,运用正面传球技术动作,传出不同弧度的球(图10-11)。

（3）二传和攻手进行传扣配合练习

由后排专人供球，3号位队员传给4号位或2号位队员扣球（图10-12）。

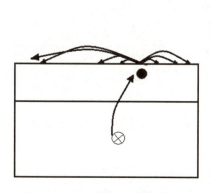

● 图10-11　二传队员传球练习　　● 图10-12　传扣配合练习

（4）三人一组练习

两人准备接发球，一人在网前准备做二传，将对方的发球接起来后，进行垫—传—扣配合进攻练习。

体育之光

铁锤钉金——郎平

郎平，中国女排史上先后以球员和教练员身份获得奥运金牌的第一人。球员时期，郎平凭借强劲而精确的扣杀赢得"铁榔头"绰号，是当年中国女排"五连冠"的核心人物。1981年郎平随中国女排夺得第三届世界杯冠军，获"优秀运动员奖"；1982年获得第九届世界女排锦标赛冠军；1983年获得世界超级女排赛冠军；1984年获得洛杉矶奥运会女排比赛金牌；1985年随中国队获女排世界杯冠军，实现中国女排"五连冠"。作为教练员，2016年率领中国女排3∶1战胜塞尔维亚队，获得里约奥运会冠军。2019年率领中国女排以11场全胜战绩夺取女排世界杯冠军。

（二）"边一二"进攻

1. 动作要领

"边一二"进攻是指由2号位队员做二传，将球传出给3号位或者4号位的进攻阵型，在立体进攻战术出现后，被称为"边二三"阵型，突出后排三点立体进攻（图10-13）。优点是两个攻手的距离较近，可以进行更多的战术变化，使对手不容易识破；缺点是由于二传位

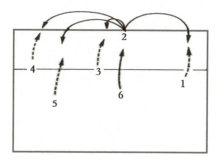

● 图10-13　"边一二"阵型

置较远，一传的到位率要求较高，尤其是5号位向2号位垫球时，距离远，角度大；二传的传球技术也需要有力度和准度的保证，特别是将球传给4号位进攻时。

2. 学练方式

① 徒手模仿"边一二"进攻战术站位，明确位置的分工与配合方法。

② 教师在6号位将球抛给2号和3号位之间二传的位置，二传将球传给4号位扣一般高球、传给3号位扣半快球（扣超出球网两个半球高度的球），进攻后交换位置进行轮流练习（图10-14）。

③ 场上6名队员站成"边一二"接发球站位，教师从对方场区抛球，队员练习接发球组织进攻练习。

④ 练习方法同上，发球一方增加拦网，给进攻方增加网上难度（图10-15）。

⑤ 6对6教学比赛进行进攻防反（防守反击）练习。教师在场外抛球给场上任一方队员。然后双方进行"边一二"进攻和防反练习。

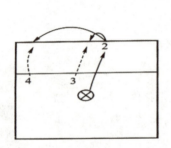
图10-14 "边一二"进攻配合练习

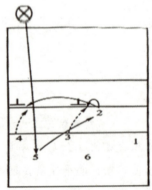
图10-15 增加拦网进攻配合练习

（三）"中一二"进攻

1. 动作要领

"中一二"进攻是指由3号位队员做二传，将球传给4号位或者2号位两点进攻的组织阵型，在立体进攻战术出现后，被称为"中二三"阵型，两者不同之处主要在于"三"，即后排三点立体进攻（图10-16）。该进攻的优点在于，3号位做二传场上跑动的距离和传球距离较短，一传向3号位垫球比较容易到位，二传将球传给4号位和2号位时容易控制球的方向，有利于组织进攻，适合初学者采用。缺点是战术变化少，容易被对手识破。

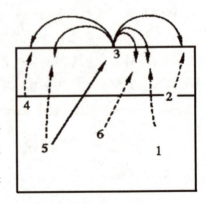
图10-16 "中一二"阵型

2. 学练方式

① 徒手模仿中一二跑动和轮转战术站位，明确位置的分工与配合方法。

② 结合球练习，教师站在6号位抛球给3号位二传队员，3号位将球交替传给2号、4号位队员扣球进攻（图10-17）。

③ 场上6名队员站成"中一二"接发球站位阵型,教师从对方区抛球,队员练习接发球练习。

④ 场上6名队员站成"中一二"接发球站位阵型,教师从对方区抛球,队员练习接发球组织进攻练习,并要求后排队员跟进保护,提高保护球的意识(图10-18)。

⑤ 练习方法同上,发球方增加一到两名拦网队员,增加进攻难度(图10-19)。

⑥ 6对6教学比赛进行进攻防反练习。教师在场外抛球给场上任一方队员。然后双方进行"中一二"进攻和防反练习。

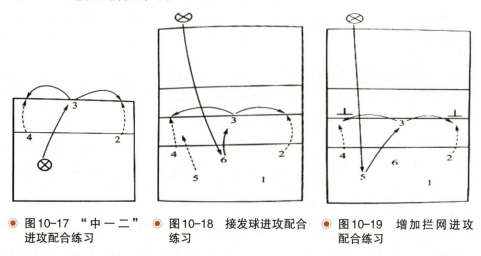

图10-17 "中一二"进攻配合练习　　图10-18 接发球进攻配合练习　　图10-19 增加拦网进攻配合练习

四、排球防守技战术

(一)接发球防守

当对方发球时,本方先站好位置,摆好阵型接对方发球。根据接发球的人数,接发球阵型分4种:5人接发球、4人接发球、3人接发球和2人接发球,采用最多的是5人接发球。

1. "5人接发球"阵型

是指1名队员做二传在网前不参与接发球,其余5名队员承担一传任务的接发球阵型。这是最基本的接发球阵型,适用于初级水平的队伍。优点是队员分布均衡,每个人的接发球范围较小,防守能力强,可以直接组织进攻,适合接发球水平不高的队伍。缺点是3号队员接发球时,不利于组织进攻,队员之间的换位难度大。

2. "5人接发球"阵型的站位变化

(1)"一三二"阵型站位

有利于学习"中边一二"进攻阵型,是初学者的基本站位阵型。优点是分布较为均衡,每个队员的接发球范围较小;缺点是队员之间交叉地带较多,会出现相互争抢或谦让的相互干扰情况(图10-20)。

(2)"一二一二"阵型站位

有利于接边、角的发球和弧度高、速度慢、落点分散的球。优点是队员接发球位置任务分工明确;缺点是不利于接对方后场的大力发球和平冲的飘球(图10-21)。

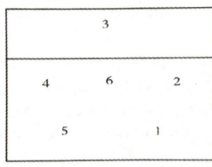
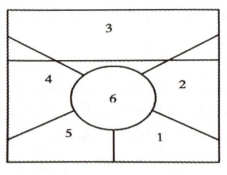

● 图10-20 "一三二"防守阵型　　● 图10-21 "一二一二"防守阵型

3. 学练方式

① 徒手模仿站位练习，依次轮转6轮。

② 结合球练习，6名队员在半场上按防守站好位置，教师在另一侧发简单球，队员接发球组织进攻，成功组织3次后轮转一个位置。

③ 练习方法同上，教师在另一侧发上手飘球或者角度刁钻的难度球，队员接发球后组织进攻。

（二）接扣球防守

接扣球阵型由前排拦网和后排防守组合而成。根据参加拦网人数不同可分为无人拦网下的防守阵型、单人拦网下的防守阵型、双人拦网下的防守阵型和三人拦网下的防守阵型，其中最常用的是双人拦网下的防守阵型。

1. 双人拦网下的防守阵型及站位

当对方进攻威力较大、进攻路线变化较多、单人拦网不足以阻拦对方进攻时，多采用双人拦网防守阵型。

（1）双人拦网"心跟进"防守阵型

固定由6号位队员跟进防吊球及前区球。这种阵型多用在对方采取扣、吊结合为主的进攻战术时，解决"心空"的问题。优点是加强网前的防守能力，缺点是后排防守空当较大，防守力量不足（图10-22）。

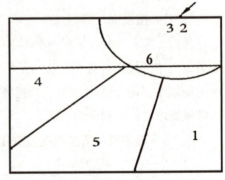

● 图10-22 "心跟进"阵型

（2）双人拦网"边跟进"防守阵型

由1号位或者5号位队员跟进防吊球及前区球，也被称作"1、5号跟进"防守阵型，一般在对方进攻力量比较强，战术变化较多时进行，分别有"死跟"和"活跟"两种形式。

"死跟"的防守阵型（图10-23）：2、3号位队员上前拦网时，1号位队员跟进拦网队员身后防吊球及前区球，6号位队员积极向右移位，补防扣向1号位的直线球，5号位队员防5号区后场的大斜线球，4号位队员稍微后撤防小斜线球，缺点是6号区域空当较大无人防守。

"活跟"防守阵型（图10-24）：1号位队员主要防后场直线球，当判断对方吊球或拦网后球落在前区，则需要及时跟进防守。同时6号位队员注意弥补1号区的空当，4号位、5号位队员防斜线。4号位队员还要负责防守吊到前场左区的球。6号位队员的跑动和防吊球意识极为重要。

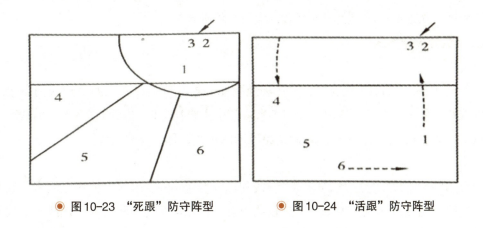

● 图10-23 "死跟"防守阵型　　● 图10-24 "活跟"防守阵型

2. 学练方式

① 徒手站位，轮转6轮，清楚在不同位置的防守站位方法。

② 在对方进攻点（2号位、4号位）抛球，本方练习防反。

③ 不拦网的防守练习。教师隔网站在高台上扣球或吊球，队员在无人拦网的情况下进行防守和反攻练习。

④ 教师隔网站在高台上扣球或者吊球，队员单人或双人拦网，教师有意识地分别把球扣（吊）给1号位、6号位、5号位、4号位的队员，队员防守后组织进攻。

（三）接吊球防守

1. 动作要领

吊球是指对方击球队员挥臂到最高点时，突然减速，用单手手指击球的中下部，吊入本方空当区域。接吊球防守阵型也由前排拦网和后排防守组合而成，与接扣球单人拦网、双人拦网下的防守阵型基本一致（图10-22、图10-23、图10-24）。

2. 学练方式

① 徒手模仿练习，场上的6名队员都要进行跟进落位练习，所有参与进攻的队员都应该积极选取位置。

② 队员组织各种徒手进攻战术，教师拿球轮流在4号位、3号位和2号位隔网站在高台模拟吊球喂球，队员跟进保护，并组织一次有球的进攻。

③ 教师隔网站在高台上吊球，队员单人或双人拦网，教师有意识地把球吊给1号位、6号位、5号位、4号位的队员，队员防守后组织进攻。

五、排球竞赛主要规则

（一）排球比赛场地规格

1. 场地面积

比赛场区为长18米、宽9米的长方形；比赛场区四周至少有3米宽的无障碍区，从地面量起向上至少有7米无障碍区。大型正式比赛的边线外至少有5米、端线外至少有6.5米的无障碍区，从地面量起向上至少有12.5米的无障碍区。

2. 比赛界线与场区

（1）界线

比赛场地的两条长线称边线；比赛场地两端的短线称端线；在网下连接两条边线的中点的线称中线；离中心线3米、长12.5米（其中实线长9米、虚线长3.5米）的线称进攻线；两端线后有两条长15厘米、距端线20厘米的短线，称为发球短线。

（2）场区

两条边线和端线划定了比赛场区。边线和端线都包括在比赛场区面积之内；中线与进攻线的实线所组成的区域为前场区，进攻线包含在前场区场地面积之内；端线至进攻线的实线后沿所组成的区域为后场区；端线外、边线的延长线上的发球短线至无障碍区的终端所组成的区域为发球区；发球短线包括在发球区之内。（图10-25）

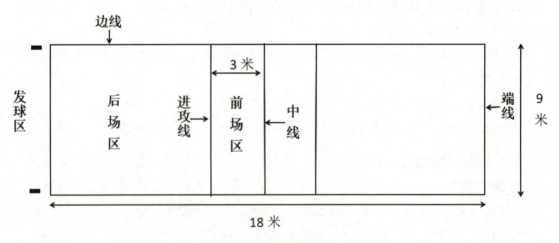

图10-25　标准排球场地尺寸示意图

（3）器材

排球的用球是圆形的，由柔软皮革和人造皮革制成外壳，内装橡胶或类似材料制成的球胆，球的气压为0.3—0.325千克/厘米^2，球的圆周为65—67厘米，球的重量为260—280克；球网为白色，长9.5米，宽1米，网孔10厘米×10厘米。球网上端缝有7厘米宽的白帆布带，下端缝有5厘米宽的帆布带。在正式比赛中，成年男子网高为2.43米，成年女子网高为2.24米，少年男子网高为2.24—2.35米，少年女子网高为2—2.15米。球网高度的丈量以网中间高度为准，且球网两端的高度不得超过规定网高2厘米。

（二）排球比赛的主要规则

1. 比赛计分方法

（1）胜一分

某队在对方失误与犯规以及受到其他的判罚时，得1分。

（2）胜一局

先得25分同时超出对方2分的队胜一局，当双方比分为24∶24时，比赛继续进行至某队领先2分为止。如果总比分达到2∶2平局时，决胜局（第5局）采用先得15分并领先2分为胜，当比分为14平时，比赛继续进行至某队领先2分为止。

（3）胜一场

胜三局为胜一场。

2. 比赛方法

（1）比赛开始

裁判员鸣哨允许发球。发球队员击球时比赛开始。

（2）比赛中断

裁判员鸣哨终止比赛，比赛中断。

（3）比赛上场阵容与阵容不完整

每个队场上必须保持6名队员进行比赛。如果不足6人，则为阵容不完整——输掉一局或一场比赛。

3. 暂停和换人

正常比赛间断有"换人""暂停""技术暂停"。

（1）暂停

① 每队在每局中有2次暂停机会，每次30秒，暂停可以一次用完。

② 前四局比赛每局有2次技术暂停。比分至8分、16分时，记录台鸣哨并记录暂停时间。每次技术暂停60秒，第五局没有技术暂停。

（2）换人

① 每队每局有6次换人机会：一队换人后需经一段比赛过程方可请求下一次换人。一次请求换人时，可以请求多人次的换人。

② 换上场的队员只能由被他替换下场的队员来替换。替补队员一局只有一次上场。

4. 发球犯规

① 发球顺序错误。

② 发球队员在击球时或击球起跳时，踏及场区（包括端线）或发球区。

③ 发球队员在第一裁判员鸣哨8秒内未将球击出。

④ 球未被抛起或未使持球手清楚撤离就击球。

5. 击球犯规

身体任何部分均可触球，但一名队员（拦网队员除外）连续击球两次或连续触及身体的不同部位（第一次击球，在同一动作中允许连续触及身体），即为连击犯规。

6. 持球犯规

身体任何部位击球时，将球接住或抛出，即为持球犯规。

7. 四次击球犯规、同时击球犯规

（1）四次击球犯规

每队最多击球三次（拦网除外）将球从过网区击回对方场区，超过规定次数的击球，判为四次击球犯规。

（2）同时击球犯规

同队的两名或两名以上队员同时触球，被计为两次或两次以上击球（拦网除外）；球在网上沿时双方均可击球，同时击球后，球落入场内继续比赛，落入甲方场外，则判乙方击球出界，球触标志杆则判双方出界，重新发球。

8. 过网拦网犯规

对方进攻性击球前或击球的同时，在对方空间触球或触及对方队员，即为过网拦网犯规。

9. 网下穿越过中线犯规

队员的一只（两只）脚完全越过中线触及对方场区即为过中线犯规，在不影响比赛的情况下除脚以外身体其他部位触及对方场地不犯规。

10. 触网犯规

队员在击球过程中触及标志杆及以内球网部分即为触网犯规。队员身体触及标志杆以外的球网不算犯规。

11. 进攻性击球

除发球和拦网外，所有直接向对方的击球都是进攻性击球。

队员进攻性击球的行为规定：前排队员的进攻性击球必须在本方场区空间；后排队员可以在进攻线后起跳击任何高度的球，但在前场区完成进攻性击球时，球的一部分必须低于球网上沿，限制后排队员在前场区起跳扣球。

12. 过网击球犯规

在对方场区上空击球，即为过网击球犯规。

13. 后排队员进攻性击球犯规

后排队员在前场区完成进攻性击球（球触对方拦网队员手即被认为完成进攻性击球），并且击球时球的整体高于球网上沿即为后排队员进攻性击球犯规。

14. 后排队员或自由防守队员拦网犯规

后排队员完成拦网或参加了集体拦网，后排自由防守队员试图进行个人拦网或参加集体拦网，即为后排队员或自由防守队员拦网犯规。

15. 界内、外球的规定

（1）界内球

球触及比赛场区的地面包括界线为界内球。

（2）界外球

球接触地面的部分完全在界线以外，球触及场外物体天花板或非比赛人员等，击球时球的整体或部分从过网区外进入对方场区，称为界外球。

16. 延误比赛

一个队拖延比赛继续进行的不正当行动为延误比赛。

17. 不良行为犯规

球队成员对裁判员、对方队员及同队队员或观众造成不良行为，应给予判罚。

（1）轻微不良行为

球队出现接近被处罚的行为时，裁判员的判罚有两种：一是通过场上队长进行口头警告；二是向有关人员出示黄牌警告并且登记在计分表上。

（2）给予处罚的不良行为

① 粗鲁行为。有违背体育道德和文明的举止，有任何轻蔑的表示。裁判员出示红牌，判罚一分。

② 冒犯行为。有诽谤、侮辱的言语或形态。裁判员出示红牌加黄牌，判罚出场（取消该局比赛资格，坐在判罚区内）。

③ 侵犯行为。有人身侵犯或企图侵犯。裁判员双手分别出示红牌、黄牌，判罚取消比赛资格，离开比赛场地。

链接10-1 排球竞赛规则2017—2020版，中国排球协会审定。

思考与练习

1. 绘图说明双人拦网下的"心跟进""边跟进"防守阵型，并说明这种阵型的特点是什么。
2. 说明"中一二"进攻和"边一二"进攻的区别。
3. 在排球进攻技战术中，"垫—传—扣"中的易犯错误有哪些？
4. 在排球比赛中，击球犯规的形式有哪几种？阐述裁判方法。

自主测评

1. 发球

① 考试方法：考生在端线后右侧发球区内采用正面上手发球技术，连续发球10次，须发向直线区域、斜线区域各5次，发球过网且落在对方场区内即为有效（图10-26）。

② 评分标准：要求发球技术动作规范，有效发球6次以上为合格，每人两次测试机会，记录最佳成绩。

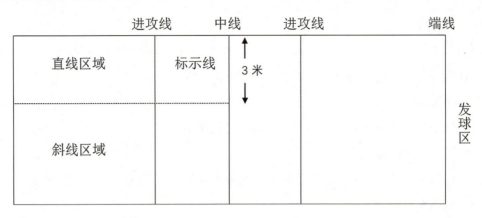

图10-26 正面上手发球测试场地示意图

2. 垫球

① 考试方法：被测试者站在测试区内，对墙面方框区域连续1分钟垫球（图10-27）。

② 评分标准：记录1分钟内被测试者垫球次数，连续对墙定点垫球60次及以上为合格，每人两次测试机会，记录最佳成绩。

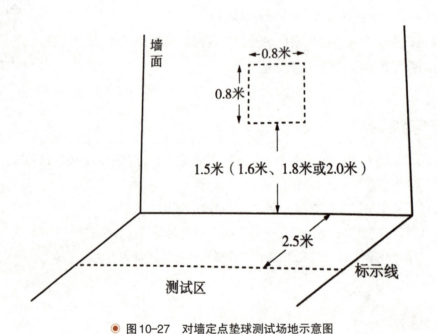

图10-27 对墙定点垫球测试场地示意图

3. 传球

① 考试方法：被测试者站在测试区内，对墙面方框区域内进行连续1分钟传球，要求传球技术动作规范，移动迅速，协调用力（图10-28）。

② 评分标准：记录1分钟内被测试者传球次数，连续对墙定点传球60次及以上为合格，每人两次测试机会，记录最佳成绩。

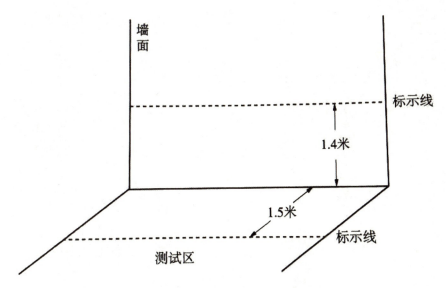

图 10-28　对墙传球测试场地示意图

参考文献

［1］赵子建，谢国臣.排球（第二版）［M］.重庆：重庆大学出版社，2017.

［2］黄汉升.球类运动——排球（第三版）［M］.北京：高等教育出版社，2015.

［3］葛春林.排球运动教程［M］.北京：北京体育大学出版社，2015.

［4］邱建国，大学体育（第二版）［M］.北京：高等教育出版社，2020.

［5］郭秀文，陈仁伟.大学体育教程［M］.北京：科学出版社，2020.

［6］全国青少年运动技能等级标准研制组.青少年排球运动技能等级标准与测试方法（第二版）［M］.北京：科学出版社，2020.

［7］中国排球协会.排球竞赛规则2017—2020［M］.北京：人民体育出版社，2017.

第十一章 乒乓球运动

【本章导学】

乒乓球被誉为中国的"国球"。本章将围绕乒乓球运动的发展历程与特点、重要组织与赛事、基本技术与战术、场地器材与规则进行概述。其中，在基本技术部分，主要介绍了乒乓球运动中的握拍、站位、步法以及常用的发球与击球技术；在基本战术部分，先后呈现了乒乓球比赛中应用频次较高的两种发球抢攻和接发球抢攻战术。通过本章的学习，能够简要说出乒乓球运动的基本常识，基本掌握乒乓球运动的常用技术与战术，正确应用乒乓球运动的比赛规则。

一、乒乓球运动概述

（一）起源与发展

1. 世界乒乓球运动的起源与发展

乒乓球运动开始于19世纪末的英国，因这种运动像是在桌上打网球，故称其为"桌上网球"（Table Tennis）。1900年，英国成立乒乓球协会并举行了第一次正式比赛，由此开创了乒乓球比赛的历史。1905年，乒乓球运动逐渐传入欧洲各国，随之扩展到其他国家。1918年以后，欧洲国家相继成立乒乓球协会并开展比赛。1926年，在德国柏林举行了一次国际乒乓球赛，同年国际乒乓球联合会（简称"国际乒联"）正式成立，并把在伦敦举行的欧洲锦标赛命名为第1届世界乒乓球锦标赛（简称"世乒赛"）。此后乒乓球的发展经历了欧洲全盛时期（1926—1951年）、日本称雄时期（1952—1959年）、中国崛起时期（1959—1969年）、百家争鸣时期（1971—1990年）、中国独秀时期（1991年至今）。

2. 我国乒乓球运动的发展

1904年，上海一家文具店经理王道平赴日本采购时带回10套乒乓球器材，自此中国开始有了乒乓球运动。1918年，上海率先成立乒乓球联合会，并于1923年首次举办了比赛。1935年，中华全国乒乓球协会成立，发起并组织了第1届全国性乒乓球比赛。

中华人民共和国成立后，我国乒乓球运动的发展同样可分为5个阶段：① 厉兵秣马阶段（1949—1958年）。1952年在北京举行了第1届全国乒乓球比赛，同年中华全国体育总会乒乓球部加入国际乒联。1953年，中国首次派队参加在克罗地亚布加勒斯特举行的第20届世乒赛。1957年，在第24届世乒赛上，我国男女队首次进入决赛。② 为国争光阶段（1959—1965年）。1959年，在第25届世乒赛上，我国运动员容国团第一次夺得世乒赛男单冠军。1961年，我国首次承办了世乒赛（第26届）。1965年，在第28届世乒赛上，中国队夺得5冠4亚7季，取代日本成为世界乒坛"霸主"。③ 勇攀高峰阶段（1971—1987年）。1971年，中国队重返世乒赛并收获女单、女双和混双冠军，同年中美两国开展了著名的"乒乓外交"活动。在20世纪70年代，共举办了5届世乒赛并设金牌35枚，其中中国队获得16.5枚。进入20世纪80年代，中国队在世乒赛上获得了28枚金牌中的25枚，占比高达89.3%。④ 低谷徘徊阶段（1988—1994年）。1988年，乒乓球比赛首次进入奥运会，中国选手获得男双金牌和女单金、银、铜牌。但在20世纪80年代最后一届世乒赛（第40届）上，中国男队一无所获。1991年，在第41届世乒赛上中国女团以2∶3不敌朝鲜，屈居亚军。⑤再创辉煌阶段（1995年至今）。1995年，第43届世乒赛在我国天津举行，中国运动员全面爆发，囊括7项金牌。此后，中国乒乓球的辉煌一直延续至今。

体育之光

我国第一位世界冠军容国团

1959年，我国乒乓球运动员容国团荣获第25届世界乒乓球锦标赛男子单打冠军，成为中华人民共和国体育界第一位世界冠军。1961年，在第26届世乒赛上，容国团喊出了"人生能有几回搏！此时不搏，更待何时！"的名言。容国团用拼搏与奉献给中国乒乓球运动带来了活力，并使乒乓球运动在中国快速地生根发芽、根深叶茂、硕果累累。同时也打下了中国乒乓球队"快准狠变转"的根基，为中国乒乓球队长盛不衰烙下基因烙印。

（二）特点与价值

1. 乒乓球运动的特点

（1）普适性强

乒乓球运动由于投入相对较小，参与人群方面不受身体条件的限制，地理条件上不受地域的影响，因此它容易在群众中推广和普及。目前，在中国选择乒乓球运动健身的群众数可以亿计，这一群众基础也是我国乒乓球在国际乒坛长盛不衰的主要原因。

（2）益智性佳

打好乒乓球不仅需要体能，而且要动脑思考，可以说，乒乓球运动是一项锻炼大脑、调节视力的绝佳运动项目，而最终取胜的关键也是身心一统的体现。此外，由于乒乓球轻、旋转快、球路变化多，决定了要打好每一个球都要充分发挥自己的聪明才智。

（3）娱乐性好

乒乓球运动在实施小球变大球以及采用11分赛制等各项改革后，来回球变得更多、节奏变得更快，也使乒乓球运动比赛变得更刺激、更激烈、更精彩、更具有魅力。总之，乒乓球运动的趣味性和观赏性普遍得到了提高。

2. 乒乓球运动的价值

（1）健身价值

在进行乒乓球运动时，人体的手、脚、躯干、关节、五官等各部位都要参与其中，并且各个部位高度协调、配合，因而对人体的锻炼比较全面、系统。长期参加乒乓球运动，对于改善视力、增强肠胃功能、提高人的免疫功能、预防心脑血管疾病等具有明显的促进作用。

（2）教育价值

经常参加乒乓球运动不仅能够增强人的自信心，培养顽强的意志品质，缓解人的精神压力，同时还能提高人际交往能力，培养合作精神，形成公平竞争意识。总之，学生如果经常参加乒乓球运动，就能够更好地实现"享受乐趣、增强体质、健全人格、锤炼意志"的学校体育目标。

（3）社会价值

乒乓球运动在提高我国国际地位、增进与各国人民友谊、促进世界和平等方面发挥了重要作用。如今，以"人生能有几回搏""一切从零开始"为代表的"乒乓精神"已成为中国精神宝库的一颗璀璨明珠，为社会主义核心价值观的培育和践行起到了积极的促进作用。

（三）重要组织与赛事

1. 乒乓球运动重要组织

（1）国际乒乓球联合会

1926年，国际乒乓球联合会（简称"国际乒联"，图11-1）在德国柏林成立，由各个国家和地区的乒乓球协会组成。目前，国际乒联拥有200多个会员协会，总部设在英国东苏塞克斯郡的赫斯廷斯。

● 图11-1　国际乒乓球联合会

（2）亚洲乒乓球联盟

1972年，亚洲乒乓球联盟（简称"亚乒联盟"，图11-2）在中国北京正式成立。到目前为止，亚乒联盟共有会员协会40多个。亚乒联盟的宗旨是增进国家以及运动员之间的友谊，促进亚洲乒乓球运动的普及、发展和提高。

● 图11-2　亚洲乒乓球联合会

（3）中国乒乓球协会

1955年，中国乒乓球协会（图11-3）成立（前身为中华全国体育总会乒乓球部，并于1952年加入国际乒联）。在乒乓球成为我国"国球"的过程中，中国乒乓球协会为世界乒乓球运动的普及和发展做出了巨大贡献。

● 图11-3　中国乒乓球协会

2. 乒乓球运动的重要赛事

（1）奥运会乒乓球赛

1988年，乒乓球成为奥运会正式比赛项目，设男单、男双、女单、女双4项。2008年北京奥运会将男、女双打改为男、女团体，2020年第32届东京奥运会增加了混双。中国是奥运会乒乓球比赛的最大赢家，截至2023年，在已经举办的9届奥运会乒乓球比赛中，中国选手夺得总计37枚金牌中的32枚，其中第26、27、29、30、31届的20枚金牌全部被中国选手包揽。

（2）乒乓球世界锦标赛

1926年，在英国伦敦举行了首届世乒赛，设立男单、女单、男双、男团、混双5个项目。第2届世乒赛增加了女双项目，第8届世乒赛增加了女团项目。至此，世乒赛共有男单、女单、男双、女双、混双、男团、女团7项，是乒乓球国际赛事中设项最多、最全的比赛。1957年，在第24届世乒赛之后每两年举办一届。从第47届开始，单项比赛和团体比赛分别在两个不同国家或地区举行，先进行单项比赛，后进行团体比赛。

（3）世界杯乒乓球赛

1980年8月，在我国香港举行了第1届世界杯男子乒乓球比赛，参赛者由世界优秀选手和各大洲冠军及东道主的1名选手组成。1990—1995年，世界杯乒乓球赛增加了世界杯团体赛和双打比赛，以促进团体和双打项目技术水平的提高。1996年9月，在我国香港举行了首届世界杯女子单打比赛，共有16名选手参加，参赛名额确定及竞赛方法同男子单打比赛一致。目前，世界杯乒乓球赛每年举办一届女单比赛和一届男单比赛。

二、乒乓球基本技术

（一）握拍与站位

1. 握拍（均以右手为惯用手）

（1）横握拍

虎口贴于拍肩，中指、无名指和小拇指自然弯曲握于拍柄，拇指在球拍正面轻贴于中指旁边，食指自然伸直斜贴于球拍反面。深握时，虎口紧贴球拍；浅贴时，虎口轻微贴拍。握拍时，手不宜过紧或过松（图11-4）。

图11-4　横握拍正面指法（左）与反面指法（右）

（2）直握拍

① 弧圈型握拍法：拍前食指第二关节和大拇指第一关节成钳形，拍后其他三指自然弯曲贴于球拍上1/3处。

② 直拍横打型握拍法：直拍横打握法与直拍弧圈型握法相比，拇指往里握得深一点，食指移至球拍边缘处，握拍不要过紧，后面的三指略伸开些，这样有利于发力及控制拍形（图11-5）。

图11-5　直握拍正面指法（左）与反面指法（右）

2. 站位

站位是指一个范围，而不是固定点。对于不同类型的打法，选手站位的范围大小也不相同。直拍近台快攻型打法站位范围较小，弧圈球打法范围大些，削球打法范围则更大。另外，站位还与个人身体及对方打法特点有关。若对方为左手握拍，本方在接发球站位时应稍向中间移位；若对方是削球打法时，本方站位应稍向后退一些。一般来说，为进一步突出正手进攻频率，进攻型打法站位多偏于球台左侧（图11-6、图11-7）。

● 图11-6　单面弧圈球为主打法站位　　● 图11-7　横拍两面拉打法站位

（二）基本步法

1. 单步

以一脚前脚掌内侧为轴稍转动、蹬地用力，另一脚向来球方向做前、后、左、右一步移动。在做单步移动时，身体重心必须向击球方向移动，并应注意在击球之后立即移动前脚掌内侧，用力蹬地还原，保持准备姿势（图11-8）。

● 图11-8　直握拍正手单步挑打短球

2. 并步

先以来球异侧方向的脚用力蹬地并向另一只脚并一步，然后同侧方向的脚再向来球的方向迈一步（图11-9）。

图11-9 直握拍正手并步攻球

3. 交叉步

先以靠近来球方向脚作为支撑脚，使远离来球的脚迅速向前、后、左、右不同方向跨出一大步，两脚在身前形成交叉。支撑脚跟着前脚移动方向再迈出一步，随之落在另一只脚的侧后方（图11-10）。

图11-10 直握拍正手交叉步攻球

4. 侧身步

（1）单步侧身

当来球落于身体中间偏右位置时，右脚向左脚后方跨出一步后侧身击球（图11-11）。

图11-11 直握拍单步侧身

（2）并步侧身

右脚先向左脚靠一步，左脚再向左跨一步，重心落在右脚上（图11-12）。

● 图11-12　直握拍并步侧身

（三）发球与击球

1. 发球

（1）正（反）手发平击球

① 动作要领。

正手发平击球：左脚稍前，右脚稍后，在抛球的同时转体，手臂向身体右后方引拍。当球下降稍高于球网，手臂向左前方发力，挥拍击球中上部，使第一落点（球第一次落在对方台面的位置）在本方球台底线区、中区范围内，击球后顺势还原。（图11-13）

● 图11-13　横握拍正手发平击球

反手发平击球：左脚稍前或平站，在抛球的同时转体，手臂向身体左后方引拍。当球下降稍高于球网时，手臂向右前方发力，挥拍击球中上部，击球后顺势还原。（图11-14）

● 图11-14　横握拍反手发平击球

② 易犯错误。

● 表 11-1　正（反）手发平击球易犯错误及纠正方法

序号	易 犯 错 误	纠 正 方 法
1	拍形过于前倾或后仰，击球准确性不高	明确动作要领，增强自身感觉，控制拍形角度
2	引拍动作太小，出球速度慢，不易过网	观察教学视频，示范发平击球的技术动作；正（反）手发平击球时，右脚（左脚）向右后方（左后方）后退小半步，通过转腰引臂的方式适当增加引拍幅度

③ 学练方式。

- 做徒手抛球或挥拍击球结合练习，体会动作要领。
- 一人发球一人接球，交替进行，互相交流发球时的感觉。
- 利用多球进行练习，使发出的球尽量快、狠、准。

（2）正（反）手发奔球

① 动作要领。

正手发奔球：以右手持拍为例，站位近台，左脚稍前。抛球时，持拍手臂向右后方引拍。当球回落至球网高度时，拍面前倾，持拍手臂向左前上方加速挥动。在击球瞬间拇指压拍，手腕从右后方向左上方抖动，摩擦球的中上部，使第一落点靠近本方球台的端线附近（图11-15）。

● 图 11-15　横握拍正手发奔球

反手发奔球：站位近台，右脚稍前。抛球时，球拍向左后方引，上体向左侧转动，拍面前倾，手腕放松。当球下落至球网高度时，挥拍击球的中上部，以肘关节为轴，充分运用手腕弹击力量，腰部配合向右转动，使第一落点靠近本方球台端线附近。击球后迅速还原重心。

② 易犯错误。

● 表 11-2　正（反）手发奔球易犯错误及纠正方法

序号	易 犯 错 误	纠 正 方 法
1	手腕抖动不够，发出奔球的质量不高，还可能造成发球失误	加强徒手或持拍不击球的抖腕练习，练习时注意放松手部肌肉，然后再过渡到上台发球
2	击球点掌握不准，过高或过低造成发球质量不高甚至发球失误	做抛球与持拍手击球的配合练习，当球回落至球网高度时，球拍触球

（3）正（反）手发转（不转）球

①动作要领。

正手发转（不转）球：站位时左脚在前，右脚在侧后方，在抛球的同时持拍手向后上方引拍。直拍手腕作伸，横拍手腕略向外展，向右后上方引拍。当球降至球网高度时，持拍手迅速用力向前下挥动，发球后迅速还原（图11-16）。

发加转下旋球时，用球拍的下半部（拍头）触球，摩擦球的中下部，大拇指、食指、手腕在触球瞬间加强爆发力，尽量多摩擦球，注意体会球拍"吃住"球的感觉。

发不转球时，手臂外旋幅度小，减少拍面后仰程度，以球拍中后部偏右方（靠近拍柄）触球，击球中部或中下部，尽量减少向下摩擦球的力量，近似将球向前推出，使作用力接近球心，从而形成不转球。

● 图11-16 横握拍正手发转（不转）球

反手发转（不转）球：左手持球将球抛起，同时右臂及手腕外延，横拍手腕略向外展，使拍面稍后仰，向左后上方引拍。当球下落时，持拍手前臂加速向右前下方发力。发加转球时，球拍拍面较平，摩擦球的偏中下底部，向前下方发力，横拍手腕外旋；发不转球时，不是用力摩擦球体而是向前推打（图11-17）。

● 图11-17 横握拍反手发转（不转）球

②易犯错误。

● 表11-3 正（反）手发转（不转）球易犯错误及纠正方法

序号	易 犯 错 误	纠 正 方 法
1	摩擦程度小，下旋程度不强	更换新胶皮，增加黏性；调整后仰拍面角度，增加球拍对球的摩擦力；触球时发力要集中；调整击球点，找到身体、手臂最佳发力点；用球拍远端摩擦球，加快击球速度，以增强球下旋程度
2	发球弧线过高，对方直接抢攻	调节拍面的角度，使球拍后仰；在球降至球网高度时击球；降低持拍手击球时的高度，减小发球的入射角度

③学练方式。

● 做徒手抛球或挥拍击球结合性练习，体会发球动作要领。

- 用球拍进行反复摩擦球练习,体会发转与不转球时,不同的撞击球拍部位和触球位置。
- 采用一发一接的练习方式,交替进行,互相交流发球时的感觉。

(4)正(反)手发左(右)侧上(下)旋球

① 动作要领。

正手发左侧上(下)旋球:站位左半台,身体向右偏斜,抛球时持拍手臂向右后上方引拍,拍面稍后仰;当球落至球网高度时,前臂加速向左方挥摆,手腕作内收,腰部配合左转。发左侧上旋球时,击球中部向左侧上方摩擦,击球瞬间手腕稍有抖动,使球产生侧上旋;发左侧下旋球时,击球中下部向底部左侧下方摩擦,击球瞬间手腕稍有抖动,使球产生侧下旋(图11-18)。

视频 11-2
正手发左侧上(下)旋球

图 11-18 横握拍正手发左侧上(下)旋球

反手发右侧上(下)旋球:站位左半台,右脚稍前,左脚稍后,身体向左侧倾斜,当球向上抛起时,向左后上方引拍,拍面稍后仰;当球回落至球网高度时,手臂迅速向右前下方挥动,同时直拍手腕作伸,横拍手腕内收。反手发右侧上旋球时,击球的中下部,向右侧上方摩擦,同时重心由右脚移动至左脚;发右侧下旋球时,击球中下部,向右侧底部摩擦,同时重心由右脚移向左脚(图11-19)。

图 11-19 横握拍反手发右侧上(下)旋球

② 易犯错误。

表 11-4 正(反)手发左(右)侧上(下)旋球易犯错误及纠正方法

序号	易犯错误	纠正方法
1	手腕过于僵硬,发球动作不流畅	学会手腕、手指放松,发力和协调用力的前提是能够适度放松。发球时,手腕、手指握拍不能过紧,摩擦球的一瞬间,以小臂带动手腕发力为主,增加发球的旋转程度。此外,应在平时适当加强手指手腕力量的练习
2	身体配合程度不好,影响发球质量	发球时,应注意将引拍与转腰动作结合起来,同时,腰、手臂和手腕等部位应协同配合,提高发球的质量,把击球点放在转腰后的腹前侧

③学练方式。

- 徒手做发球前的准备姿势，模仿抛球及发球动作。
- 先练习发侧下旋球，再以相同动作练习发侧上旋球，形成配套发球。
- 运用多球进行反复练习，强化技术动作的形成。

2. 击球

（1）平挡球

①动作要领。

左脚稍前或两脚平行约与肩同宽，两腿微屈，身体离球台30—50厘米。手臂自然弯曲，球拍置于腹前，前臂与台面几乎平行。拍形成半横状，约与台面垂直，在来球上升期击球的中部，主要是借助对方来球的反弹力将球挡回。击球后手臂、手腕随势前送，并迅速还原成击球前的准备姿势（图11-20、图11-21）。

图11-20　横握拍正手平挡球技术

图11-21　横握拍反手平挡球技术

②易犯错误。

表11-5　平挡球技术易犯错误及纠正方法

序号	易犯错误	纠正方法
1	挡球时，拍面前倾较大，容易造成回球下网	挡球时，使拍面角度接近垂直
2	手臂主动发力多，回球力量和落点控制不好，失误较多	击球时，前臂手腕动作保持稳定，体会借力还击的感觉
3	击球点过早或过晚。过早挡球，容易下网；过晚挡球，借不上力	在来球上升后期挡球，挡球的中部

③学练方式。
- 做台下徒手模仿动作，体会动作要领。
- 双方在台上对练反手挡球，先练习中路范围，再练习挡斜线、直线。
- 通过多球练习，强化挡球技术动作并逐步让动作定型。

（2）拨球

①动作要领。

两脚平行，两膝微屈，重心在两脚之间，球拍向后下引，肘关节稍前顶，手腕内收，右肩稍沉。以肘关节为轴，拍面稍前倾，在上升期击球的中上部，借来球反弹力量向右前方拨回来球，手腕向外展，带动前臂由屈到伸。触球时发力要集中，随势挥拍不宜太长，迅速还原成准备姿势（图11-22）。

图11-22 横握拍拨球技术

②易犯错误。

表11-6 拨球技术易犯错误及纠正方法

序号	易犯错误	纠正方法
1	拍形前倾不够，击球出界	击球时，手腕由内收向外展，带动前臂向前上方横摆，适当增加拍面的前倾角度
2	拍面过于前倾，摩擦球过多，球不过网	体会击球时，球拍连摩擦带撞击的感觉，既要有一定的旋转又要有一定的前进速度

③学练方式。
- 做徒手反手拨球的模仿练习，体会动作要领。
- 横拍拨落台反弹球，体会动作要领。
- 一人发平击球，一人反手拨球。

（3）快推

①动作要领。

左脚稍前，上臂内收自然靠近身体右侧，击球前，手臂适当后侧引拍，前臂稍外旋，在来球上升期拍形前倾，手腕外展。击球中上部，食指用力，拇指放松。击球后，手臂、手腕继续向前随势挥动，距离要短，并迅速还原成击球前的准备姿势（图11-23）。

图 11-23　快推技术

② 易犯错误。

表 11-7　快推技术易犯错误及纠正方法

序号	易犯错误	纠正方法
1	上臂和肘部离开身体右侧，拍面过于垂直，影响推球的速度和力道	手臂自然弯曲并做外旋，肘关节靠近身体右侧，触球瞬间拍形前倾
2	推球前，击球距离太短，击球速度慢	引拍时，前臂提起，上臂后收，加大击球距离，增加击球时的球拍运行加速度，从而提高击球质量

③ 学练方式。

- 做徒手的推球练习，体会身体协调发力。
- 一人挡球，一人做推球练习。
- 采用多球练习，强化推球技术的形成。

（4）正（反）手攻球

① 动作要领。

正手攻球：左脚稍前，右脚稍后。引拍时，重心向右脚移，球拍引向右侧方。横拍击球时，手臂自然弯曲，手腕与前臂近乎成直线并约与球台平行，前臂和手腕稍向前上方用力（图 11-24）。

图 11-24　横握拍正手攻球技术

反手攻球：击球时手臂在体前自然弯曲，手腕与前臂近乎成直线，拍柄稍微向下。当球从台面弹起时，前臂向右上方挥拍，触球的刹那间手腕配合向外转动（图 11-25）。

图 11-25　横握拍反手攻球技术

② 易犯错误。

表 11-8　正（反）手攻球技术易犯错误及纠正方法

序号	易犯错误	纠正方法
1	击球时吊腕、翘腕	击球时直拍约成半横状、横拍手腕与前臂基本成直线
2	击球时小臂和肘关节抬得高	先纠正引拍动作，使手臂放松时肘关节自然下垂，再迎击来球
3	引拍时向后拉肘关节，挥拍方向从后向前	肘关节基本保持稳定，手臂从右下向左前上方挥动，动作不宜过大

③ 学练方式。

- 台下徒手模仿练习，体会动作要领。
- 正、反手对墙做攻球练习。
- 一人喂球，一人练习正、反手攻球。
- 一人发平击球，一人练习正、反手攻球。
- 推攻练习。一人推挡，一人练习正、反手攻球，并逐渐加力。

（5）侧身正手攻球

① 动作要领。

侧身正手攻球与正手攻球基本相同，不同之处在于：第一，当侧身步法完成时，攻斜线球，身体与球台端线成 75°—90° 角；攻直线球时，身体与球台端线成 50°—70° 角。第二，侧身攻斜线球时，身体重心可偏左脚，右脚辅助支撑；攻直线时，要求身体先落在右脚，左脚辅助支撑（图 11-26）。

① ② ③ ④

图 11-26　横握拍侧身正手攻球技术

② 易犯错误。

● 表 11-9　侧身正手攻球技术易犯错误及纠正方法

序号	易 犯 错 误	纠 正 方 法
1	侧身不到位，来球容易顶住身体，发力不流畅	根据不同落点，采用适宜的步法，将身体充分侧开，确保足够的击球距离
2	引拍向后拉肘，导致手臂向后拉，动作不协调，发力效果不佳	引拍时以肘关节为轴，手臂向后引拍，可以拉长前臂的相关肌肉群，充分发挥肌肉收缩的爆发力

③ 学练方式。

• 做徒手侧身攻球完整技术练习，体会动作要领。

• 一发一侧练习：一人发多球至对方反手位，一人采用侧身攻技术回击球。先击定点，再击不定点；先击小角度来球，再击大角度来球。

• 推挡结合侧身攻练习：两人一组推挡练习，规定对其中一人采用侧身攻技术回击。先练习攻斜线，后攻击直线。

（6）正手拉加转弧圈球

① 动作要领

左脚在前，身体重心较低，手臂自然下垂向右后下方引拍，身体随之向右转动，右肩下沉，重心在右脚上。拍触球时拍面稍前倾，上臂带动前臂向前上方挥动，手腕配合发力，身体向左侧转动。在来球的下降前期击球的中部或中上部，在摩擦球的瞬间迅速收缩前臂加大摩擦力。击球后，身体稍向上抬起，随势挥拍至头部高度，重心移至左脚，并迅速还原成击球前的准备姿势（图 11-27）。

● 图 11-27　横握拍正手拉加转弧圈球

② 易犯错误。

● 表 11-10　正手拉加转弧圈球技术易犯错误及纠正方法

序号	易 犯 错 误	纠 正 方 法
1	击球点离身体过远、过近或挥拍过早，容易拉空或发不出力	抛球后用拉加转弧圈球动作，将球拉过球网，命中对方球台。通过此方法，体会击球点、击球时机、拍面角度、身体用力等各动作环节
2	挥拍过于向前，导致球没有一个适当的弧线，容易下网	如果挥拍过于向前方，可用拉下旋球的方法来纠正，练习者多注意摩擦球的中部

③ 学练方式。
- 徒手挥拍练习，体会动作要领。
- 自抛自拉练习，着重体会击球时间、拍形角度、击球路线。
- 一人发正手位斜线平击球，另一人练习拉弧圈球。
- 连续拉弧圈球练习，一人防守，一人练习连续拉加转弧圈球。

三、乒乓球基本战术

（一）发球抢攻

1. 左推右攻打法中发球抢攻战术的应用

反手发右侧上、下旋球，发至对方中路靠右近网处，伺机进攻对方左侧（图11-28、图11-29）。这种战术对付弧圈球选手较为有效。

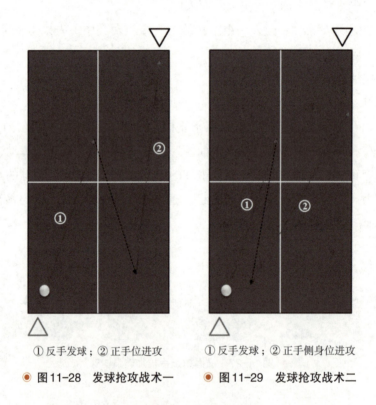

① 反手发球；② 正手位进攻　　① 反手发球；② 正手侧身位进攻

● 图11-28　发球抢攻战术一　　● 图11-29　发球抢攻战术二

2. 弧圈球打法中发球抢攻战术的应用

（1）战术一

反手发急下旋球至对方中路偏右或左方大角，当对方以搓球回击时，拉前冲弧圈球至对方正手（图11-30）。

（2）战术二

削球手一般可用速度快、落点长的球使对方退守，然后根据对方的站位和适应弧圈球的能力，决定拉哪种弧圈球向对方攻击（图11-31）。

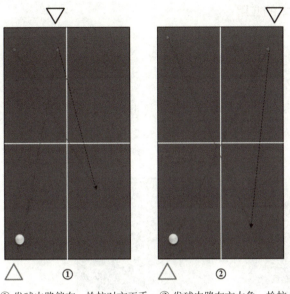

① 发球中路偏右，抢拉对方正手；② 发球中路左方大角，抢拉对方正手

● 图11-30　发球抢攻战术一

① 发直线大角长球；② 发斜线大角长球；③ 伺机正手抢拉

● 图11-31　发球抢攻战术二

（二）接发球抢攻

1. 两面攻（拉）打法中接发球抢攻战术的应用

（1）战术一

选手可积极运用接发球侧身攻或接发球挑打的方式抢攻，力争主动（图11-32）。

（2）战术二

用搓短球回接对方的发球，伺机以正反手进行抢攻（图11-33）。

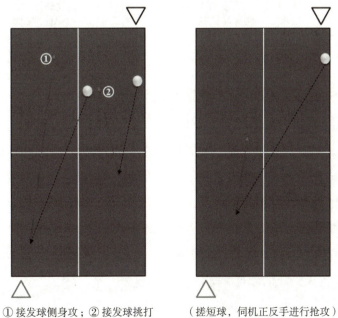

① 接发球侧身攻；② 接发球挑打

（搓短球，伺机正反手进行抢攻）

● 图11-32　接发球抢攻战术一　　● 图11-33　接发球抢攻战术二

2. 弧圈球打法中接发球抢攻战术的应用

（1）战术一：侧身冲或拉

对方发侧上旋球和强烈下旋球时，用加转弧圈球回击（图11-34）。

（2）战术二：搓中拉弧圈球战术

在对搓中应抓住时机，主动抢拉弧圈球。即在对搓短球时，突然加力搓左角长球，然后侧身拉加转弧圈球，找机会扣杀（图11-35）。

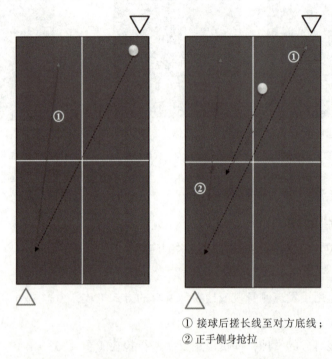

① 接球后搓长线至对方底线；
② 正手侧身抢拉

● 图11-34 接发球抢拉战术一：侧身冲或拉　　● 图11-35 接发球抢位战术二：搓中拉弧圈球战术

四、乒乓球竞赛主要规则

（一）乒乓球比赛场地与器材的规格

乒乓球正式比赛馆内包括可容纳4或8张球台的标准尺寸（长16米、宽8米、天花板高度不低于4米）的正式比赛场地，比赛区域还应包括比赛球台旁的通道、电子显示器、运动员休息区、教练员座席、竞赛官员区域、摄影记者区域、电视摄像区域以及颁奖区域等所需要的面积。场地内挡板高0.75米、宽1.4米或2米，颜色应与球台颜色相同。

乒乓球比赛所用球台长2 740毫米、宽1 525毫米、高760毫米，台面颜色一般为蓝色或墨绿色。球网高度为152.5毫米，球网伸出球台长度同样为152.5毫米。乒乓球比赛用球通常为白色或橙色无光泽的硬球，球体直径40毫米，重2.7克。乒乓球比赛用拍在尺寸、形状和重量方面不受限制，但底板应平整坚硬，且底板厚度至少应有85%的天然木材，且每层黏合层厚度不超过底板总厚度的75%或0.35毫米。球拍分为直板和横板两种。

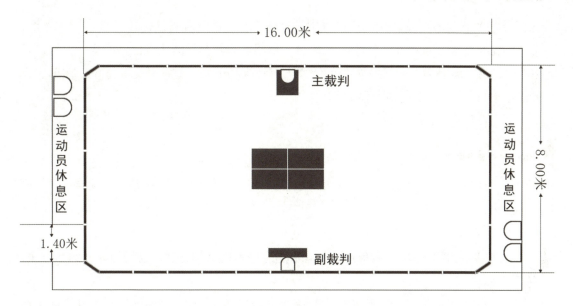

● 图11-36　乒乓球比赛标准场地示意图

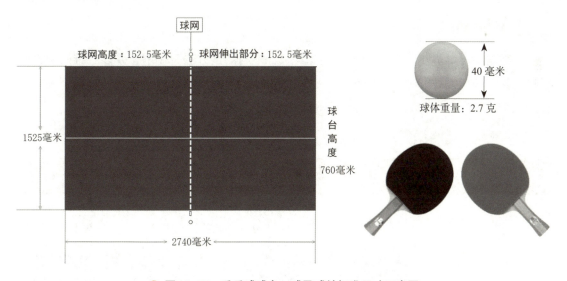

● 图11-37　乒乓球球台、球及球拍标准尺寸示意图

（二）乒乓球比赛的主要规则

乒乓球比赛分单项赛（男单、女单、男双、女双、混双）和团体赛（男团、女团）两大类。其中，单项赛采用七局四胜制，团体赛采用五局三胜制。在一局比赛中，先得11分的一方为胜方；当比分出现10平后，先多得2分的一方为胜方。一场比赛应连续进行，但在局与局之间，任何一名运动员都有权要求不超过1分钟的休息时间。

乒乓球比赛前的发球、接发球和场地的权力通过选择硬币的正反面来决定。选对者可以选择先发球或先接发球，或选择先在某一方，而另一方运动

链接11-1

国际乒联最新乒乓球竞赛规则

员应有另一个选择的权力。在比赛过程中,发球方每发两次球后成为接球方,以此类推,直至该局比赛结束。若双方比分都达到10分,依然实行轮换发球法且次序不变,但每人只轮发一球。在一局比赛中,某一方位的比赛方,在该场下一局应换到另一方位,在单项赛决胜局中当有一方满5分时应交换方位。

思考与练习

1. 世界乒乓球运动经历了几个发展阶段?中国乒乓球发展迅速并取得优异成绩的原因是什么?
2. 乒乓球运动具有哪些典型的特点和重要价值?
3. 尝试说出2—3项乒乓球运动发球和击球技术的动作方法、易犯错误及纠错方法、练习方式。
4. 观看一场乒乓球比赛视频,汇总并分析运动员们在比赛中主要使用了哪些技战术。

自主测评

本教材参考《青少年乒乓球运动技能等级标准与测试方法》一书,并以二维码的方式呈现了乒乓球运动技能中的入门级(3级)和普及级(4级)测试方法视频。扫描下表中的相应二维码后进行自我测评,看看自己的乒乓球技能有没有"入门"。

表11-11 青少年乒乓球运动技能等级标准与测试方法(部分)

等级一	等级二	科目一(25分)	科目二(25分)	科目三(25分)	科目四(25分)
入门级	3级	平击发球	反手推/拨(上旋)	正手攻球(上旋)	1/2台正手两点攻(上旋)
	测试方法				
普及级	4级	平击发球	反手推/拨(上旋)	正手拉弧圈球(上旋)	左推右拉(上旋)
	测试方法				

参考文献

[1] 周爱光，刘丰德.乒乓球运动[M].北京：高等教育出版社，2014.

[2]《乒乓球运动教程》编写组.乒乓球运动教程[M].北京：北京体育大学出版社，2013.

[3] 刘建和.乒乓球[M].北京：人民体育出版社，2006.

[4] 中国乒乓球协会.乒乓球国际竞赛官员手册（2014）[M].北京：人民体育出版社，2015.

[5] 全国青少年运动技能等级标准研制组.青少年乒乓球运动技能等级标准与测试方法[M].北京：科学出版社，2018.

第十二章 羽毛球运动

【本章导学】

本章概述了羽毛球运动的起源与发展、特点与价值以及重要组织与赛事,着重介绍了羽毛球运动的基本技术、基本战术和竞赛主要规则。其中,基本技术是参与羽毛球运动的基础,合理运用基本战术是提高竞技水平的关键一环,而了解竞赛主要规则是参与和欣赏比赛的必要条件。通过本章的学习,掌握握拍与站位、基本步法、发球、击球等基本技术,能够合理运用发球抢攻、攻中路和四方球等基本战术,培养勇敢顽强、坚韧不拔和遵守规则的精神,享受羽毛球运动的独特魅力。

一、羽毛球运动概述

（一）羽毛球运动的起源与发展

现代羽毛球运动诞生于英国。1873年，一位名叫鲍费特的公爵在自己庄园里宴请宾客，宾客中有几位英国驻印度退役军人提议开展游戏比赛。他们在场地中间拉了一根绳子代替网，由两人隔网用拍子相互击打毽球，并规定每局比赛有一定的分数限制。之后，因这项游戏富有趣味性便很快在英国流行起来。为了纪念此项运动的诞生地，这种游戏被称为"伯明顿"（Badminton）。1893年，世界上最早的羽毛球协会——英国羽毛球协会成立，该协会于1899年举办了第一届"全英羽毛球锦标赛"。20世纪初，羽毛球运动从当时的英联邦国家流传到亚洲、美洲、大洋洲，最后传到非洲。1934年，国际羽毛球联合会在伦敦成立。1939年，国际羽毛球联合会发布了《羽毛球竞赛规则》，随后羽毛球国际比赛逐渐增多且日益规范。20世纪20年代至40年代，欧美国家的羽毛球运动在世界范围内占据优势地位。进入20世纪50年代，亚洲国家在技术和打法上不断创新，印度尼西亚更是取得了羽毛球运动的霸主地位，自此羽毛球运动逐渐向亚洲发展。1978年2月，世界羽毛球联合会在我国香港成立。1981年5月，原国际羽毛球联合会和原世界羽毛球联合会正式合并（现称"羽毛球世界联合会"）。1992年，在巴塞罗那奥运会上，羽毛球被列为正式比赛项目，从此羽毛球运动进入新的发展时期，世界各体育强国更加重视羽毛球运动的开展。

羽毛球运动于20世纪初传入中国。中华人民共和国成立后，一批报效祖国的赤子带回了先进的羽毛球技术，同时组建了国家集训队。20世纪60年代是我国竞技羽毛球运动赶超世界水平的时期。1964年召开的第一次全国羽毛球工作会议明确提出了"快、狠、准、活"的技术风格和"以我为主、以快为主、以攻为主"的发展方向。1981年，国际羽毛球联合会重新恢复我国的合法席位，20世纪80年代我国运动员在各项国际比赛中获得65项世界冠军，创造了中国羽毛球历史上的辉煌时期。进入21世纪以来，中国国家羽毛球队在每届奥运会至少收获2枚金牌，在2012年伦敦奥运会上更是包揽了羽毛球项目全部的5枚金牌，创造了羽毛球项目上单个国家的最好成绩，也成了唯一可以实现包揽全部金牌的国家。

（二）羽毛球运动的特点与价值

1. 羽毛球运动的特点

（1）易开展，受众广

参与羽毛球运动只需要两只球拍、一个球和一个球网，在室内运动场、公园、生活小区皆可开展。羽毛球运动的参与门槛不高，初学者也可以打得有来有回。在开展形式上，既可以"单兵作战",也可以两人对练,甚至三对三练习。

(2)作用大,练全身

参与羽毛球运动的练习者可通过调整击球节奏控制运动强度,也可自由选择练习时间,使自身达到适宜的运动负荷目标。练习者在场地上不停地进行脚步移动、跳跃、转体、挥拍,既能够锻炼全身肌肉,又可活动全身关节,有效提升各项身体素质。

(3)变化多,有趣味

羽毛球运动攻防转换频率较高,击球节奏可快可慢,技术动作细腻多样,比赛结果充满不确定性。在羽毛球比赛或练习过程中,流畅的击球、激烈的进攻、顽强的防守、球未落地不放弃的精神,以及队友的鼓励欢呼使得该项运动充满乐趣。

2. 羽毛球运动的价值

(1)增强体质

巧妙的网前搓勾、迅猛的中场扣杀、有力的后场高远,以及敏捷的前中后场步法移动都需要击球者拥有较好的力量、速度、灵敏及柔韧等身体素质。个体练习技术或参与比赛能够增强骨骼肌肉的活动能力,提高神经系统的调节功能,改善呼吸和循环系统的工作能力。

(2)磨砺意志

比赛中双方运动员在进攻与防守、控制与反控制中不断转换,会消耗大量的体力,这就需要运动员克服身体疲劳并坚持到底。而这正是羽毛球运动对个人意志的磨砺。运动员长期坚持参与比赛,有利于塑造顽强的意志,提高战胜困难的勇气。

(3)娱人娱己

在羽毛球比赛中,步法与节奏的控制,挥拍与技巧的表现,激情与意志的展示,使得运动员乐在其中。同时,猛虎下山似的扑杀、蛟龙出水似的起跳、鲤鱼跃龙门似的扑救、闪电般的跨步救险等,也使旁观者欢欣鼓舞。

(三)重要组织与赛事

1. 羽毛球运动的重要组织

(1)羽毛球世界联合会

1934年,加拿大、丹麦、英国、法国、爱尔兰、荷兰、新西兰等国发起成立了羽毛球世界联合会的前身——国际羽毛球联合会,简称国际羽联。由于国际羽联拒绝中国、南非等国加入,拒绝修改章程中的不合理条款,1978年,13个亚洲国家和6个非洲国家在我国香港成立了世界羽毛球联合会,脱离了国际羽联。1981年,国际羽毛球联合会和世界羽毛球联合会正式合并,中国重新成为国际羽毛球联合会会员。

2006年,国际羽联全体大会将国际羽毛球联合会正式名称更改为羽毛球世界联合会(Badminton World Federation,BWF),简称"世界羽联"(图12-1)。世界羽联是一个受国际奥委会承认的国际性羽毛球运动管理组织,也是世界羽毛球运动最高管理机构。世界羽联的总部设于马来西亚吉隆坡,目前有193个正式会

● 图12-1 世界羽联标志

员协会（截至2019年）。

(2) 中国羽毛球协会

中国羽毛球协会（Chinese Badminton Association），简称"中国羽协"（图12-2），于1958年9月11日在武汉成立。中国羽协是具有独立法人资格的全国性群众体育组织，是代表中国羽毛球活动的最高社会团体，并且是代表中国参加相应的国际羽毛球活动及国际羽联的唯一合法组织。中国羽协由中国各省、自治区、直辖市、各行业体育协会、解放军羽毛球运动组织及其他合法羽毛球社会团体等组成。

● 图12-2 中国羽协标志

2. 羽毛球运动的重要赛事

(1) 奥运会羽毛球赛

奥运会羽毛球赛是羽毛球运动中最重要的赛事。国际羽联在1970年就着手准备羽毛球进入奥运会的工作，但直至1985年6月5日，在国际奥委会第90次会议上才决定将羽毛球列为奥运会比赛项目。1988年汉城奥运会，羽毛球以表演项目身份进行了首秀并取得成功。1992年巴塞罗那奥运会，羽毛球被列为正式比赛项目，并设置了男子单打、双打和女子单打、双打四个项目，1996年亚特兰大奥运会增设了羽毛球混合双打项目。截至2023年，在过去的8届奥运会上（共39枚金牌），中国选手获得了21枚羽毛奥运金牌，尤其是在2012年伦敦奥运会上，中国选手包揽了男子单打、双打，女子单打、女子双打，以及混合双打5枚金牌，成为了名副其实的世界羽毛球强国。

(2) 世界羽毛球锦标赛

世界羽联世界锦标赛（BWF World Championships），也被称世界羽毛球锦标赛，是一项由羽毛球世界联合会授权认可的最高级别的羽毛球单项锦标赛事。除举办夏季奥运会的年份外，本赛事每年举办一次，以决出5个项目（男子单打、女子单打、男子双打、女子双打和混合双打）的世界冠军。本赛事为一项个人赛事，参赛者资格由世界排名积分决定，并邀请世界羽联各会员协会为选手报名参加。每项赛事的胜出者，将获颁金牌和赋予"世界冠军"头衔。

(3) 汤尤杯

汤尤杯包括汤姆斯杯（Thomas Cup）和尤伯杯（Uber Cup）。汤姆斯杯，亦称世界羽毛球男子团体锦标赛，赛事以英国人乔治·汤姆斯命名，首届赛事于1949年在英国举行，初期每3年举办一届，1982年起改为每2年举办一届。在比赛中赢得最终胜利的队伍，其队伍名称将会被刻在杯身，并能将汤姆斯杯带回国，保留到下一届汤姆斯杯赛再归还。截至2022年，印度尼西亚国家队共14次夺得汤姆斯杯冠军，中国队紧随其后共获得10次汤姆斯杯冠军。尤伯杯，亦称世界羽毛球女子团体锦标赛，赛事以英国羽毛球运动员贝蒂·尤伯命名，首届赛事于1957年在英国举行，初期为每3年举办一届，1986年起改为每年举办一届，与汤姆斯杯在同期同地举办。截至2022年，只有5个国家获得过尤伯杯冠军：中国、美国、日本、印度尼西亚、韩国，其中以中国的成绩最为优异，共15次夺得冠军。

（4）苏迪曼杯

苏迪曼杯（Sudirman Cup），亦称世界羽毛球混合团体锦标赛，赛事以印尼"羽毛球之父"苏迪曼命名，始于1989年，每2年一届。至今只有3支国家队曾获得苏迪曼杯冠军，其中以中国国家队的成绩最为优异，共12次夺得冠军；其次是韩国队（4次冠军）和印尼队（1次冠军）。

二、羽毛球基本技术

（一）握拍与站位

1. 握拍

（1）正手握拍（本章均以右手握拍者为例）

左手握住拍杆，使拍面与地面垂直，再张开右手使手掌下部（小鱼际）靠在球拍的握柄底托部位，虎口对着球拍柄窄的一面，小指、无名指、中指自然略向下并拢，食指与中指稍稍分开，自然弯曲并贴在球拍柄上，掌心不要紧贴拍柄，留有一定间隙便于调节握拍动作和发力。在击球之前，握拍要放松、自然，击球时紧握球拍。一般来说，正手发球、右场区击球、右场区头顶击球和左场区绕头顶击球等都采用这种握拍（图12-3）。

● 图12-3　正手握拍与反手握拍示意图

（2）反手握拍

反手握拍分为两种形式：第一，在正手握拍的基础上，将球拍稍外旋，拇指上提，食指收拢，拇指压住拍柄的宽面，食指、中指、无名指和小指并拢。这种握拍主要运用在反手发小球、反手接杀球和反手挑球等。第二，在正手握拍的基础上，将球拍稍外旋，拇指上提，食指收拢，拇指压住拍柄的内侧小棱边，食指、中指、无名指和小指并拢。一般来说，左场区用反手击头顶、左侧和下手球采用这种握拍（图12-3）。

（3）西方式握拍

拍面与地面平行，以虎口对准拍柄的宽面。这种握法对双打中站位前场者较为有利，因这种握法拍面举得高，正对对方场区，便于封、拦、扑、压对方打来的平快球和网前球，不须变换握法。当前双打的发展趋势在于争夺前半场主动权，西方式握拍法则显出其优越性。

2. 站位

（1）发球站位

单打发球站在中线附近，距离前发球线约1米。双打发球站位则靠近前发球线。准备姿势：身体左肩侧对球网，左脚在前，右脚在后，重心在右脚，右手持拍向右后侧举起，肘部放松微屈，左手拇指、食指和中指夹住球，举在右前侧方。发球时，身体重心由右脚移至左脚。

（2）接发球站位

① 单打接发球站位。一般是在离发球线1.5米处，站在右发球区靠近中线的位置，在左发球区则是站在中线与边线的中间位置，目的是防止对手直接进攻反手部位。单打接发球的准备姿势：左脚在前，右脚在后，侧身对网，重心放在前脚，膝关节微屈，后脚跟稍提起，收腹含胸，注视对方发球的动作。

② 双打接发球站位。一般站位法要求运动员站在中线和前发球线适当距离处。在右半区时，注意不要暴露后场靠中线区域；在左半区时，注意保护头顶区域。稳妥站位法要求运动员站在离前发球线一定距离处，类似于单打站位法，适用于无法有效判断对方发球意图的情况。抢攻站位法要求运动员前脚紧靠前发球线，身体向前倾斜度较大，球拍高举。双打接发球准备姿势与单打基本相同，膝关节弯曲角度较大，便于快速起跳。

（二）基本步法

1. 上网步法

上右网前：如果站位靠前，可用两步交叉步上网（图12-4）；如果站位靠后场，则采用三步交叉跨步的移动方法（图12-5），即右脚向右前方迈一小步，左脚接着前交叉迈过右脚，然后右脚顺着这一方向向前跨一大步到位。

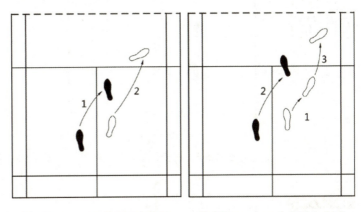

● 图12-4　两步交叉步上网　　● 图12-5　三步交叉步上网

为了加速上网，最后用上蹬跨步。变通一下三步上网方法，可采用垫步上网，右脚向右前迈一小步后，左脚快速跟进到右脚跟后，利用左脚掌内侧后蹬，右脚向右前跨出一大步（图12-6）。这样蹬得有力、跨得远，能争得网前高击球点做主动进攻，所以也称之为主动步法。

上左网前：如图12-7，只是方向与上右网前相反，其他相同。

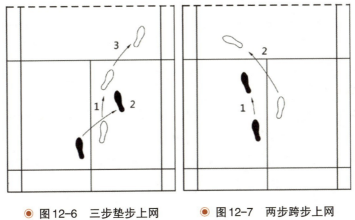

● 图12-6　三步垫步上网　　● 图12-7　两步跨步上网

2. 后退步法

正手后退右后场：凡后退步法一般用侧身后退才有利于到位后挥拍击球。如是右脚稍前的站位，则先解决右脚后蹬—髋部右后转—成侧身后退，然后采用三步并步后退或三步交叉步后退（图12-8、图12-9）。后退左后场正手绕头顶击球的步法与正手后退右后场步法基本相同，只有移动方向是左后而已。

反手后退左后场：反手左后场击球时身体必须向左后转，这时背向网，以利于移动到位后挥拍击球（图12-10、图12-11）。

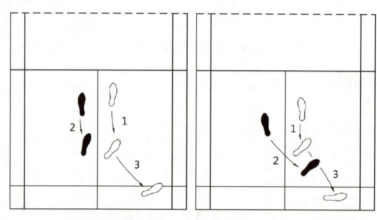

● 图12-8　三步并步后退　　● 图12-9　三步交叉步后退

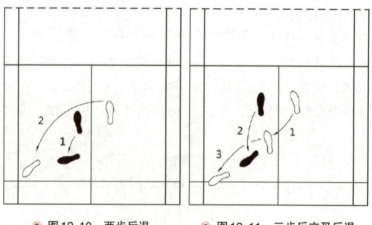

● 图12-10　两步后退　　● 图12-11　三步后交叉后退

3. 两侧移动步法

向右侧移动：两脚开立，右脚跟稍提起，利于向两侧起动。离球较近时，用蹬跨步（一步）到位击球；若距来球较远，则垫一小步后蹬跨到位（图12-12、图12-13）。

向左侧移动：与向右侧移动的站法相同。距来球较近，可一步蹬跨到位击球；离球较远，则左脚先移一小步，然后向左转身，右脚跨大步到位（背向网）反手击球（图12-14、图12-15）。

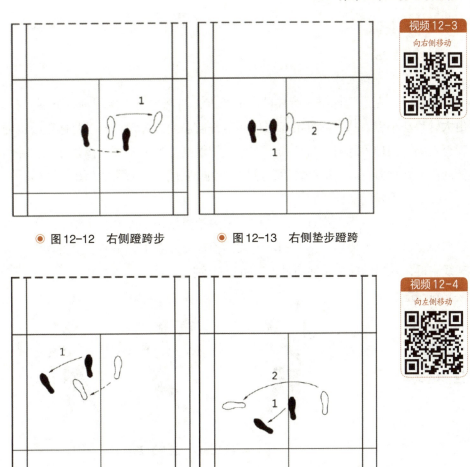

● 图 12-12　右侧蹬跨步　　● 图 12-13　右侧垫步蹬跨

● 图 12-14　左侧蹬跨步　　● 图 12-15　左侧垫步蹬跨

4. 腾跳步法

脚步到位后，为了争取战机和更高的击球点，用单脚或双脚起跳，居高临下，凌空一击，称为腾跳步法（图 12-16）。上网、后退、两侧移动都可运用这种腾跳步。

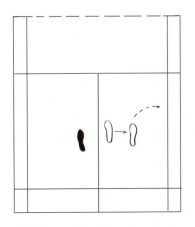

● 图 12-16　右侧起跳腾空步

(三) 发球

1. 动作要领

(1) 正手发高远球

发球时，左手把球举在身体的右前侧方并自然放下，使球垂直下落，右手同时挥拍，由大臂带动小臂，从右后方沿着身体向前并向左上方挥动，同时身体重心也随之从右脚移动至左脚。当球落到右手臂向前下方伸直能触到球的一刹那，握紧球拍，并利用手腕的力量向前上方发力击球。击球之后，球拍顺势向左上方挥动缓冲（图12-17）。

(2) 正手发网前球

准备姿势同正手发高远球。击球时，握拍要放松，大臂动作要小，主要靠小臂带动手腕向前切送，用力要轻（图12-18）。发网前球时注意手腕不能有上挑动作，落点要在前发球线附近，发出的球要贴网而过，以防止对手扑杀。

视频12-5 正手发球

● 图12-17 正手发高远球

● 图12-18 正手发网前球

(3) 反手发网前球

面向球网，右脚在前，左脚在后并提起脚跟，上体稍前倾，身体重心落在右脚。右手屈肘抬臂，用反手握拍将球拍横举在腰间，拍面在身体左侧腰下。左手拇指与食指捏住球的两三根羽毛，球托朝下或球托正对拍面。击球时，前臂带动手腕向前推送球拍，拍面触球时呈切削式击球或推送，使球的飞行弧线略高于网顶，下落到对方前发球线附近（图12-19）。

(4) 反手发平快球

反手发平快球时，球拍的挥动方向与反手发网前球一样，只是在击球的一刹那，手腕要有弹性地击球，使拍面与地面的角度接近垂直，将球击到双打后发球线以内的区域（图12-20）。

● 图12-19　反手发网前球　　● 图12-20　反手发平快球

2. 易犯错误

● 表12-1　发球易犯错误及纠正方法

序号	易犯错误	纠正方法
1	正手发高远球时出现屈臂动作	应以手臂协调用力，击球时展腕发力，并注意击球拍面有适当的仰角
2	放球与挥拍时间、空间配合不好	反复练习放球，挥拍击球时，眼睛看球或击打固定球；用绳把羽毛球吊在适当高度，反复做发球挥拍击球动作练习，体会球与拍之间的距离感和手臂的发力过程
3	击球过程中身体未随重心转移	徒手挥拍练习，直到身体随动作整体地协调移动重心；或对墙按照发球的动作要领反复练习

3. 学练方式

挥拍练习：按照抛球、向后引拍、挥拍击球、随挥动作等环节，从分解动作过渡到完整动作。练习过程最好对着镜子，增加练习效果。

正反手垂直击球、颠球练习：用发球或者正反手挑球的手法将球向正上方挑起，可以用力大些，从而练习具体姿势和发力，提高球感，加强手指、手腕击球的力量。

对墙发球练习：在墙上画一条与网齐高的线，发球（正手、反手发网前球）时瞄准墙上的线。开始时可离墙近些，待动作的熟练性、准确性提高后，逐步拉开与墙的距离。

（四）击球

羽毛球击球技术方法，包括击高球、吊球、杀球、搓球、推球、勾球、扑球、抽球、挡球等，每一种技术又可以分为正手和反手击球。下面主要介绍正手击高远球、正手平抽球和反手网前挑高球。

1. 正手击高远球

（1）动作要领

当对方击来底线高球时，先移动到适当位置，使来球在自己的前上方，侧身对球网；左脚在前，右脚在后，两脚与肩同宽，重心在右脚上，右脚尖略对边线；左手自然上举，持拍手举起向后引拍，肘关节弯曲，比肩略低，屈臂举于右侧，眼睛注视来球。击球时，上臂后引，肘关节上提，球拍后引到头部，自然伸腕（拳心朝上），后脚蹬地，转体收腹协调用力，以肩为轴，在手臂伸直到最高点击球。击球后，持拍手臂惯性往前下方挥动，随着身体快速回旋至体前，还原成正面向前准备击球姿势（图12-21）。

图12-21　正手击高远球

（2）易犯错误

表12-2　正手击高远球易犯错误及纠正方法

序号	易犯错误	纠正方法
1	击球时拍形不正确	正对墙，肘关节朝前并高于肩，握拍放松垂挂于背后，向上挥拍使拍面平行于墙面，体会上臂内旋和拍面正对前方的感觉
2	击球点低、偏前或偏后	用一根细绳将球挂在适当高度，练习者抬头看球并向上挥拍，在挥拍的最高点接触球，反复练习并体会手臂伸直时击球的感觉

（3）学练方式

原地抛球练习：按照技术要领进行上手投掷球练习，持拍手拇指、食指和中指夹住球，先体会发力，然后过渡到完整的动作；出手前保证球头向前，使球飞出后有一定的弧线。

挥拍练习：由分解动作侧身站位—转体移动重心—向上挥拍击球，逐渐过渡到完整挥拍练习；原地挥拍较熟练后，练习一步或多步移动后的正手击高远球挥拍动作。

定点或移动击球练习：定点—对一直线、斜线击高远球，左右场区各点交替进行；同伴在底线固定点击高远球，练习者前后移动回击高远球。

2. 正手平抽球

（1）动作要领

两脚左右开立与肩同宽，右脚前出半个脚掌，身体半蹲站立，右手持拍抬举于肩上，握住拍柄前端，以肩为轴，大臂带动前臂后倒，经外旋回环带动手腕伸展引拍。击球时，前臂迅速向前内旋，肘关节向后摆动带动手腕屈收发力，主要是用前臂与手腕的力量向前推压击球，击球时加大前臂与手腕力度，击球后前臂与手腕要迅速制动，及时回拍（图12-22）。

● 图12-22　正手平抽球

（2）易犯错误

● 表12-3　正手平抽球易犯错误及纠正方法

序号	易犯错误	纠正方法
1	击球点在体后或过于靠近身体	牢记抬手举拍，确保球拍正面击球；击球前握拍要松，以便应对不同方向的来球
2	出球弧线过高	减小拍面后仰角度，击球时瞄准球网线，通过压网控制球的飞行高度

（3）学练方式

挥拍练习：原地和移动中徒手挥拍练习，练习顺序由分解动作到完整动作。

对墙练习：快速对墙挥拍练习，然后在墙上划定区域，正手平抽球至目标区域，逐渐缩小目标区域，提高击打精准性。

同伴喂球练习：同伴喂多球，定点抽球练习，熟练后过渡到移动过程中抽球练习；两人隔网原地抽球对练，熟练后过渡到两人隔网移动中抽球对练。

3. 反手网前挑高球

（1）动作要领

挑球前身体先迅速转向左侧球网，最后一步适当降低身体重心，成右弓箭步，右脚尖正对来球方向。前臂旋内前伸，手腕稍外展，采用反手握拍法，将球拍引至左下方。击球时，主要利用前臂旋外、伸腕和拇指顶压拍柄的力量，在身体左侧前下方，向左前至右上方挥拍击球托底部，将球向前上方击出。击球后，右脚稍内扣蹬地回收，球拍收回至胸前还原成准备姿势（图12-23）。

图12-23　反手网前挑高球

（2）易犯错误

表12-4　反手网前挑高球易犯错误及纠正方法

序号	易犯错误	纠正方法
1	引拍不充分或引拍动作过大	将拍头向左侧肩膀处引，肘关节向前抬起，然后引拍画弧线击球
2	击球点偏后或太靠近身体	正确的挑球击球点应在自己身体的外侧偏前的位置，即手、脚、球在同一条直线上

（3）学练方法

挥拍练习：由分解动作侧身站位—向左下方引拍—向右上方挥拍击球，逐渐过渡到完整挥拍练习；练习较熟练后，练习一步或多步移动后的反手网前挑高球挥拍动作。

同伴抛球原地练习：练习者在网前呈挑球准备姿势，同伴在网对面抛球；或同伴在后场两点吊球，练习者将球挑至左/右区底线。

同伴喂球移动练习：练习者在中前场呈准备姿势站好，同伴在网对面抛球；或同伴在后场两点吊球，练习者启动至前场挑球至对方左/右区底线，然后退至中场位置再进行下一拍挑球。

三、羽毛球基本战术

（一）发球抢攻

根据对方的站位、反击能力、接发球路线和当时的思想状态等因素，有目的、有意识地采用多变的发球，争取从发球开始掌握场上的主动权，为自己创造进攻机会。发球抢攻战术一般以发网前球、平射球和后场高远球为主。在比赛进入关键时刻、比分出现相持状况时，球员使用该战术往往能占据主动、打破僵局。

1. 发网前球

发球前观察对方的站位，如果对方站位偏后，通过发网前球迫使对方挑球、推球或出现接球下网。如果对方在接发球的时候反应和移动稍慢，其接发球的质量就可能不高，这时可通过扑杀或快速平推底线两角，造成对方失误。

2. 发平射球

如果对方接发球员的技术水平较差或反应比较慢，在发球的时候可以对准接发球员的身体发平射球，使接发球员在接球时来不及移动；或不习惯打追身球而匆忙被动回球，从而出现伺机杀球或上网扑球的机会。

3. 发后场高远球

发球前观察对方的站位，如果对方站位稍靠前场，通过发后场高远球将球打到对方的后场底线，迫使对方匆忙后退造成回球不到位，伺机进行杀球或吊球，致使对方出现失误。

（二）攻中路（双打）

当对方在防守状态下左右分区站位时，应尽可能地将球击打到对方两人之间的中场空当区域（图12-24）。在这种战术下，对方可能因抢球或让球造成失误，或者对方因回球角度较小，有利于封网[1]。

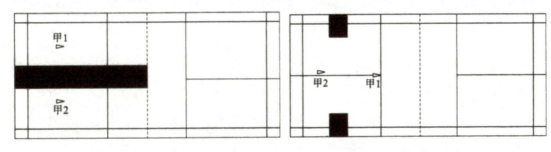

● 图12-24　攻中路示意图

当对方在进攻状态下处于前后站位时，可将球击到对方中场两人前后之间、靠近边线的位置。这种战术使对方前场球员难以拦截，也可使后场球员下手击球放网或挑高球，本方可趁机攻打对方后场空当或杀其追身球。该战术亦可适用于本方接发网前球。

（三）四方球

四方球是以高球或吊球将球快速、准确地击打到对方场区的四个角，调动对方

---

[1] 封网是一种战术意识，是指后场队友大力扣杀或者以其他方式进攻的时候，另一名队友在网前封住对手可能的回球线路的一种打法。

前后左右奔跑,当对方无法及时回到中心位置或回球质量较差时,攻击其空当位置(图12-25)。四方球战术要求运动员具有较强的控球能力和快速、灵活的步伐,以及较强的进攻能力。在面对体力差或反应和步伐慢的对手时,使用此战术比较有效。

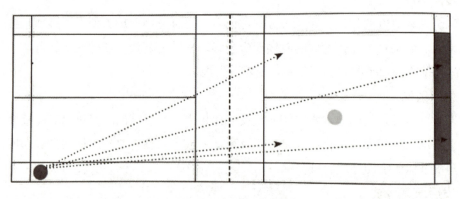

图12-25 四方球示意图

四、羽毛球竞赛主要规则

(一)羽毛球运动场地与器材

1. 羽毛球运动场地

羽毛球场地长度为13.40米,双打场地宽为6.10米,单打场地宽为5.18米,球场上各条线宽均为4厘米(图12-26)。整个球场上空9米内、球场四周2米内不得有任何障碍物。从球场地面起,网柱高1.55米,放置在双打的边线上。球网上下宽0.76米,左右长6.10米,球场中央网高1.524米,双打边线处网高1.55米。

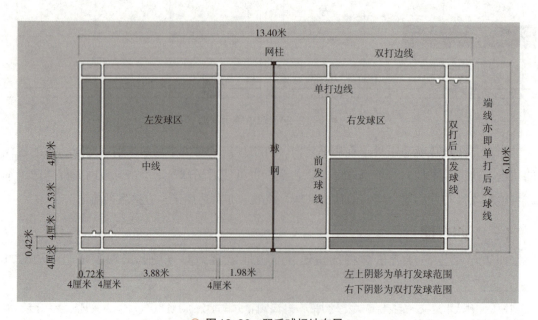

图12-26 羽毛球场地布局

2. 羽毛球运动器材

（1）羽毛球

天然材料制作的羽毛球应由16根羽毛固定在球托上，每根羽毛从球托面至羽毛尖的长度统一为62—70毫米，羽毛顶端围成直径为58—68毫米的圆形。羽毛应用线扎牢。球托底部为直径25—28毫米的球形。羽毛球重4.74—5.50克。

（2）球拍

羽毛球球拍长度不超过680毫米，其中球拍柄与球拍杆长度不超过400毫米，拍框长度不超过280毫米、宽度不超过230毫米。

（3）球鞋

羽毛球比赛规则

羽毛球鞋是进行羽毛球运动的专用鞋。与普通运动鞋相比，羽毛球鞋的减震性、防滑性、耐磨性和防扭性更好。羽毛球鞋能够有效降低运动损伤风险、提高运动表现，并能保护羽毛球场地。因此，建议穿专业的羽毛球鞋上场打球。

（二）羽毛球运动竞赛规则

1. 挑边

比赛开始前，裁判员抛掷硬币主持挑边。赢方在"先发球或先接发球"或"在一个场区或另一个场区开始比赛"中做出选择。输方接受余下的一项。

2. 计分规则

① 除非另有规定，一场比赛应以三局两胜定胜负。

② 除计分规则④和规则⑤的情况外，先得21分的一方胜一局。

③ 对方"违例"或球触及对方场区内的地面成死球，则本方得一分。

④ 20平后，领先得2分的一方胜该局。

⑤ 29平后，先到30分的一方胜该局。

⑥ 一局的获胜方在下一局首先发球。

3. 交换场区规则

交换场区的3种情况：① 第一局结束；② 第二局结束（如果有第三局）；③ 在第三局比赛中，一方先得11分时。若比赛双方未按以上规则交换场区，一经发现应立即交换场地，但已得分数有效。

4. 发球

（1）合法发球

① 一旦发球员和接发球员做好准备，任何一方都不得延误发球；② 发球时，发球员球拍的拍头做完后摆，任何迟滞都是延误发球；③ 发球员和接发球员，应站在斜对角的发球区内，脚不得触及发球区和接发球区的界线；④ 从发球开始至发球结束前，发球员和接发球员的两脚，都必须有一部分与场地的地面接触，不得移动；⑤ 发球员的球拍，应首先击中球托；⑥ 发球员的球拍击中球的瞬间，整个球应低于发球员的腰部，腰部的位置是指发球员最

低肋骨下缘的水平切线；⑦发球员的球拍击中球的瞬间，拍杆和拍头应指向下方；⑧发球开始后，发球员必须连续向前挥拍，直至将球发出；⑨发出的球应向上飞行过网，如果未被拦截，球应落在规定的接发球区内（即落在界线上或界线内）；⑩发球员发球时，应击中球。

（2）发球高度

发球（点）高度不能超过1.15米。

（3）发球开始

一旦运动员站好位置准备发球，发球员的球拍头开始向前挥动，即为发球开始。

（4）发球结束

一旦发球开始，发球员的球拍击中球或未能击中球，均为发球结束。

（5）发球时机

发球员应在接发球员准备好后才能发球，如果接发球员已试图接发球，即被视为已做好准备。

（6）发球站位

双打比赛发球时，发球员和接发球员的同伴应在各自的场区内。其站位不限，但不得阻挡对方发球员或接发球员的视线。

5. 发球区错误

一是发球区错误：①发球或接发球顺序错误；②在错误发球区发球或接发球。

二是如果发现发球区错误，应在死球后予以纠正，已得分数有效。

6. 违例

第一，不合法发球（与前述发球规则4中的"合法发球"相反）。

第二，球发出后：①球停在网顶；②球过网后挂在网上；③接发球员的同伴接到球或被球触及。

第三，在比赛进行中，球：①落在场地界线外（即未落在界线上或界线内）；②未从网上越过；③触及天花板或四周墙壁；④触及运动员的身体或衣服；⑤触及场地外其他物体或人；⑥被击时停滞在球拍上，紧接着被拖带抛出；⑦被同一运动员两次挥拍连续两次击中，但一次击球动作中，球被拍框和拍弦击中不属违例；⑧被同方两名运动员连续击中；⑨触及运动员球拍，而未飞向对方场区。

第四，在比赛中，运动员：①球拍、身体或衣服，触及球网或球网的支撑物；②球拍或身体，从网上侵入对方场区（击球时，球拍与球的接触点在击球者网这一方，而后球拍随球过网的情况除外）；③球拍或身体，从网下侵入对方场区；④妨碍对方，即阻挡对方紧靠球网的合法击球。

第五，运动员做出故意延误或中断比赛、故意改变或损坏球、故意分散对方注意力的任何举动（如喊叫、做手势等）和举止无礼等不端行为。

7. 重发球

一是由裁判员或运动员（未设裁判员时）宣报"重发球"，用以中断比赛。

二是以下情况为"重发球"：① 发球员在接发球员未做好准备时发球；② 在发球过程中，发球员和接发球员都被判违例；③ 发出的球被回击后，球停在网顶或球过网后挂在网上；④ 在比赛进行中，球托与球的其他部分完全分离，即球完全破损；⑤ 在比赛中，不可预见或意外的情况发生，如外界器物侵入场区；⑥ 裁判员认为比赛被干扰或教练员干扰了对方运动员的比赛；⑦ 司线员（负责判断球是否出界的人员）未能看清，裁判员也不能做出裁决时。

三是"重发球"时，该次发球无效，原发球员重新发球。

8. 死球

第一，球撞网或网柱后，开始向击球者网这一方的地面落下。

第二，球触及地面。

第三，裁判员宣报了"违例"或"重发球"。

思考与练习

1. 简述羽毛球运动的特点及其价值。
2. 简述羽毛球运动中正手发高远球的动作要领和学练方式。
3. 列举在羽毛球比赛中常用的战术，并对其中一项战术进行简要介绍。

自主测评

1. 正手发高远球

测试方法及要求。 被测试者站在右区或左区前发球线后，运用下手击球技术，发出的球应以较高弧线飞行。垂直下落到对方场地右或左区的规定区域内，先进行右区测试，再进行左区测试，左右各10个球，共20个球。

落点区域划分与分值。 后场：单打场地左右区的端线后沿至双打后发球线0.76米后沿为3分区，双打后发球线后沿向前1米区域为2分区，双打后发球线后沿向前1米至前发球线前沿的区域为1分区（图12-27）。

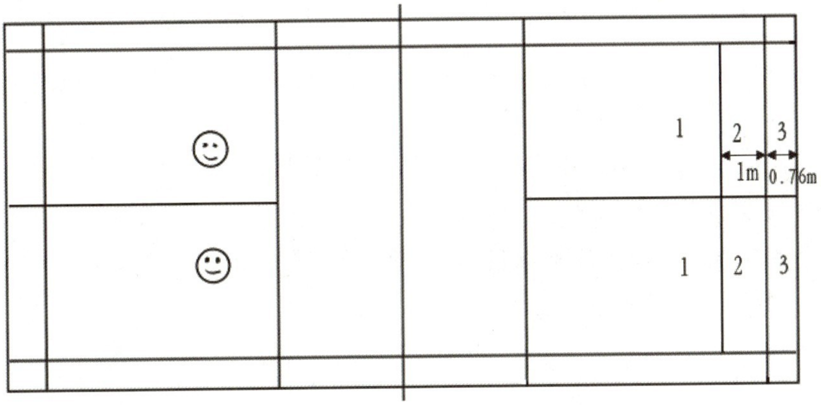

图12-27 落点区域划分与分值示意图

评分方法。被测试者发出的高远球飞行弧线过低时,考官有权视为无效球,不计入测试成绩。测试总得分达到36分以上时,为测试合格。

2. 后场定点正手直线击高远球

测试方法及要求。助考员站在中场附近,利用下手发高远球技术向被测试者的正手区后场连续发球10次,被测试者站在正手区后场位置附近,运用上手击球技术,直线击球以较高弧线落到对方后场规定区域内,连续击打10个球。

落点区域划分与分值。后场:单打场地左区的端线至双打后发球线后沿向前1米处规定为落点区域,单打边线外沿向内测量1米画线,与双打后发球线将左区落点区域划分为4个分值区域(图12-28)。

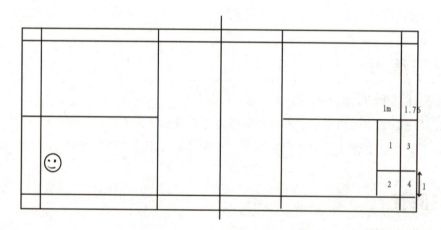

● 图12-28　落点区域划分与分值示意图

评分方法。被测试者高远球飞行弧线过低时,考官有权视为无效球,不计入测试成绩。测试总得分达到14分及以上为测试合格。(注意:被测试者在后场击球时,可选择原地及起跳方式进行击球)

参考文献

[1] 汤仙虎,李开颖,王华龙.羽毛球运动技术图解[M].北京:人民体育出版社,1988.

[2] 夏云建.羽毛球基础技术教程[M].武汉:华中科技大学出版社,2019.

[3] 金尧,羽毛球教程[M].上海:上海交通大学出版社,2020.

[4] 张星杰.手把手教你打羽毛球[M].北京:人民邮电出版社,2016.

[5] 全国青少年运动技能等级标准研制组.青少年羽毛球运动技能等级标准与测试方法[M].北京:科学出版社,2018.

第十三章 网球运动

【本章导学】

本章主要对网球运动的起源与发展、特点与价值、主要组织及赛事、网球基本技术和战术,以及主要竞赛规则进行了概述。其中,在网球基本技术部分,重点对网球的基本握拍法、站位与步法进行了介绍,同时对网球的发球和击球技术的动作方法、易犯错误和学练方法进行了分析。通过本章学习,能够了解网球运动的发展历史、主要组织和重要赛事,掌握网球运动的握拍、站位、步法、发球和正反手击球等基本技术,能够在网球竞赛中熟练运用发球和接发球等基本战术。

一、网球运动概述

（一）网球运动的起源与发展

1. 网球运动的起源

网球与高尔夫球、台球、保龄球共称为"世界四大绅士运动"。网球游戏最早起源于12—13世纪的法国，法语称这种游戏为"jeu depaume"（掌球戏）。14世纪中期，法国一位诗人将这种游戏带到法国宫廷中，并受到法国皇室贵族的喜爱，逐渐成为皇室贵族日常消遣的主要游戏。当时这种游戏主要在宫廷内的大厅进行，没有球网也没有球拍，球是使用布料卷成圆形后用绳子绑成的。场地中间架起一条绳子为界，以两手掌作为球拍，将球在绳子上方来回击打，法语称为"Tennez"，英语意为"Take it! Play"，即"抓住！丢过去"。后来，欧洲人在掌握橡胶技术后做出了有弹性的球，且人们公认的埃及坦尼斯镇生产的球皮最佳，所以网球也被称为"tennis"。同时期，法国王储将网球游戏介绍给英王亨利五世，并受到英王的喜爱，之后在英国宫廷、贵族之间流行开来。

2. 网球运动的发展

现代网球运动一般被认为始于1873年。英国的温菲尔德少校对早期的网球打法进行了改进，使之成为夏天在草坪上进行的一种体育活动，并将其命名为"草地网球"（Lawn Tennis）。1875年，英国俱乐部制定了详细的网球比赛规则，并于1877年举办了全英草地网球男子单打锦标赛，即后来闻名全球的温布尔登网球赛，这标志着现代网球运动的兴起。1912年3月1日，澳大利亚、英国、法国等12个国家的网协代表在巴黎召开会议，成立了国际网球联合会。1980年，中国网球协会被接纳为该会正式会员。1945年至20世纪60年代，网球趋向职业化。自1963年开始举办女子团体赛联合会杯赛。1972年，国际男子职业网球选手协会成立。1973年，国际女子网球协会成立。此后，网球运动得到了快速发展。

（二）网球运动的特点与价值

1. 网球运动的特点

（1）趣味性浓

网球是一种球类游戏，充满娱乐成分。大力的发球，底线的抽杀，成功的截击，配合的默契，局点、破发、盘点、占先、落后，变化无常，使人沉浸其中，乐此不疲。网球极具观赏性，令人如痴如醉，受到人们的喜爱。如今一些重大的国际赛事备受关注，像法国网球公开赛、温布尔登公开赛、美国网球公开赛等比赛，已经成为全世界网球迷的节日。

（2）时尚性强

进入21世纪以来，休闲逐步走进普通人的生活。时尚运动成为时代的宠儿，网球运动由于其本身的特点与魅力深受人们的青睐。随着人们生活水平的提高，提高生活质量、拓宽生活时空、扩大社会交往成为一种需要，网球走进人们的生活，成为社会时尚，被人们广泛喜爱。

（3）竞争性大

网球运动是一项竞争性很大的体育项目。它不但是身体素质、技术水平、战术素养的比拼，也是意志品质、精神风貌、人格魅力的较量，还是双方队员全面素质的抗衡。由于网球运动本身的特点、规则和赛制要求，其竞争性十分激烈。每一分、每一局、每一盘都变化无穷，这就需要运动员全身心地投入，去争取、去拼搏，在激烈的比赛竞争中克服各种困难、战胜自我、超越自我、打出风采、打出水平，使技能得到提高、精神得到升华、境界得到提升。

2. 网球运动的价值

（1）益智价值

网球比赛过程形势的错综复杂，要求参赛者要善于观察对方的技术特点，揣摩对方的战术意图，并根据赛场实际情况决定战术对策，果断地给对方出其不意的一击。双方参赛运动员的智力角逐是非常激烈的，运动员动作表现也极其复杂，如运用各种假象、假动作迷惑对方，扰乱对方的常规思维，给对方增加心理压力，使对方产生错误的判断。运动员为了争取比赛的胜利，要对赛场上可能发生的情况进行预测，分析对方最有可能采用的战术选择，确定自己的策略，从而予以准确还击。因此，网球运动是一项智力因素极强的运动项目。

（2）健身价值

网球运动是一项以有氧、无氧运动相互交替的运动。在比赛中，选手们在底线打对攻战，或在底线两侧来回奔跑，或跑到网前救小球，这需要比常人更大的肺活量来支持。因此，网球运动能有效提高人体的呼吸系统功能。此外，经常参与网球运动，可大大增强速度、力量、柔韧、灵敏等身体素质，从而提高人体的运动能力。

（3）愉心价值

网球运动对人体感知、思维、记忆、情感、意志、品质、个性、心理特征等方面都有积极的影响。每次击球都要对来球力量、空中运行速度、落点、旋转性能等进行判断，这要求人体视觉、听觉等感觉机能的高度兴奋，从而提高中枢神经系统的灵活性和思维的敏捷性。在完成各种技术动作和与对手斗智斗勇的拼搏过程中，人体体验到兴奋、喜悦、激动、遗憾等强烈鲜明、丰富多样的情感，对于疲劳的大脑和紊乱的情绪都能起到一种积极有益的调节作用。

（三）网球运动的主要组织及赛事

1. 网球运动主要组织

（1）国际网球联合会

国际网球联合会（International Tennis Federation，ITF）（图13-1）成立于1913年，总部设在伦敦，中国网球协会于1980年被接纳为该组织的正式会员。国际网球联合会是世界网球组织的最高权力机构，其主要职责是：负责有关网球比赛的一切事务；负责制定网球规则；为发展中国家的网球教练开设培训班；推动各国网球协会做好本地区网球运动的普及工作；提高人们对网球的兴趣、吸纳更多的人参与网球运动、促进世界网球运动的发展。

（2）世界男子职业网球协会

世界男子职业网球协会（Association Tennis Professionals，ATP）（图13-2）成立于1972年。它是世界男子职业网球选手的"自治"组织机构。其主要任务是协调职业运动员和赛事之间的伙伴关系，并负责组织和管理职业选手的积分、排名、奖金的分配，以及制定比赛规则和给予或取消选手的参赛资格等项工作。世界男子职业网球协会每年所举办的主要大赛有：四大公开赛、大师杯系列赛锦标赛、挑战赛等80个左右的赛事，分别在六大洲34个国家举行。

（3）国际女子网球协会

国际女子网球协会（Women's Tennis Association，WTA）（图13-3）成立于1973年。它是世界女子职业网球选手的"自治"组织，其主要任务是组织职业选手的各种比赛，主要是国际女子网球协会巡回赛，以及管理职业选手的积分、排名、奖金分配等。国际女子网球协会的工作是代表职业球员的利益，保证世界上职业球员都能有机会参加比赛，并在比赛中打出水平；协调与赞助商、赛事主办者之间的关系，推动网球运动的发展。

图13-1 国际网球联合会标志

图13-2 世界男子职业网球协会标志

图13-3 国际女子网球协会标志

2. 网球运动重要赛事

（1）四大网球公开赛

四大网球公开赛也称网球四大满贯，是网球运动荣誉级别最高的赛事，分别是温布尔登网球公开赛（Wimbledon Tennis Championships）、澳大利亚网球公开赛（Australian Open）、法国网球公开赛（French Open）和美国网球公开赛（US Open），分别简称为温网、澳网、法网和美网（图13-4、图13-5、图13-6、图13-7）。按比赛场地类型，澳网与美网为硬地赛，法网为红土赛，温网为草地赛。

● 图13-4　温网标志　　● 图13-5　澳网标志　　● 图13-6　法网标志　　● 图13-7　美网标志

（2）戴维斯杯网球锦标赛

戴维斯杯（Davis Cup）（图13-8）为世界上极受瞩目的国家对国家的男子网球团体赛事，也是世界网坛层次最高、影响最大的国际性团体赛，由国际网球联合会负责组织。因是美国人戴维斯（Davis）倡议举办，并捐赠银质奖杯授予冠军队，故名戴维斯杯网球锦标赛。

（3）联合会杯网球赛

联合会杯网球赛（Fed Cup），是世界最重要的国家女子网球团体赛事，创立于1963年。联合会杯是每年一度的世界女子网球团体赛，也是世界网坛层次最高，影响最大的国际性女子团体赛。2020年9月17日，国际网球联合会宣布，原女子网球团体赛事联合会杯，将正式更名为"比利·简·金杯"（图13-9），以此来纪念这位女子网球发展的先驱。

● 图13-8　戴维斯杯标志

● 图13-9　比利·简·金杯标志

二、网球基本技术

（一）网球握拍法

网球拍主要由拍头、拍喉和拍柄三部分组成（图13-10）。不同方式的握拍则主要以拍柄的各条棱线为参考。网球的基本握拍法大致分为4类：大陆式、东方式、半西方式、西方式。如图13-11所示，详细介绍的握拍法中需要首先明确的是食指指根所对应的拍柄平面（以右手持拍者为例，左手持拍者握拍动作则相反，下同）。

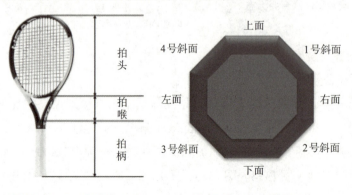

● 图13-10　网球拍组成　　　● 图13-11　网球拍柄

1. 大陆式握拍法

握法：如图13-12所示，虎口贴于上面。

特点：大陆式握拍法适合打出平击、削球，是在发球、网前截击、高压球技术运用时的最佳握拍方式。但是，底线打出上旋球的能力较弱。在底线多拍相持中，其出错率高于其他握拍打法。

图13-12　大陆式握拍法

2. 东方式正手握拍法

握法：如图13-13所示，虎口贴于1号斜面。

特点：东方式正手握拍在正手击球过程中易于击出略带上旋的平击球，通常是以速度为主、上旋为辅打法的握拍方式之一。

图13-13　东方式正手握拍法

3. 半西方式正手握拍法

握法：如图13-14所示，虎口贴于右面。

特点：半西方式正手握拍是当前职业球员，特别是女子球员中使用最多的一种握拍方式。其在底线正手击球时可攻可守，平击球和上旋球兼顾、转换自如。

图13-14　半西方式正手握拍法

4. 西方式正手握拍法

握法：如图13-15所示，虎口贴于2号斜面。

特点：西方式正手握拍在底线正手击球时拍面处于自然前倾，易打出强烈上旋球，效果通常是过网高、弧度大、落地后有向上与向前的加速弹跳。在底线多拍相持中，其稳定性有明显优势，同时对步法移动和体能储备有较高的要求。

图13-15　西方式正手握拍法

5. 东方式反手握拍法

握法：如图13-16所示，虎口贴于4号斜面。

特点：东方式反手握拍在击球过程中易于击出略带上旋的平击球，通常是以速度为主、上旋为辅打法的握拍方式之一。

图13-16　东方式反手握拍法

6. 半西方式反手握拍法

握法：如图13-17所示，虎口贴于左面。

特点：半西方式反手握拍在底线击球时拍面处于自然略前倾状态，击球时通常以上旋球为主，平击为辅。这种握拍方式在男子职业单反球员中采用得较多。

图13-17　半西方式反手握拍法

7. 双手反手握拍法

握法：如图 13-18 所示，右手采用大陆式握拍法，左手采用半西方式握拍法。

特点：双手反手握拍是广为采用的反手击球握拍方式，相当于右手做反手击球，而左手做正手击球。

图 13-18　双手反手握拍法

（二）站位与步法

1. 基本站位

站位是指练习者击球前处于准备姿势时身体所处的球场位置，一般情况下以两脚的位置来表示（图 13-19）。

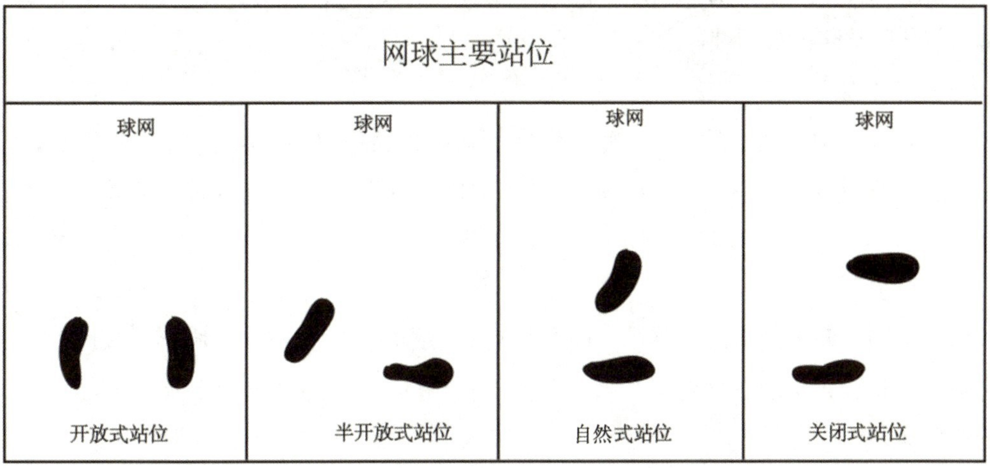

图 13-19　网球主要站位示意图

（1）开放式站位

方式：两脚连线平行于底线，开放式站位的击球点靠近身体，脚步调整幅度小，跑动击球以及接发球更有优势。

特点：开放式站位可实现最大幅度的全身旋转，整个腰腹完全拉紧，整个身体旋转的角度相比半开放式站位更大，球所能产生的旋转更多。

（2）半开放式站位

方式：非同侧腿向前跨一步，但是与另一只腿没有交叉，两腿之间连线和球网形成45°角。

特点：半开放式站位结合了开放式和自然式站位的优点，击球兼具旋转和速度，是现代网球技术中最经常使用的一种站位。

（3）自然式站位

方式：两脚连线几乎垂直于底线，这种站位的击球点靠前，球速更快，攻击力更强。

特点：自然式站位也称为中立式站位，是最容易掌握的一种站位。这种站位击球点离身体较远，击球的线动量要多于角动量，经常用于进攻击球。

（4）关闭式站位

方式：两脚连线与底线形成大约45°角。

特点：关闭式站位一般用于半场进攻，然后随上。但是，此站位在击打反手球时最常使用。由于身体结构的原因，尤其是单手反手，采用关闭式站位更容易使用身体的力量进行发力。

2. 基本步法

（1）分腿垫步

在对方击打球的同时，两腿自然分开站立，双膝微屈内扣，利用膝关节进行屈伸，在跑动之前做一个小幅的向上跳的动作。职业球员击球前通常会进行分腿垫步，目的是帮助身体快速进入启动状态，有利于迅速判断来球方向、速度等。因此，作为初学者，应该养成击球前分腿垫步的好习惯。

（2）交叉步

面对球网，两腿呈交叉状向侧面跨步，重心保持在两腿间。如向右侧移动，应先跨左腿在右腿前。当完成一次击球后，要迅速回位并准备下次击球时，交叉步是最好的选择。

（3）滑步

面对球网，两脚左右滑步移动。向左移动时，蹬右脚，先移动左脚再跟右脚；向右移动时则蹬左脚，先移动右脚再跟左脚。滑步是底线技术中的主要步伐，多用于正、反拍横向折返移动。

（4）前进后退步

双腿向网前跑动或者向底线后退跑，身体必须面对球网（随时注意来球的变化）。此种移动步伐有利于快速进行前后场的移动击球。

（5）小碎步

小碎步是指小幅度频率较快的跑动。当身体快速移动到来球方向时，重心容易不稳，所以在站稳击球前，双脚快速地进行小碎步的调整，以缓冲加速带来的重心不稳定，这样有利于击出高质量的回球，同时快速回位。

（三）发球与击球

1. 发球

（1）动作要领

发平击球： 击球点应在身体的右眼前上方，以拍面中心平直对准球，击球的后中上部。手腕的向前拌甩和前臂的"旋内鞭打"非常重要，身体充分向上向前伸展，以获得最高击球点，提高发球命中率。

图13-20　发平击球

发切削球： 把球抛到右侧斜上方，球拍快速从右侧中上方至左下方挥动。击球部位在球的中部偏右侧，使球产生右侧旋转。

图13-21　发切削球

发上旋球：把球抛到头后偏左的位置，击球时身体尽量后仰成弓形，利用杠杆力量对球加旋转，球拍快速从左向右上方挥动，从下向上擦击球的背面，并向右带出，使球产生右侧上旋。

（2）易犯错误

表 13-1 网球发球易犯错误及纠正方法

序号	易犯错误	纠正方法
1	抛球不稳，抖腕发球	可面对墙或者球场挡网站立，直臂向上摆送至头部以上松开手指，让网球沿着墙或者球网上升，反复练习
2	找不到击球点	可先将胳膊向前上方伸直，把球拍放在击球点处，然后将球抛到击球点处，小幅度挥拍击球以寻找击球感觉

（3）学练方式

徒手挥拍模仿练习：根据技术动作的要领，将动作分解为抛球、向后引拍、向上击球、随挥动作等环节，反复练习，熟悉动作过程和动作要领。徒手挥拍练习最好对着镜子做，这样可以看到自己的动作，使练习的效果更好。

对墙发球练习：在墙上画一条与网齐高的线，发球时瞄准墙上的线。开始可离墙近些，待动作熟练性、准确性提高后，逐步拉开与墙的距离。

跪式发球练习：先在发球线后，前腿膝关节弯曲，后腿屈膝跪地，球拍直接置于肩上进行发球。随后逐步退到底线采用相同的动作练习。

控制发球落点练习：将标志放在发球区内角、外角、中间三个点位置，按照标志点进行发球，提高发球的变化能力。

2. 正手击落地球

（1）动作要领

准备姿势：面对球网，两脚自然开立，与肩同宽或略大于肩宽，两膝放松，重心落在前脚掌上，左手扶住拍颈，使拍面与地面垂直，拍头朝向正前方，时刻注意对方来球，做好击球准备。

后摆引拍：当判断来球需要用正拍回击时，要快速向后引拍，持拍的手臂放松向后直引拍，引拍的路线是直线向后，球拍指向球场后端的挡网，拍底正对着球网，拍头向上稍高于手腕；转动双肩，重心后移，左脚前踏，左肩对网，尽量保持侧身迎击球，左手随着身体侧身转体而指向前面的来球。

挥拍击球：击球时应转动身体，用力蹬腿，以肩关节为轴，手腕固定，用大臂挥动带动小臂，提前挥拍，沿着来球的轨迹挥出去；击球点一般在左

视频 13-2
正手击落地球

链接 13-2
不同握拍方法的正手击球技术

脚右侧前方与腰齐高的高度，当来球较高时快速后退，来球较低时应上前屈膝，让球保持与腰齐高的高度击球。

随挥跟进：球触拍后，使拍面平行于网的时间尽量长些，挥拍沿着球飞行的方向前送，重心前移落在左脚上，身体转向球网，拍头随着惯性挥到左肩的前上方，肘关节向前，用左手扶住拍颈，随挥跟进结束，恢复到准备姿势。

（2）易犯错误

表13-2 网球正手击落地球易犯错误及纠正方法

序号	易犯错误	纠正方法
1	球拍后摆过大	两人一组进行练习，一人用手放到另一人身体侧面的指定位置作为参照物，另一人重复引拍动作，争取做到每一次都能够触到同伴的手
2	击球拍面不稳定	两人一组，一人拿住对方的拍头，另一人将球拍放置于身体前侧的最佳击球位置，两人进行对抗，深入体会由拍柄传至拍头的力量，一段时间之后，两人互换练习；然后练习一人抛球击打另一人放置到固定位置的球拍面，再次体会球与球拍接触瞬间的感觉

（3）学练方式

原地徒手挥拍练习：两人面对面站立，相距一定距离，同伴将球垂直向上抛起让球自由落下。在球上抛时，练习者做转体引拍动作，球落地后做分腿垫步，做好击球前的准备动作，待反弹到一定高度后，做向前击球挥拍直至将球拍挥到正确的结束动作位置（不击球）。

对墙（挡网）练习：距墙5—8米，面对墙站立，进行正反手击落地球练习。开始时，允许球反弹两次再击球，有一定控制能力后，必须在球第二次落地前击到球，争取连续击打到更多的次数。与墙距离可由近至远，速度可由慢变快。

链接13-3
不同握拍方法的反手击球技术

底线击中距离送球练习：练习者面向球网站在底线中间，同伴站在靠近球网与单打边线交界处用球拍将球送向练习者，进行正反手定点击球练习。定点击球动作熟练后，可进行一正一反击落地球练习。如需加大难度，可由定点过渡到移动击球，区域也逐步扩大。

正手定点或移动击球练习：两人一组，一人站在球场一边底线中线处，另一人站在球场另一边底线中点连续送球。练习者移动至固定点进行正手击球，依次按照直线和斜线将球击过球网（图13-22、图13-23）。

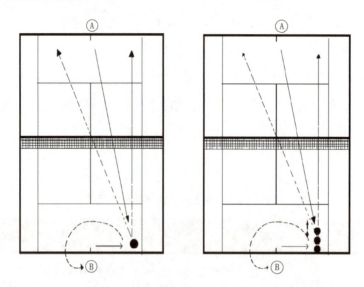

● 图13-22　正手定点击球练习　　● 图13-23　正手移动击球练习

3. 反手击落地球

（1）动作要领

反手击球准备姿势与正手击球相同。面向球网，两脚分开与肩同宽，屈膝，上体稍前倾，重心落在前脚掌上，左手扶住球拍拍颈，使拍头指向对方，拍面与地面垂直。眼睛密切注意对方来球。当判断对方来球朝自身反手方向飞来时，扶住拍颈的左手应迅速帮助右手由正手握拍变换为反手握拍，向左转肩、转髋带动球拍向左后方摆动；后摆时肘关节自然弯曲，拍头稍翘起，指向后方，右脚向左前方上步，右肩或右背对着球网，重心落在左脚；打反手的后摆动作应比正手的后摆动作要早，整个动作要连贯、协调，左手始终扶住拍颈，直到开始做前挥动作。球拍由后向前上方挥出，前挥时手臂仍保持弯曲，直到随挥结束后再伸直；击球点在右脚左侧绷紧，使拍面与地面保持垂直，击在球的中部，用转体和转肩的力量使重心前移到右脚上。击球后，球拍沿着球的飞行方向向前、向上送，重心前移落在右脚上，挥拍在右肩上方结束，身体转向球网，恢复开始时的准备姿势。

（2）易犯错误

● 表13-3　网球反手击落地球易犯错误及纠正方法

序号	易犯错误	纠正方法
1	引拍时肩转动不充分	练习者原地反复体会转体引拍动作，同伴给练习者送出大角度的反手球，迫使练习者转体去追来球
2	击球点过晚	背后送球击球，同伴从练习者身后用手喂球，这样网球弹起后就会向远离练习者的方向跳，迫使练习者更多地向前推球
3	随挥高度和幅度不够	找一个较重的球拍，做挥拍击球练习，强迫自己做出完整的随挥动作；若找不到较重的球拍，可以在球拍套里放本书，做原地挥拍练习

（3）学练方式

判断击球点练习：两人面对面站立，相距4—5米。抛球者将球抛出，练习者移动脚步，用双手在身体侧前方接住球，接住球后将球返还给抛球者。

双人配合击落地球练习：两人一组面对墙壁平行站立，两人用反手轮流击打由墙反弹回来的球，保持连续击球。

多人连续击落地球接力练习：排成一列纵队，第一人将球用球拍送向墙壁后，然后退至队尾；第二人及时跟上，选择适当的位置运用反手击打由墙反弹回来的球，然后也退至队尾，按照此顺序进行接力击球练习。

底线击远距离送球练习：练习者面向球网站在底线中间，同伴站在对面场地发球线与发球中线交接处用球拍将球送向练习者，进行正反手定点击球练习。待定点击球动作熟练后，可进行直线或斜线的双手击落地球练习。

三、网球基本战术

（一）单打战术

1. 发球战术

（1）发球战术一

发球员A站在右区，当第一发球有力地击向接发球员B右发球区中线附近时，立即向沿中线靠左一些的前场跑动。当B把球击向反手边时，A在前场截击，把球击向B左发球区底线附近（图13-24）。

（2）发球战术二

发球员A站在左区发球，当接发球员B站位太靠其左侧时，第一发球采用平击，迫使B跑动接球，并果断上网截击，跑向自己右前场封网，把回球截击到B右发球区边线附近（图13-25）。

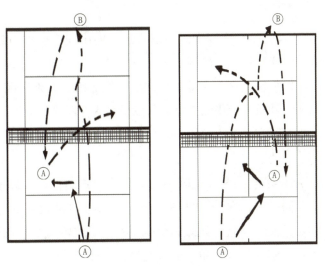

● 图13-24　网球发球战术一　　● 图13-25　网球发球战术二

2. 接发球战术

（1）接发球战术一

当发球员A在右区发球发向接发球员B中线附近时，B以有力的反手击球把球击向A底线右角，随即上网，奔向左前场把球截击向A左前场（图13-26）。

（2）接发球战术二

发球员A在左区发球时，接发球员B以反手把球有力击向A反手，随即上网，把球截击至A右前场（图13-27）。

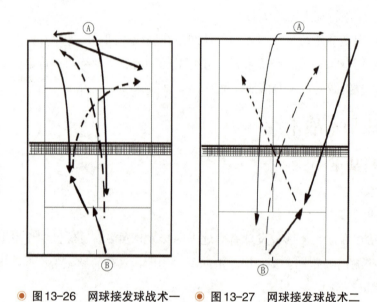

● 图13-26 网球接发球战术一　● 图13-27 网球接发球战术二

（二）双打战术

1. 发球局战术

（1）双打站位法

常规站位：发球员A应站在底线中点与双打边线的中间或略偏右20—30厘米的位置上，如图13-28所示；同伴B站在左侧网前距网2—3米、左侧双打边线和发球区中线之间的位置上。B的站位以保护左边区为主兼顾中路的原则（因为如果边区空当过大被接发球员C以直线穿越时则无法补救，而中路来球可与发球员A在网前拦截）。这样的发球局阵势给对方C的感觉是：B在网前已摆好抢网进攻的架势，自己不但要接好球，还要尽量避开B的抢攻。

澳式站位：澳式站位是澳大利亚式阵型的简称，澳式站位是发球前，发球队员的搭档B与发球队员A站于同一半场内，如图13-29所示。当发球队员A发出球后，A、B两名队员各自跑向事先约定的网前位置。澳式站位是一种试图破坏接发球队员接发球节奏的站位方法，它对付攻击性较强，但线路单一的接发球，或接发球回球过网点较高的选手特别有效。

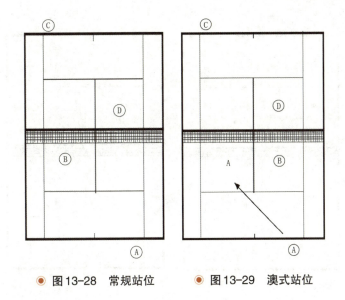

● 图13-28 常规站位　　● 图13-29 澳式站位

（2）发球上网战术

第一发球要用80%的力量发出平击、侧旋或上旋等不同旋转的球，提高一发命中率并不断变换发球落点，然后快速向网前迈进。第二发球也要利用旋转和落点变化为上网创造条件，上网后的中场第一拦网截击球要低平或角度大，如起高球则易被对方网前球员扑杀（图13-30、图13-31）。

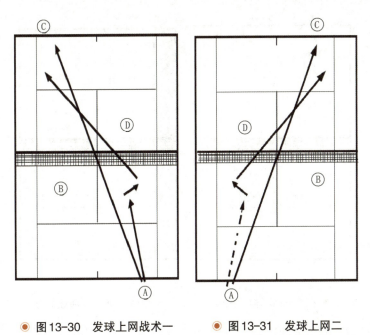

● 图13-30 发球上网战术一　　● 图13-31 发球上网二

（3）抢网战术

运用抢网战术时，在网前同伴可以在背后做手势，告诉发球员应发什么落点、抢与不抢，可以干扰对方接发球，为发上网前得分及抢网得分创造条件。该战术要强调发球员的发球质量、成功率和落点的变化（图13-32、图13-33）。

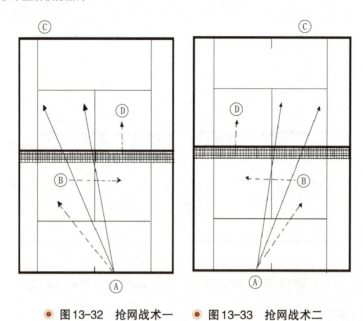

● 图 13-32　抢网战术一　　● 图 13-33　抢网战术二

2. 接发球局战术

（1）双打站位法

前后站位：同伴站在发球线与球网中间，接发球员站在底线处（图 13-34）。

双底线站位：同伴与接发球员都站在底线处（图 13-35）。

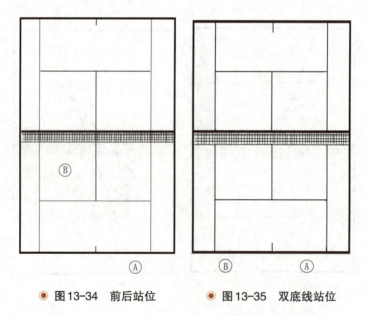

● 图 13-34　前后站位　　● 图 13-35　双底线站位

（2）接发球双上网战术

为了抢占网前有利位置，当对方发球时，接发球员迎上前去接发球并随接发球上网。由于是向前迎击球，因此回接球的速度比较快，能给对方发球上网截击或抢网造成很大威胁。同时，对接发球员的要求也比较高，要求接发球员判断好，动作迅速，朝发球上网者的脚下或双打边线处击球（图 13-36、图 13-37）。

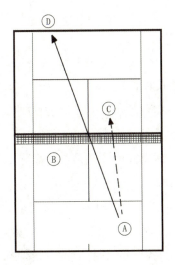 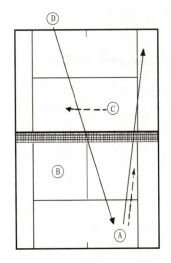

● 图13-36　接发球双上网战术一　　● 图13-37　接发球双上网战术二

（3）接发球抢网战术

在高水平的双打比赛中，接发球抢网战术经常被运用。此战术的运用，能使对方发球上网者增加中场截击球的心理负担，从而产生回球质量不高甚至失误。在运用此战术时，接发球员与同伴应配合密切，当对方拦出一个质量不高的球时，应立即移动抢网，给对方致命一击；而接发球员发现同伴抢网时，也应立即补位。需注意：接发球同伴不要移动过早，以免被对方发现而出现空当（图13-38）。

（4）接发球双底线战术

在双打比赛中，如对方发球很有威胁，网前又非常活跃，为了破坏对方快速进攻的节奏，可采用接发球双底线的战术；由于两人都退至底线，使对方网前截击产生一定的心理压力，不能马上得分。因此，对接发球员来说，首先应注意接发球的成功率，然后再寻找机会进行反击。破网（指突破对方的网前拦截，比如穿越球等）要打得凶狠，以破中路和两边小斜角为主并结合挑上旋高球（图13-39）。

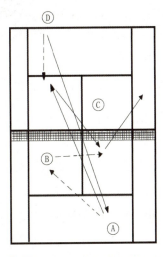 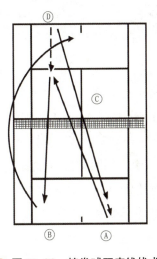

● 图13-38　接发球抢网战术　　● 图13-39　接发球双底线战术

四、网球竞赛主要规则

（一）网球运动的场地规格

一片标准的网球场地，占地面积应不小于680平方米（长36.6米、宽18.3米），其中双打场地标准尺寸长23.77米、宽10.97米；单打场地标准尺寸长23.77米，宽8.23米。如果是两片或两片以上相邻而建的并行网球场地，两片场地之间距离应不小于5米。场上纵横交错的白线都有各自的名称，球场两端的界线称为"端线"（底线），球场两边的界线称为"边线"；在球网两侧6.4米处的场内各画一条与边线平行的横线为"发球线"；连接两发球线的中点画一条与边线平行的线称为"中线"；中线与球网呈"十"字形，将发球线与边线之间的地面分成四个相等的区域，称为"发球区"；在端线的中心，向场内画一条垂直于端线的短线称为"中点"。全场各区的丈量，除中线外都从各线的上沿计算，场上所有的线应是同一颜色（白色或黄色）。全场除端线可宽至10厘米之外，其他各线的宽度均在2.5—5厘米范围之内。全场各区域的丈量除中线外，均从各线的外沿计算。

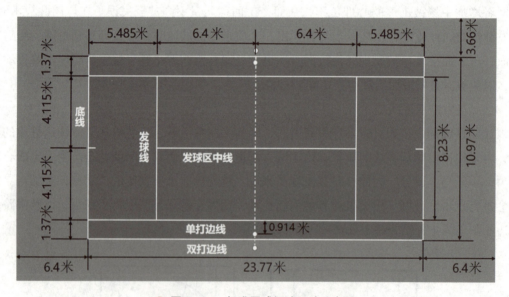

● 图13-40　标准网球场地尺寸示意图

网球单打球网长为10.06米，双打球网长为12.8米，球网上沿用5—6.3厘米宽的白色帆布包缝，并用直径不超过0.8厘米的钢丝绳穿起来，挂在场中央离边线0.914米以外的网柱上，球网应充分展开，完全填满两柱之间的空隙，球网网孔大小以不让球穿过为准。球网的中央高为0.914米，并用5厘米宽的白色中心带束于地面。要求球网的下边须和地面接触。球网两侧的网柱高1.07米，支柱的直径或边长不超过7.5厘米。端线以外至少要有6.4米的空地，边线以外至少要有3.66米的空地，如果是室内网球场，端线6.4米以外的上空净高应不少于6.4米，室内屋顶在球网上空的净高不少于11.5米。国际网联规定，室内馆球场上空的净高应为12.5米。

（二）网球比赛的主要规则

1. 局

一局比赛只有一名选手发球，率先赢得至少4分并多出对手至少2分的选手赢得一局。一局比赛中，每一次发球必须在半场的两个发球区轮流，每局第一次发球应先从右边开始。网球每局的计分方法十分特殊，从0分至3分分别为"0"（love）、"15"（fifteen）、"30"（thirty）和"40"（forty）。计分时，发球手的得分在前。因此，在网球比赛中"30∶0"的意思是，发球手赢得2分，而接球手还未得分。

当双方选手都得到了3分时，一般叫"平局"（deuce）而非"40∶40"。在出现平局后一名球手再得一分，被称为"占先"（advantage），而不再计分。如果在占先的情况下失去一分，就再度回到平局；如占先后再得一分，就赢得一局。发球手占先，或在领先对手2分及以上的情况下，被称作握有"局点"（game point）；如果赢得这一局后又恰好可以赢得一盘，就可称作"盘点"（set point），能赢得比赛就称作"赛点"（match point）。如果是接球手处于类似情况时，被称作握有"破发点"（break point）。每次发球前，比赛裁判应口头报出本局比赛的比分。若在没有裁判的比赛中，发球手应该报分。

2. 盘

一盘比赛由多局组成，当一名或一组选手获得规定条件的局数后，这盘比赛结束。选手在每个单数局结束后交换比赛场地。一盘中局数的比分是以正常的数列表示的。每局比赛前由裁判报出本盘比赛的比分。基本上，率先获得6局比赛胜利并领先对手至少2局的选手赢得该盘；若其中一方赢得6局却未领先至少2局，则该盘必须继续，直到一方领先2局为止（亦即达到6∶4、7∶5、8∶6等比数的话该盘便告结束，但若比分为6∶5、7∶6、8∶7等，则该盘继续，因为领先一方并未领先2局）。这种计分法称作"领先盘"（advantage set）。这种计分方式在职业赛中时常仅出现于最后一盘（五盘三胜比赛中之第五盘，或三盘两胜比赛中之第三盘），但亦有不少赛事仅采用此形式。

目前另一常见的计分方法是，当双方在一盘中战至6∶6时，会举行一局特殊的"决胜局"，又称"抢七局"。赢得此决胜局的选手，就以总局数7∶6赢得该盘。还有些时候，在5盘制比赛中的最后一盘，如果双方战成6∶6，就没有决胜局，而采用传统的方式直到一方连续获得2局的胜利后比赛才结束。

在决胜局比赛中，计分采用正常的数列表示，率先获得7分并领先对手至少2分的选手获胜。决胜局开始时的发球权归上一局比赛的接球手，该名选手在自己的右边发球区发球，然后将发球权交给对手。接下来，双方在每两次发球后便交换发球权。每名选手在其每两次发球中，先在左边发球区发球，再到右边发球区发球。每次比分总和达到6的倍数后，双方须交换场地。决胜局完结后，双方亦须交换场地，因为决胜局必定是单数局（一盘中的第13局）。

3. 比赛

大多数比赛由多盘组成，而且总盘数一般为单数。大满贯男子单打比赛有5盘，率先赢得3盘的选手获胜；而其他比赛一般有3盘，率先赢得2盘的选手获胜。

链接13-4 网球竞赛规则（2024英文版）

链接13-5 网球竞赛规则——中国网球协会审定

发球权在每局比赛后交换，不受一盘比赛开始或结束的影响。决胜局亦算作一局比赛，一场比赛的总比分可以只给出总盘数的比分（例如3∶1，表示胜者赢3盘，败者赢1盘），也可列出所有局数的比分，但必须先列出胜者的比分。例如7∶5，6∶7（4），6∶4，7∶6（6）采用的就是后一种计分方式，表示获胜的一方赢得了第一、第三和第四盘的胜利，而第二和第四盘是靠决胜局决出胜负的。在括号中的数字表示的是输的一方在决胜局中得到的分数，例如第二盘决胜局的比分就是4∶6，而第四盘决胜局的比分则是8∶6。

思考与练习

1. 网球场地总共分为哪几类？各有哪些特点？
2. 网球运动中最常见的站位与步法各有哪些？
3. 网球运动中常用发球方式有哪几种？各有何优劣？
4. 网球双打战术主要分为哪三种？

自主测评

1. 底线定点击落地球

学生站在发球线3米后终点处，首先击5个正手落地球，然后击5个反手落地球，击球过网至单打有效区域内为有效击球。（参照《青少年网球运动技能等级标准与测试方法》一书中的三级测试科目一）

优秀	良好	合格	有待提高
11—12球	9—10球	6—8球	小于6球

2. 上手发球

学生按照网球竞赛规则规定的单打发球站位，运用上手发球技术进行测试。发球顺序为首先1区发6球，然后2区发6球，共发12球。球擦网入发球有效区域后该球重发。测试总时长不得超过2分钟。（参照《青少年网球运动技能等级标准与测试方法》一书中的四级测试科目三）

	优秀	良好	合格	有待提高
	11—12球	9—10球	6—8球	小于6球

参考文献

［1］浙江省高校体育教材编委会.网球［M］.浙江：浙江大学出版社，2002.

［2］刘青.网球运动教程［M］.北京：人民体育出版社，2012.

［3］郭开强，蒲娟，张小娥.网球教学［M］.北京：科学出版社，2016.

［4］《网球运动教程》编写组.网球运动教程［M］.北京：北京体育大学出版社，2021.

［5］赵赟，李杰，洪琦瑛.高校网球教程［M］.上海：东华大学出版社，2021.

［6］全国青少年运动技能等级标准研制组.青少年网球运动技能等级标准与测试方法［M］.北京：科学出版社，2018.

第十四章 武术运动

【本章导学】

　　武术，是中国劳动人民在长期社会实践中不断积累和丰富起来的一项宝贵而又优秀的文化遗产。本章以"武术运动"为主线，帮助学生了解和认识武术运动起源与发展、特点与价值、道德与礼仪、组织与赛事的基本理论，掌握和应用武术的基本手型、步型、手法、腿法和初级长拳套路等典型技术以及竞赛规则。通过本章学习，增强文化自信心和民族自豪感，传承和弘扬中国优秀传统文化精神与道德。

一、武术运动概述

（一）武术的起源与发展

1. 武术的起源

原始时代，社会生产活动和军事战争促成了武术的原始萌发。旧石器时代北京周口店龙骨山的北京人在生产活动中制作简陋实用的砍砸器、刮削器等多种类型的石器，山西襄汾县的丁村人则以石球制造"绊兽索"，为后期生产工具转变为武器提供了制造样式。至新石器时期，石器、骨器发展为多样且锐利。原始人类利用生产工具在狩猎与兽斗时，逐渐成为人类"萌生最初的搏杀技能原因之一"。氏族社会，因生产力提升，产品出现剩余，相互掠夺剩余成果成为部落之间频繁战争的主要动因，战争使得部分生产工具转变为人与人之间残杀的武器。这些武器通常由木与锋利石器制成。在生产工具转变为武器的影响下，生产技能随之转化为战争搏杀技能，而训练搏杀技能的形式之一是"舞"，即手持干戚训练技能，并以此形式展现武力震慑对方。为此，从生产工具到其技能用途、功能的改变，以及武舞训练方法直接促进军事武艺的雏形产生。

2. 武术的发展

自古代开始，武术随其功能的演变而得到不断发展，其发展阶段大体可以分为古代武术、近代武术和当代武术发展3个时期。在古代武术发展时期，春秋战国时的频频战争提升了对技击格斗术的要求，民间习武之风盛行，社会上出现了"剑客""侠士""武士"等以练武为生的职业人。随着社会发展，武术逐渐与养生相结合，以动健身的思想得到认同，养生和炼养功法也有了很大发展。到了宋代，民间结社的武术组织蓬勃兴起，人们入社习武，非求柴米之资，而是为了强身健体，娱乐休闲。明清时期的十八般武艺有了具体的名称和内容，不同风格的拳种形成了诸多的流派，尤其是太极拳、八卦掌、形意拳等注重内练拳种独成体系的迅速发展。在近代武术发展时期，鸦片战争的爆发，标志着几千年以来用于军阵厮杀的武术带着甲午战败的耻辱，无奈地退出了战争舞台。20世纪初，西方的兵式体操与民族的尚武精神、技击内容相结合，形成了中华新武术。1911—1918年，《中华新武术》教材被定为当时军警必学之术。《中华新武术》成功地将西方体操的方式、体育教学的方法，以及竞技运动的思想注入了传统的武术中，使武术得到了突破性的发展。新中国成立后，进入当代武术发展时期，武术被视作优秀民族遗产加以整理、继承和提高。各地成立了各级武术协会，国家设有专门机构负责开展武术运动，将武术列为正式比赛项目。改革开放后，武术更是发展迅速，不仅进入国内的各级各类学校，而且还迈出国门走向了世界。此外，大批武术爱好者及从业人员挖掘、整理出了许多珍贵的武术遗产，进一步推动着我国武术事业沿着科学化、规范化、社会化、国际化的方向健康发展。

（二）武术特点与价值

1. 武术的特点

（1）寓技击于体育之中的攻防技艺

武术作为体育运动，技术上仍以攻防技击为主要特征，将技击寓于套路运动与搏斗运动之中。中国武术独特的表现形式，套路运动，虽拳种不同，风格各异，但共同特点是由踢、打、摔、拿、击、刺等攻防动作构成的。虽然套路中不少动作技术与原技击动作有所不同，但一招一式表现的攻与防含义依旧是套路技术的核心。搏斗运动则集中体现了武术攻防格斗特点。散打技术与实用技击术基本一致，只是从体育观念出发，以不伤害对方为原则；短兵中实用的器具也有相应的变化；而推手则是在特殊的技术规定下进行竞技对抗。

（2）内外合一、形神兼备的民族特色

中国武术的一大特色，即内外合一、形神兼备的整体观。所谓内，指心、神、意等心志活动和气息的运行；所谓外，指手、眼、身、步等形体活动。形神兼备则是既求精神传意，又究形体规范。武术"内外合一，形神兼备"的特点主要通过武术功法和技法来体现。"内练精气神、外练筋骨皮"是各家各派练功的准则。套路运动在演练时要求把内在的精气神与外部的形体动作紧密结合，做到"心动形随""形断意连""势断气连"，并强调通过"手眼身法步，精神气力功"八法的变化锻炼心身。这一特点充分反映了武术作为一种文化形态在长期的历史演进中备受中国古代哲学、医学、美学等方面的影响，形成了独具民族风格的练功方法和运动形式。

2. 武术的价值

（1）健身价值

任何一项体育运动项目，都有其自身的健身价值，武术运动亦然。在古代，武术虽以技击术为主，但依然存有其特定的健身价值。所谓"搏刺强士体，即通过'搏刺'形式的运动，达到'强士体'的目的"。王宗岳在《十三势行功歌诀》中说："详推用意终何在？延年益寿不老春！"说明清代习练武术拳术的目的已转至"强健身心"，武术的健身价值进一步凸显。同时，由于武术运动的拳种流派丰富，形式多样，不仅有套路练习形式，还有对抗练习形式；套路练习中不仅有拳术，还有多种器械；不仅有单人练习，还有对练。这些不同的练习形式和内容各有其运动特点，对人体健康具有积极影响，可以全面地促进人的身体素质发展。

（2）技击价值

在中国的冷兵器时代，武术技击的价值非常突出，上至军队活动体现社稷安危的国家大事的军事守卫，下至黎民百姓防身自卫而进行的格斗，都离不开武术技击。可以说，武术是国家乃至个人防卫的重要手段。在现代，武术的技击价值虽已不如古代突出，但在军警执行任务，遇见近距离搏斗，攻防技击仍发挥着极其重要的作用。人们在日常生活中掌握一些武术技击后，在遇到危险之时，往往可以进行自我防护。所以，武术仍然有它不可忽视的技击价值。

（3）观赏价值

武术运动既有人体运动的一般审美价值，又有一种技击的审美价值。由于它的内容与运动形式丰富多样，可以满足不同人群的欣赏需要。汉代有汉武帝元封三年春"作角抵戏，三百里内皆观"的记载。唐代杜甫在《观公孙大娘弟子舞剑器行》中："昔有佳人公孙氏，一舞剑器动四方。观者如山色沮丧，天地为之久低昂。"宋代都市有相扑比赛表演，既有军队中的"内等子、相扑手"，也有民间高手，且不仅有男子比赛，也有女子献技。"勾栏瓦舍"之中常有各种武术表演。现代，武术作为一种表演艺术，与影视艺术、戏剧艺术紧密结合，还作为民俗文化艺术的组成部分，在庙会、春节等常有表演活动。可以说，武术满足了人们雅俗共赏的观赏需求，是人们心理审美和精神宣泄需求的文化娱乐活动之一。

（4）教育价值

教育价值体现了武术在学校教育中的关键育人作用和重要地位。先秦时期《周礼·地官司徒·保氏》曰："而养国子以道，乃教之六艺……"《孟子》论述井田制时说："设为庠序学校以教之，庠者，养也；校者，教也；序者，射也。"明清思想家、教育家颜元主讲漳南书院时，诸生"习礼、歌诗、学书计、举石、超距、击拳，率以肄三为程"体现武术运动的教育作用。民国以来，武术在学校体育中逐渐受到重视，被正式列为学校体育课程，目的不仅是向学生传授武术技艺，更是提高学生民族意识，激励其奋发图强。新中国成立以来，武术在学校教育中的地位得到进一步提高。武术作为各级学校体育课的必修内容之一，对人的德育教育有着明显价值。新时代武术对于立德树人、传承文化血脉起到了重要影响，特别是作为一种优秀的民族传统体育活动，在为实现中华民族伟大复兴中国梦而努力奋斗的背景下，对提高民族自信心发挥着关键作用。

（三）武术道德与礼仪

1. 武德

所谓武德，是"以中国伦理文化为基础，以尚武崇德为核心而构成的习武、用武、传武的言行标准。它包括社会公德和武坛约定成俗的道德规范"。它贯穿于习武者群体生活的各个方面，在一定程度上维护着习武者群体内部以及与其他群体之间的正常交往，促进社会稳定发展，并在习武者处理个人利益和其他社会利益关系时，对习武者个人行为所提出的特殊规范要求与约束。

2. 武礼

（1）抱拳礼

并步站立；左掌右拳在胸前相抱（左指根线与右拳棱相齐），高与胸齐，拳、掌与胸间距离为20—30厘米，目视前方或注视受礼者（图14-1）。抱拳礼含义：左掌四指并拢表示德、智、体、美齐备；拇指屈指表示不自大，不骄傲。右拳表示勇猛习武。一是左掌掩右拳相抱，表示不以武作乱、滋事；二是左掌右拳拢屈，两臂抱圆，表示五湖四海皆朋友，以武会友，谦虚团结；三是左掌为文，右拳为武，表示文武兼修，虚心好学，并请前辈、师友指教。

（2）抱刀礼

并步站立；左手抱刀，屈臂抬起，使刀横于胸前，刀刃向上；右手成掌，以掌心附于左手拇指第一指节上，高与胸齐，两手与胸间距离为20—30厘米（图14-2）。

（3）持剑礼

并步站立；左手持剑，屈臂抬起使剑身贴前臂外侧斜横于胸前；右手成掌，以掌外沿附于左手食指根节，高与胸齐，两手与胸间距离为20—30厘米（图14-3）。

（4）持枪（棍）礼

并步站立；右手持枪（棍）靠把端三分之一处，屈臂置于胸前，枪（棍）身直立；左手成掌，附于右手拇指第二指节上，两手与胸间距离为20—30厘米（图14-4）。

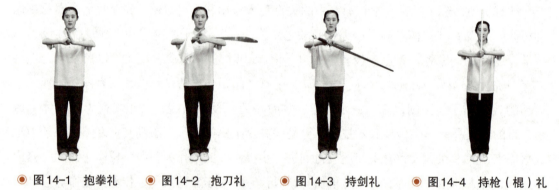

● 图14-1 抱拳礼　　● 图14-2 抱刀礼　　● 图14-3 持剑礼　　● 图14-4 持枪（棍）礼

（四）武术运动组织及赛事

1. 武术运动主要组织

（1）中国武术协会与国家体育总局武术运动管理中心

中国武术协会（图14-5）于1958年9月在北京成立，国家体育总局武术运动管理中心于1994年设立。下设训练竞赛、社会活动、青少年活动、研究发展、推广培训、外事等职能部门，其任务是继承、发掘、整理、研究武术遗产，广泛推动群众性武术运动，不断修改、完善武术竞赛套路和散打竞赛规则，加强竞技武术、社会武术与全民健身活动的开展、管理工作，组织多方面力量推动武术科研、宣传、市场开发和武术的国际推广工作，促进武术事业健康、全面发展。

（2）亚洲武术联合会

亚洲武术联合会（图14-6），简称亚武联，是一个以加强亚洲武术界之间的合作，增进友谊，提高武术运动技术水平及推动亚洲武术运动发展为宗旨的国际武术组织，于1987

年9月25日在日本横滨正式成立。截至2018年08月，亚武联会员已达37个。1987年9月在日本横滨举行第一届亚洲武术锦标赛，而后每两年举行一次亚洲武术锦标赛。在亚武联的努力下，从第11届亚运会开始，武术列为正式比赛项目。此后，武术亦被亚洲青年运动会、东亚运动会（2013年更名为东亚青年运动会）及东南亚运动会列为正式比赛项目。

（3）国际武术联合会

国际武术联合会（图14-7），简称"国际武联"，成立于1990年10月3日，是国际上管理武术运动的唯一全球组织，其宗旨是在全世界范围内以各种形式推广和发展武术运动。目前拥有来自五大洲156个国家（地区）的会员协会。其章程为承认并遵守《奥林匹克宪章》的总则和基本原则，弘扬奥林匹克精神；在世界范围内以各种形式推广和发展武术运动；制定各项武术比赛的技术规则和规程；组织和批准国际性武术比赛和活动，规范各会员协会的武术比赛和相关活动；制定并批准国际武术裁判员和教练员等级标准；推动国际武术交流、促进各国和地区武术发展；通过武术弘扬良好的道德和诚信文化等。

● 图14-5　中国武术协会标志　● 图14-6　亚洲武术联合会标志　● 图14-7　国际武术联合会标志

2. 武术运动主要赛事

（1）国内武术运动主要赛事

国内武术运动主要赛事分类一般按照规模、运动数量、比赛目的与任务分为超大型综合（运动会）、大型单项（锦标赛和冠军赛）赛事、一般赛事。超大型综合（运动会），如中华人民共和国全国运动会、青年运动会、大学生运动会等武术竞赛，这些赛事均每四年举办一届，对参赛城市和举办城市影响大。大型单项（锦标赛和冠军赛）如锦标赛（全国武术套路锦标赛）是每年一次的重要赛事，同时也是世界武术锦标赛、亚运会等赛事的选拔赛，而全国青少年武术套路、散打锦标赛等，则是世界青少年和亚洲青少年赛事的选拔赛。

（2）国际武术运动主要赛事

国际武术运动主要赛事同样分为超大型综合（运动会）、大型单项（锦标赛和世界杯）等赛事。超大型综合（运动会），如青年奥运会、亚运会等武术竞赛，每四年举行一届。大型单项（锦标赛、世界杯），如世界武术锦标赛、亚洲武术锦标赛等，每两年举行一届。世界武术锦标赛是武术运动最高级别的世界级赛事。世界武术锦标赛一般包括套路和散打，参赛选手均由世界各国各地区选拔组成国家队派出，代表武术在全球最高竞技水平。

二、武术基本功

（一）手型与步型

1. 手型

（1）动作要领

拳：四指并拢，卷握于手心，大拇指紧压在食指和中指的第二指关节（图14-8）。

掌：四指并拢伸直，大拇指弯曲紧扣虎口处，掌心前突（图14-9）。

勾：五指第一指关节捏拢在一起，屈腕（图14-10）。

● 图14-8　拳

● 图14-9　掌

● 图14-10　勾

（2）易犯错误

● 表14-1　手型动作易犯错误及纠正方法

序号	易犯错误	纠正方法
1	拳面不平，屈或翘腕	讲解拳的动作运动顺序及攻防作用，示范正确拳的动作及攻防技法
2	掌指分开，掌背外凸	讲解握掌的动作运动顺序及攻防作用，示范正确掌的动作及攻防技法
3	勾五指松散，腕未紧扣	讲解勾的动作运动顺序及攻防作用，示范正确勾的动作及攻防技法

（3）学练方式

节奏练习：随口令慢速或快速依次进行手型练习，感受手型动作运动顺序，规范动作。

反应练习：两人对面站立，两臂前平举，手掌伸直，随口令快速握拳、立掌、勾手，体验动作反应速度。

变换练习：随口令不同手型之间变换练习，增强手型动作动力定型。

组合练习：拳、掌、勾三个动作形成一个组合动作，提高动作熟练性。

击靶练习：运用不同手型，击打靶子，强化手型准确性。

2. 步型

（1）动作要领

弓步：前脚微内扣，全脚着地，屈膝半蹲，前弓大腿成水平，膝部约与脚尖垂直；另一腿挺膝伸直，脚尖内扣斜向前方呈45°，全脚着地（图14-11）。

● 图14-11　弓步

马步：两脚左右开立，约为本人三脚半距离，脚尖正对前方，屈膝半蹲，大腿接近水平，膝部不超过脚尖，全脚着地，背腰立直，两手抱拳于腰间（图14-12）。

仆步：一脚全蹲，大腿紧贴小腿，全脚着地，膝与脚尖稍外展，成直线；另一腿平仆接近地面，全脚着地，脚尖内扣（图14-13）。

歇步：两腿交叉屈膝全蹲，前脚全脚着地，脚尖外展；后脚脚跟离地，臀部外侧紧贴后小腿（图14-14）。

虚步：后脚尖斜向前，屈膝半蹲，大腿接近水平，全脚着地；前腿微屈，脚面绷紧，脚尖虚点地面（图14-15）。

● 图14-12 马步　　● 图14-13 仆步　　● 图14-14 歇步　　● 图14-15 虚步

（2）易犯错误

● 表14-2　步型动作易犯错误及纠正方法

序号	易犯错误	纠正方法
1	弓步：后脚拔跟或外掀脚掌；后腿屈膝，未沉髋；上体前倾	蹬脚跟，扣脚尖；直膝，沉髋；立腰，顶头
2	马步：脚尖外撇；两脚距离过大或太小；弯腰、凸臀、跪膝	脚跟外蹬；量三脚半距离后，再下蹲成马步；敛臀立腰，两膝外撑，膝盖不超过脚尖
3	仆步：平仆腿膝关节不直，脚外侧掀起，脚尖上翘外展；全蹲腿未蹲到底，脚跟提起；身体重心在全蹲腿；上体前倾	平仆腿膝关节挺直，脚外侧抵住固定物；增加踝关节柔韧性，腿平仆时沉髋、拧腰；身体重心可前移至直平仆腿；顶头、挺胸、立腰后再下蹲
4	歇步：两腿未贴紧，后腿膝跪地；臀部未坐于脚跟；身体重心不稳	后腿膝关节穿过前膝腘窝；增加踝关节柔韧性；顶头，立腰，身体重心下沉
5	虚步：前脚用力；支撑腿未屈膝下蹲	身体重心后移，支撑腿下蹲后，前脚尖再点地；把杆高、中、低依次屈蹲做腿部练习

（3）学练方式

节奏练习：随口令慢或快速进行弓步、马步、仆步、歇步、虚步（须把杆）练习。体验动作规格，肌肉运动顺序。

变换练习：不同步型方向变换练习，增强方向感。

定点练习：以自身步型距离为边长，画一个等腰三角形，两脚可以在三点上任意进行步型的转换。提高步型的灵活性。

组合练习： 不同步型形成组合动作，加强步型连贯性。

（二）手法与腿法

1. 手法

（1）动作要领

冲拳： 开步站立，拳心向上，两拳抱于腰间（图14-16）。力起于脚，转腰，顺肩，右拳从腰间向前内旋快速用力冲出，力达拳面，高于肩平，同时左肘向后顶出。拳心向下称为平冲拳，拳眼向上称为立冲拳。（图14-17）。

架拳： 开步站立，两拳拳心向上，抱于腰间（图14-18）。右拳沿下、左、上的顺序方向经头前向右上方划弧架起，拳眼向下，转头双眼注视左方。两拳交替进行（图14-19）。

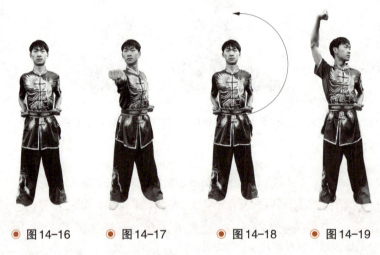

● 图14-16　　● 图14-17　　● 图14-18　　● 图14-19

推掌： 开步站立，两拳拳心向上抱于腰间（图14-20）。右拳变掌，从腰间向前内旋快速用力立掌推出，力达掌根，掌指高不过眉，同时左肘向后顶出。两掌交替练习（图14-21）。

亮掌： 开步站立，两拳拳心向上抱于腰间（图14-22）。右拳变掌，经体侧向右、向上划弧，举至头部右前方时，抖腕亮掌，肘微屈，掌心向上。眼睛始终随右手动作转动，抖腕亮掌时，转头注视左方。两掌交替进行（图14-23）。

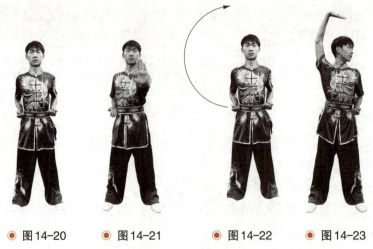

● 图14-20　　● 图14-21　　● 图14-22　　● 图14-23

（2）易犯错误

● 表14-3　手法易犯错误及纠正方法

序号	易　犯　错　误	纠　正　方　法
1	划弧肩部僵硬，抖腕不灵活	进行压肩和握棍过肩柔软练习，划弧、抖腕先松后紧慢快练习。亮掌时注意要转头
2	动作运动路线错误	进行攻防练习，一方慢速冲拳进攻对方面部，另一方做架拳动作（给予目标），体验架拳要领
3	前击无力，力点不准确	力起于脚、拧腰、顺肩、急旋臂，动作快速，并进行击靶练习
4	前击未从腰部内旋击出	肘贴肋运行，使拳内旋冲出

（3）学练方式

变速练习： 随口令进行慢快速手型练习，感受手型动作运动路线，发力顺序。

击靶练习： 两人一组，采用固定靶位和移动靶位，交替运用手法击打靶子。增强手法的劲力和力点的准确性。

组合练习： 不同手法形成组合动作。加强手法动作连贯性。

攻防练习： 两人一组，根据攻防方法，分甲乙方进攻和防守配对练习。提高攻防意识和技法运用。

2. 腿法

（1）动作要领

弹腿： 并步站立，双手叉腰或抱拳，支撑腿直立或微屈（图14-24）。另一腿由屈到伸，脚面绷平，向前弹出，高不过腰，膝部挺直，小腿弹出脆快有力，力达脚尖，目视前方（图14-25）。

蹬腿： 并步站立，双手叉腰或抱拳，支撑腿直立或微屈（图14-26）。另一腿由屈到伸，脚尖勾起，向前蹬出，高不过腰，膝部挺直，小腿弹出脆快有力，力达脚跟，目视前方（图14-27）。

● 图14-24　弹腿一　　● 图14-25　弹腿二　　● 图14-26　蹬腿一　　● 图14-27　蹬腿二

侧踹腿：并步站立，双手叉腰或抱拳，另一腿迈步至另一腿前，成左右交叉步，前腿微屈膝，支撑腿直立（图14-28）。另一腿由屈到伸，脚尖内扣，脚掌向侧方向猛力踹出，高与肩平，上体倾斜；目视侧踹腿方向（图14-29）。

正踢腿：并步站立，挺胸、直腰，两臂侧平举抖腕立掌（图14-30）。上步时上体直立，支撑腿伸直，另一腿从下至上，勾脚尖至前额或头顶，脚落地绷脚尖，点地，目视前方（图14-31）。

● 图14-28 侧踹腿一　● 图14-29 侧踹腿二　● 图14-30 正踢腿一　● 图14-31 正踢腿二

里合腿：并步站立，挺胸、直腰，两臂侧平举抖腕立掌，掌与手臂呈直角，肩关节打开（图14-32）。上步时上体直立，支撑腿伸直，另一腿脚尖勾紧，摆腿从支撑腿外侧向内侧呈扇形摆腿，目视前方（图14-33）。

外摆腿：并步站立，挺胸、直腰，两臂侧平举抖腕立掌，掌与手臂呈直角，肩关节打开（图14-34）。上步时上体直立，支撑腿伸直，另一腿脚尖勾紧，摆腿从支撑腿内侧向外侧呈扇形摆腿，目视前方（图14-35）。

● 图14-32 里合腿一　● 图14-33 里合腿二　● 图14-34 外摆腿一　● 图14-35 外摆腿二

拍脚：并步站立，两手抱拳于腰侧（图14-36）。上步，支撑腿伸直，另一腿脚面绷平从下向上快速踢摆，同时右拳变掌，于前上方迎击脚面；目视前方（图14-37）。

后扫腿：成左弓步，两掌向前推出（图14-38）。上体后转，同时左脚掌内旋，成右仆步，上体微前俯，两掌撑地，左腿全蹲；右腿伸直，脚尖内扣，以左脚掌为轴贴地后扫半周或一周（图14-39）。

● 图 14-36　拍脚一　　● 图 14-37　拍脚二　　● 图 14-38　后扫腿一　　● 图 14-39　后扫腿二

（2）易犯错误

● 表 14-4　腿法动作易犯错误及纠正方法

序号	易犯错误	纠正方法
1	屈伸性腿法，屈伸不明显，发力点不准确	降低高度，加大力度；增加高度，把杆或扶墙，慢速屈膝，做弹、蹬、踹腿练习；正常高度击靶练习
2	直摆性腿法，拔脚跟或送髋，缓慢无力	顶头、收下颌、立腰；可降低踢腿高度，腿上踢时收髋，支撑腿膝关节挺直，全脚掌着地；把杆控制上体，髋部用力，重复快速踢腿练习
3	直摆性腿法，里合与外摆幅度过小	越过适当高度的障碍物，体会里合与外摆腿动作的起腿及落地角度
4	击响性腿法，击拍不响	脚面绷平，手掌并紧，主动击拍脚面

（3）学练方式

变速练习：把杆或扶墙随口令进行慢速与快速变换练习，感受屈腿法的动作路线、发力顺序、控制能力。

踢腿练习：以纵队组织形式展开行进间往返腿法练习，提高腿法动作质量。

击靶练习：两人一组，采用固定靶位和移动靶位，交替运用腿法击打靶子。增强手法的劲力和力点的准确性。

组合练习：不同腿法形成组合动作，增强腿法动作连贯性。

攻防练习：两人一组，根据攻防方法，分甲乙方进攻和防守配对练习。提高攻防意识和技法运用。

三、武术套路

武术套路是武术运动主要表现形式。最常见的3种武术套路为初级长拳、二十四式太极拳和初级剑，本章将对初级长拳套路进行详细介绍。

（一）初级长拳套路动作名称

● 表14-5 初级长拳套路动作名称

第1段	① 虚步亮掌	② 并步对拳	③ 弓步冲拳	④ 弹腿冲拳
	⑤ 马步冲拳	⑥ 弓步冲拳	⑦ 弹腿冲拳	⑧ 大跃步前穿
	⑨ 弓步击掌	⑩ 马步架掌		
第2段	⑪ 虚步栽拳	⑫ 提膝穿掌	⑬ 仆步穿掌	⑭ 虚步挑掌
	⑮ 马步击掌	⑯ 叉步双摆掌	⑰ 弓步击掌	⑱ 转身踢腿马步盘肘
第3段	⑲ 歇步抡砸拳	⑳ 仆步亮掌	㉑ 弓步劈拳	㉒ 换跳步弓步冲拳
	㉓ 马步冲掌	㉔ 弓步下冲拳	㉕ 叉步亮掌侧踹腿	㉖ 虚步挑拳
第4段	㉗ 弓步顶肘	㉘ 转身左拍脚	㉙ 右拍脚	㉚ 腾空飞脚
	㉛ 歇步下冲拳	㉜ 仆步抡劈拳	㉝ 提膝挑掌	㉞ 提膝劈掌弓步冲拳
	㉟ 虚步亮掌	㊱ 并步对拳		

（二）初级长拳套路动作

1. 动作要领

① **虚步亮掌**：并步直立，双手下垂，头正身直，目视前方（图14-40）；右脚后撤，成左弓步，右手砍掌，左掌置腰，目视右掌（图14-41）；重心后移，左掌前穿，右掌置腰，目视左掌；重心后移，成左虚步，右掌亮掌，左手变勾，目视左侧（图14-42）。

视频14-1
初级三路长拳

● 图14-40　　● 图14-41　　● 图14-42

② **并步对拳**：右腿蹬直，左腿提膝，两掌上托，目视前方（图14-43）；左腿下落，右脚上步，两掌下摆，掌心向上（图14-44）；左脚上步，两掌划弧（图14-45）；并步直立，两掌变拳，按至腹前，目视左侧（图14-46）。

● 图 14-43　　　● 图 14-44　　　● 图 14-45　　　● 图 14-46

③ **弓步冲拳**：左脚开步，成半马步，左拳格挡，右拳收抱（图 14-47）。右腿蹬直，成左弓步，左拳收抱，右拳前冲，拳眼向上（图 14-48）。

④ **弹腿冲拳**：重心前移，右拳收抱，左拳前冲，右腿弹踢（图 14-49）。

⑤ **马步冲拳**：右脚前落，上体左转，两腿下蹲，马步冲拳（图 14-50）。

● 图 14-47　　　● 图 14-48　　　● 图 14-49　　　● 图 14-50

⑥ **弓步冲拳**：上体右转，右拳格挡，左拳收抱（图 14-51）。左腿蹬直，成右弓步，右拳收抱，左拳前冲（图 14-52）。

⑦ **弹腿冲拳**：重心前移至右脚，左腿屈膝提起，脚面绷直，猛力向前弹出伸直，高与腰平；左拳收至腰间，右拳由腰间向前冲出；目视前方（图 14-53）。

● 图 14-51　　　● 图 14-52　　　● 图 14-53

⑧ **大跃步前穿**：左腿提膝，右掌下按，上体前倾，目视前方（图14-54）。左脚前落，双腿微屈，两掌后摆，目视右掌。两脚蹬地，向前跃起，两掌后摆，目视右掌（图14-55）。左腿铲出，成左仆步，右拳收抱，左手立掌，目视左方（图14-56）。

图14-54　　　　图14-55　　　　图14-56

⑨ **弓步击掌**：重心前移，成左弓步，左掌搂手，变勾后拉，右拳变掌，向前推击（图14-57）。

⑩ **马步架掌**：上体右转，重心后移，左掌前穿，目视左掌。左手亮掌，右手立掌，向右摆头（图14-58）。

图14-57　　　　图14-58

⑪ **虚步栽拳**：右后转体，右腿提膝，右掌变勾，向后划弧，目视右方。身体左转，右脚后落，成左虚步，左掌变拳，落于左膝，右拳上架（图14-59）。

⑫ **提膝穿掌**：重心右移，身体右转，右拳收抱，左掌盖压。右腿蹬直，左腿提膝，右掌穿出，左手回收（图14-60）。

图14-59　　　　图14-60

⑬ **仆步穿掌**：左腿铲出，右腿下蹲，成左仆步，左掌穿出（图14-61）。
⑭ **虚步挑掌**：重心前移，成左弓步，左手挑掌（图14-62）。右脚上步，左腿微屈，成右虚步，左掌后摆，右手挑掌，目视前方（图14-63）。

● 图14-61　　　　● 图14-62　　　　● 图14-63

⑮ **马步击掌**：右脚落实，脚尖外展，左掌收抱，右掌缠手（图14-64）。左脚上步，上体右转，右拳后拉，左手推掌（图14-65）。
⑯ **叉步双摆掌**：重心右移，双手摆掌，目视右掌。重心左移，右脚叉步，两掌左摆，目视左侧（图14-66）。

● 图14-64　　　　● 图14-65　　　　● 图14-66

⑰ **弓步击掌**：上体右转，右掌划弧，左掌收腰，目视前方（图14-67）。左脚撤步，成右弓步，右掌变勾，左掌前推（图14-68）。

● 图14-67　　　　● 图14-68

⑱ **转身踢腿马步盘肘**：上体左转，两臂划弧（图14-69、图14-70）。右掌变勾，左手亮掌，右腿上踢（图14-71）。右脚落地，上体左转，屈膝马步，右手变拳，屈肘横击，左拳收抱，目视前方（图14-72、图14-73）。

● 图14-69　　● 图14-70　　● 图14-71　　● 图14-72　　● 图14-73

⑲ **歇步抡砸拳**：上体右转，两手划弧，随体转动（图14-74、图14-75）。两腿歇步，左拳下砸，拳心向上，右拳上举（图14-76）。

● 图14-74　　● 图14-75　　● 图14-76

⑳ **仆步亮掌**：身体站起，左脚横跨，身体右转，成右弓步，右掌推击，目视右侧（图14-77）。右腿提膝，左拳变掌，向前穿出，掌心向上，右手后拉，仰掌胸前（图14-78）。右脚后落，左腿伸直，成左仆步，左掌变勾，向后搂手，右手亮掌，掌心向上（图14-79）。

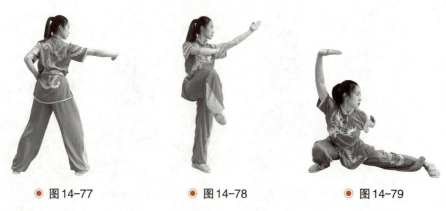

● 图14-77　　● 图14-78　　● 图14-79

㉑ **弓步劈拳**：身体站起，左脚回收，右掌变拳，收置腰间，左勾变掌，向左捋手（图14-80）。右脚上步，成右弓步，右拳后展，向前劈拳（图14-81）。左掌接拳，附于右臂（图14-82）。

● 图14-80　　　　● 图14-81　　　　● 图14-82

㉒ **换跳步弓步冲拳**：重心后移，右脚回收，右拳后挂，置于右膝，左手立掌，附于右臂（图14-83）。右腿提膝，向下震脚，右拳收抱，左脚抬起，左掌下按（图14-84、图14-85）。左脚上步，成左弓步，右拳前冲，左掌回收（图14-86）。

● 图14-83　　● 图14-84　　● 图14-85　　● 图14-86

㉓ **马步冲拳**：上体右转，屈膝马步，右拳收抱，左拳冲出，目视左侧（图14-87）。

㉔ **弓步下冲拳**：重心后移，左拳架格，目视左下。右腿蹬直，成左弓步，左拳外撑，右拳下冲，目视右拳（图14-88）。

● 图14-87　　　　● 图14-88

㉕ **叉步亮掌侧踹腿**：右脚叉步，两拳变掌，体前交叉（图14-89）。重心右移，右腿后插步，左腿侧踹，左掌变勾，向后划弧，右手亮掌（图14-90、图14-91）。

● 图14-89　　　● 图14-90　　　● 图14-91

㉖ **虚步挑拳**：左脚落地，右脚上步，右掌变拳，左勾变拳，左臂上挑（图14-92）。上体左转，含胸前俯，左拳向上，划弧上挑，右拳向下，向前划弧，右腿提膝，右拳前挂，右膝外侧。右脚向左，上步点地，成右虚步，左拳收抱，右拳挑打（图14-93）。

● 图14-92　　　● 图14-93

㉗ **弓步顶肘**：重心后移，右拳下挂，左拳后摆，身体稍俯，目视右拳（图14-94）。左腿蹬直，右腿提膝。左拳变掌，右拳不变，两臂向前上，划弧摆起，两脚蹬地，身体跃起，两臂划弧，至头上方（图14-95）。右脚落地，右腿屈膝，左脚落地，身体右转，左拳右掌。左脚上步，成左弓步，左肘前顶，右掌前推（图14-96）。

㉘ **转身左拍脚**：上体右转，两臂划弧，目视前方（图14-97）。左腿伸直，向前踢击，右掌向前，拍击左脚（图14-98）。

● 图14-94　　● 图14-95　　● 图14-96　　● 图14-97　　● 图14-98

㉙ **右拍脚**：左脚落地，两臂划弧，目视前方。右腿伸直，向前踢击，左掌向前，拍击右脚（图14-99、图14-100）。

● 图14-99　● 图14-100

㉚ **腾空飞脚**：右脚落地，蹬地跳起，左腿微屈，右腿上踢，右掌向前，拍击右脚（图14-101、图14-102、图14-103）。

㉛ **歇步下冲拳**：左、右脚先后落地，左掌变拳，收至腰间（图14-104）。右脚尖外展，两腿成歇步；右掌抓握，变拳置腰，左拳下冲，拳心向下（图14-105）。

● 图14-101　● 图14-102　● 图14-103　● 图14-104　● 图14-105

㉜ **仆步抡劈拳**：起立站直，右拳后伸，左拳上摆。身体左转，左腿提起，双拳划弧，立圆一周，目视前方（图14-106、图14-107）。左脚后落，成右仆步，右拳抡劈，左拳后摆（图14-108）。

㉝ **提膝挑掌**：重心右移，成右弓步，右拳变掌，向上抢摆，左拳变掌，稍向后拉（图14-109）。右腿提膝，双掌划弧，立圆一周，左掌变勾，目视前方（图14-110）。

● 图14-106　● 图14-107　● 图14-108　● 图14-109　● 图14-110

㉞ **提膝劈掌弓步冲拳**：右掌下劈，置右腿侧，左勾变掌，附于右臂（图14-111）。右脚后落，成右弓步，上体右转，两掌划弧，目视右侧。右手收抱，左拳前冲（图14-112）。

◉ 图14-111　　◉ 图14-112

㉟ **虚步亮掌**：右脚回扣，两拳变掌，体前交叉，右掌在上（图14-113）；右脚后撤，重心后移，右腿半蹲，两掌舞花（图14-114）；重心前移，左脚前落，成左虚步，右掌亮掌，左手变勾，目视左侧（图14-115）。

◉ 图14-113　　◉ 图14-114　　◉ 图14-115

㊱ **并步对拳**：左腿后撤，两掌前穿，掌心向上。右腿后撤，两臂后摆，目随手走（图14-116）。左脚后撤，并靠右脚，两掌变拳，屈臂下按，置于腹前，目视左侧（图14-117）。两拳放下，并步直立，头正身直，目视前方（图14-118）。

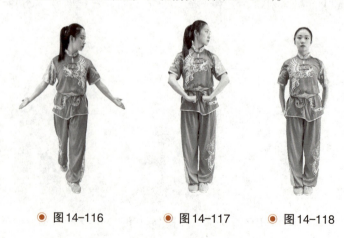

◉ 图14-116　　◉ 图14-117　　◉ 图14-118

2. 易犯错误

● 表14-6　初级长拳套路易犯错误及纠正方法

序号	易犯错误	纠正方法
1	基本动作错误	明确手型、步型、手法、腿法与跳跃动作技术规格，变换快慢节奏进行反复练习
2	劲力不足、力点不准	采用固定和移动靶位，交替运用技法进行击打练习
3	上下肢配合不协调	细化上下肢动作运动方向与路线，采用难点和重点单个动作、组合动作反复练习
4	节奏不分明，特点不突出	分清"快慢、刚柔、轻重、缓急"动作，理解"轻快敏捷、灵活多变、潇洒飘逸、姿势优美"等特点，采用分段动作表现节奏感，演练表现力

3. 学练方式

组合练习：将每一式分解为单个动作，再反复练习完整单式。

攻防练习：两人一组，采用固定靶位和移动靶位，交替运用技法击打靶子，根据攻防方法，分甲乙进行进攻和防守配对练习。提高攻防意识和技法运用。

情境练习：创设情境，根据情境所需条件，展开个人或两人攻防练习。学会在不同情境下知晓每一个动作的运用技法。

竞赛练习：采用限时计数的单个动作速度赛；按照竞赛评分标准，练习者之间互评整套动作表演赛。培养公开、公平、公正的体育精神。

穿插练习：把一类问题动作与其他问题动作穿插在一起进行持续练习，强化动作记忆，发现问题分类，找到解决不同问题的能力。

链接14-1
二十四式太极拳

链接14-2
初级剑

四、武术竞赛主要规则

（一）武术套路竞赛场地规格

比赛场地由弹性垫板和高织羊毛地毯组成；个人项目的比赛场地长14米、宽8米，其周围至少有2米宽的安全区；集体项目的比赛场地长16米、宽14米，周围至少有1米宽的安全区；比赛场地四周内沿，应标明5厘米宽的白色边线。比赛场地的空间高度不少于8米，两个比赛场地邻近边缘距离6米以上。根据实际情况比赛场地可高出地面0.6—1米。比赛场地灯光的照度应达到1 500勒克斯（lux）以上（图14-119）。

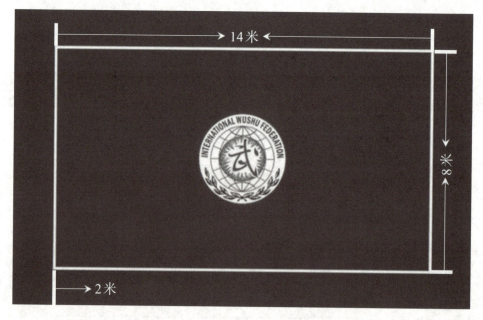

● 图14-119 武术套路个人项目比赛场地示意图

（二）武术套路竞赛主要规则

武术套路竞赛评判由竞赛规则与裁判法两部分构成。评分规则为武术套路个人赛、团体赛、个人及团队赛提供评判标准。限于篇幅，仅以评分方法与标准中自选项目评分方法和标准为例。

1. 评分方法

（1）各项目比赛的满分为10.00分（不含创新难度加分），其中动作质量的分值为5.00分、演练水平的分值为3.00分、难度的分值为2.00分（包括动作难度分值1.40分和连接难度分值0.60分）。

（2）A组评分裁判员根据运动员演练时出现的动作错误和其他错误进行扣分。

（3）B组评分裁判员和裁判长根据运动员整套动作的演练评定等级分，并对不符合编排要求的内容进行扣分。

（4）C组评分裁判员根据运动员现场动作难度和连接难度的完成情况进行评定。

2. 评分标准

（1）动作质量

动作与规格要求不符，每出现一次扣0.10分；其他错误每出现一次扣0.10—0.30分。

（2）演练水平

演练水平的评分，包括演练水平等级分的评定和编排扣分。

① 演练水平等级分的评定

演练水平等级分的评分标准：按劲力、协调、节奏、风格、配乐的评分标准分为三等9级，其中3.00—2.51分为好、2.50—1.91分为一般、1.90—1.01分为不好。

② 编排扣分

运动员完成的套路与编排要求的内容不符，每出现一次扣0.10—0.20分。

（3）难度

① 动作难度

- 完成一个A级动作难度计0.20分，完成一个B级动作难度计0.30分，完成一个C级动作难度计0.40分。动作难度的累计分如超过1.40分，则按1.40分计算。
- 每个动作难度的分值只计算一次。作为降分处理的难度动作，只能编排在难度动作中的最后一个。
- 动作难度不符合要求，则不计算动作难度分。

② 连接难度

- 完成一个A级连接难度计0.05分，完成一个B级连接难度计0.10分，完成一个C级连接难度计0.15分，完成一个D级连接难度计0.20分。连接难度的累计分如超过0.60分，则按0.60分计算。
- 每个连接难度的分值只计算一次。作为降分处理的连接动作，只能与最后一个可连接的难度动作相连接。

③ 创新难度加分

- 完成一个创新的B级动作难度（含连接难度）加0.10分，完成一个创新的C级动作难度（含连接难度）加0.15分，完成一个创新的超C级动作难度加0.20分。
- 动作完成与鉴定的创新难度不符，不予加分。

链接14-3 全国运动会武术套路项目竞赛规程

思考与练习

1. 武术运动发展历经了几个历史时期？每个历史时期的特点是什么？
2. 试述武术运动的基本特点与价值。
3. 试述武术手法与腿法的攻防用法。
4. 简述初级长拳套路中一项动作的动作要领、易犯错误与学练方式。
5. 观看一场武术套路比赛视频，以裁判角度评判运动员在比赛中的完成情况。

自主测评

（一）测评方法

武术标准场地，学生在测评开始与结束须行武术抱拳礼，按照测评标准，选择武术手型与步型、手法与腿法中2至3种基本动作测评；任选武术初级长拳、二十四式太极拳或初级剑其中1至2项套路动作完整演练测评。

(二)测评标准

1. 武术基本功

● 表14-7　武术基本功测评标准

名　称	优　秀	良　好	合　格	有待提高
手型与步型 手法与腿法	动作规范, 劲力充足, 用力顺达, 力点准确, 精神饱满, 无错误和失误动作	动作较规范, 劲力较充足, 用力较顺达, 力点较准确, 精神较饱满, 无错误,但有轻微失误动作	动作基本规范, 劲力基本充足, 用力基本顺达, 力点基本准确, 精神基本饱满, 有轻微错误和明显失误动作	动作不规范, 劲力不充足, 用力不顺达, 力点不准确, 精神不饱满, 有明显错误及严重失误

2. 武术套路

● 表14-8　武术套路测评标准

名　称	优　秀	良　好	合　格	有待提高
初级长拳 二十四式 太极拳 初级剑	熟练完成, 动作规范, 劲力充足, 用力顺达, 力点准确, 节奏分明, 精神饱满, 风格突出, 手眼身法步及器械配合协调, 无遗漏、无错误和无失误动作	较熟练完成, 动作较规范, 劲力较充足, 用力较顺达, 力点较准确, 节奏较分明, 风格较突出, 精神较饱满, 手眼身法步及器械配合较协调, 无遗漏,但有轻微错误和失误动作	基本完成, 动作基本规范, 劲力基本充足, 用力基本顺达, 力点基本准确, 节奏基本分明, 风格基本突出, 精神基本饱满, 手眼身法步及器械配合基本协调, 无遗漏,但有明显错误和失误动作	无法完成, 动作不规范, 劲力不充足, 用力不顺达, 力点不准确, 节奏不分明, 风格不突出, 精神不饱满, 手眼身法步及器械配合不协调, 有遗漏及严重错误和失误动作

注:手型与步型、手法与腿法基本动作,套路动作规范中的动作错误内容及其他错误内容参照《武术套路竞赛规则与裁判法(2012)》中的长拳类、太极拳类项目表9-1-1、表9-1-3、表9-1-4。

参考文献

[1] 邱丕相.中国武术史[M].北京:高等教育出版社,2008.

[2] 周伟良.中国武术史[M].北京:高等教育出版社,2003.

[3] 全国体育院校教材委员会.中国武术教程[M].北京:人民体育出版社,2004.

[4] 蔡宝忠.武术与文化——中国武术文化基因的构成[M].太原:山西科学技术出版社,2015.

[5] (清)王宗岳,等.太极拳谱[M].沈寿点,校考译.北京:人民体育出版社,1995.

［6］（汉）郑玄注，（唐）贾公彦疏，彭林整理.周礼注疏［M］.上海：上海古籍出版社，2010.

［7］杨宽.西周史［M］.上海：上海人民出版社，2016.

［8］张再林.从颜元的体育主张到"援武于儒"的新儒学构想［J］.体育学刊，2020，27（1）：1—6.

［9］李国钧.颜元教育思想简论［M］.北京：人民教育出版社，1984.

［10］蔡仲林，周之华.武术（第3版）［M］.北京：高等教育出版社，2000.

［11］体育运动学校《武术》教材编写组.武术［M］.北京：人民体育出版社，1990.

［12］林小美，周之华.武术套路基础教程［M］.北京：高等教育出版社，2010.

［13］李德印.二十四式太极拳——教与学［M］.北京：北京体育大学出版社，1997.

［14］崔仲三.学练二十四式太极拳［M］.青岛：青岛出版社，2012.

第十五章
游泳运动

【本章导学】

　　游泳作为一种古老而传统的运动项目，不仅可以强身健体，更是人类适应自然的一种生存技能。学会游泳对人的生存发展具有重要意义。本章主要对游泳运动的起源与发展、特点和价值以及与游泳相关的组织与赛事进行了概述，对蛙泳、自由泳的基本技术和学练方式进行了阐述，并对水上救生的安全知识和游泳竞赛的相关规则进行了简介。通过本章的学习，可以掌握基本的游泳技能和水上安全知识。

一、游泳运动概述

（一）游泳运动的起源与发展

1. 游泳运动的起源

从人类出现在地球上的那一刻起，人类的生活就离不开水。人类为了生存，经常需要跋山涉水去捕捉水里的鱼虾，也就不可避免地要与水打交道；当洪水泛滥时，则要与洪水进行生死搏斗，人类正是在与大自然不断斗争的过程中，逐渐学会了游泳。最初，人类只是简单地模仿水栖动物的姿势与动作，在水中简单地移动。久而久之，便掌握了在水中行动的技能，如漂浮、游动、潜水等，这些是最早的游泳，而后在对于游泳技术的不断优化下演变成为如今的蝶泳、仰泳、蛙泳、自由泳等泳姿。

2. 游泳运动的发展

现代游泳运动发端于17世纪60年代的英国。1896年举办的第1届奥运会就将游泳列为正式比赛项目之一，为游泳运动向着更高水平发展提供了有利基础与强大动力。第2届奥运会增设仰泳、障碍泳和潜泳比赛。第3届奥运会将游泳比赛的姿势规定为自由泳和仰泳，比赛距离以"码（yd）"为单位。1908年第4届奥运会，成立了国际游泳联合会，并制定了国际游泳比赛规则，同时规定比赛距离统一使用"米（m）"为单位。随着信息时代的到来，通过电视和网络等渠道的传播，竞技游泳的高竞技性、高观赏性让大家发现了游泳运动的独特魅力，从而促使越来越多的人来体验游泳、学习游泳、坚持游泳，让游泳运动变得更具有生命力。

（二）游泳运动的特点和价值

1. 游泳运动的特点

（1）竞争性大

游泳运动是奥运会中仅次于田径运动的第二大项目，这决定了该项目参与人数广、竞争性大。游泳运动的比赛多以竞速的形式进行，在比赛中运动员必须全力以赴地提高自己的速度，全身心地投入到竞争中。在当今以0.01秒决定胜负的竞技游泳比赛中，把握细节技术对于比赛具有重要意义，甚至成为制胜的关键。这也就使比赛的竞争性更加突出和精彩。

（2）受众面广

游泳是一项有益身体健康、历史悠久、群众基础广泛、深受人们喜爱的运动项目。无论是学龄前儿童，还是青少年、成年人、老年人都可参与。因此，在全民健身运动广泛开展的今天，掌握好游泳运动技能具有重要的现实意义。

（3）娱乐性强

游泳可以不受年龄、性别的限制，为人们娱乐、沟通交流提供了良好平台。与家人、好友等到泳池、海滩等场所游泳、游戏、纳凉、消暑，在嬉戏中转移注意力，不但能使肌肉得到放松，还能使压力得以缓解，有利于保持身心健康。

2. 游泳运动的价值

（1）强身价值

游泳是系统训练人的体能、耐力、爆发力和心肺能力的有氧运动。从运动效能来看，游泳运动能够全面锻炼人的肢体协调能力。且由于游泳运动在水域环境中进行，对于人体皮肤有非常好的保湿和排毒效果，能够让人保持强健的体魄和健康的肤质。同时在游泳时，人体处于平卧姿势，在水的压力下，肢体的血液容易回流至心脏，从而提高人体的摄氧能力。坚持游泳锻炼，还能提高肌肉力量、速度、耐力和关节的灵活性，使身体得到协调发展。

（2）健心价值

初学游泳的练习者通常要战胜怕水、怕冷的心理。通过持续、科学的训练，在增强身体素质的同时，锻炼意志，培养顽强拼搏精神，进而提高面对挑战与克服困难的勇气和能力。尤其对青少年和大学生而言，经常参与游泳运动也是开发心智、扩大交际、融入社会的有效途径，有利于提高自我认识水平和社会适应能力，促进身心健康全面发展。

（3）生活价值

游泳是日常生活中非常实用的一种技能。人在生活中不论是搭船或者水上作业，还是意外落水，倘若不会游泳，生命安全就会受到威胁。掌握游泳技能，不仅能够保护自身安全，增大生存机会，还可以在必要时对他人施以援手，进行水上救生。因此，游泳无论在运动健身还是日常生活中都是非常具有价值的一项运动。

（三）游泳运动的组织与赛事

1. 游泳运动的主要组织

（1）世界游泳联合会

世界游泳联合会简称世界泳联（图15-1），曾用名为国际游泳联合会（FINA），2023年1月正式更名为世界游泳联合会（World Aquatics）。总部设在瑞士洛桑，于1908年由比利时、丹麦、芬兰、法国、德国、英国、匈牙利和瑞典游泳协会倡议成立。现有协会会员209个，遍布世界五大洲，是世界上规模最大的国际协会之一。中国于1980年7月恢复会员资格。世界泳联是国际奥林匹克委员会认可的国际水上运动赛事管理组织，在全球范围内管理游泳、跳水、花样游泳、公开水域游泳、水球、高台跳水6大项目。2020年东京奥运会上，世界泳联成为金牌数和总奖牌数最多的

● 图15-1　世界游泳联合会标志

国际体育组织。

（2）中国游泳协会

中国游泳协会（图15-2）是中国游泳运动的全国性群众组织，是中华全国体育总会领导下的单项运动协会之一。于1956年成立，总部设在北京，管辖游泳、花样游泳、跳水、水球4个分项。分别负责竞赛、裁判、组织和技术、训练、科研等具体工作。2017年12月，中国游泳协会获得国际泳联年度最高荣誉奖。中国泳协曾多次组织裁判员、教练员参加培训，组织科研人员参加各种学术活动，通过报纸、网络、电视台等途径宣传游泳运动的知识和成就，协助国家体委修改、审定各项竞赛规则和裁判法，考核国家级裁判，组建国家队参加国际比赛。

图15-2　中国游泳协会标志

2. 游泳运动的重要赛事

（1）奥运会游泳比赛

奥运会游泳比赛是目前世界上规格最高的国际游泳比赛。比赛共设有男、女34个项目，赛程为7天。奥运会游泳比赛设有参赛标准与条件，只有达到标准与条件的运动员才有参赛资格。比赛分为预赛和决赛，按所有参加预赛的运动员的成绩排名，前16名进入决赛。决赛分两组进行，预赛成绩排前8名者参加A组决赛，前3名的运动员分别授予金、银、铜牌；后8名参加B组决赛，按成绩排出9—16名的名次。

（2）世界游泳锦标赛

世界游泳锦标赛是由国际泳联总会主办的最高级别的大型国际性游泳赛事。国际泳联认为每4年一次的奥运会相隔时间较长，为了促进世界游泳的迅速发展，建议在两届奥运会之间举行世界游泳锦标赛。第1届世界游泳锦标赛于1973年举行，1978年至1998年间举办间隔年数屡有变化，自2001年起恢复为每2年举行一届。

（3）世界冠军游泳系列赛

世界冠军游泳系列赛是国际泳联于2019年新设立的赛事，参赛选手计划为奥运会和世锦赛的奖牌获得者，赛事旨在为这些最高水平的游泳运动员提供一个全新的世界级平台。国际泳联冠军游泳系列赛在50米泳池举行，并且只有决赛，每站比赛时间为3天。设置50米、100米和200米的自由泳、仰泳、蛙泳和蝶泳比赛，还包括200米和400米的个人混合泳以及4项接力比赛。

（4）短池世界锦标赛

短池世界锦标赛简称短池世锦赛，前身为短池游泳世界杯系列赛总决赛，是世界游泳联合会主办的在25米游泳池里进行的世界锦标赛，每2年举办一次，分男女比赛项目。短池游泳世界锦标赛只包括游泳项目，而且使用25米长的游泳池，有5种泳姿的个人比赛：仰泳、蛙泳、蝶泳、自由泳和混合泳。由于短池比赛有利于检查冬训效果，提高转身技术和竞技能力，所以受到越来越多国家的重视。

二、熟悉水性

（一）水中行走与呼吸

1. 水中行走

通过水中行走体会在水中所受到的压力、浮力、阻力和保持水中身体平衡的方法，熟悉水性，缓解惧水心理。常见的练习方法如下：

（1）扶泳池边行走。双手扶池边或水槽向泳池两侧行走。

（2）拉手行走。多人手拉手在水中行走。

（3）划水行走。用双手在水中朝外后拨水向前行走；向前推水向后行走；向侧面拨水向异侧行走。

（4）扶泳池边跳跃。双手扶池边，双脚蹬池底，向上跳起。

（5）徒手跳跃。站立于水中，两臂前伸平放入水中，在两臂向下压水的同时双脚用力蹬离池底，向上跳起。

视频15-1 水中行走练习

2. 水中呼吸

呼吸练习是初学者熟悉水性的重要环节，也是学会游泳技能的前提。常见的水中练习方法如下：

（1）陆上憋气练习。练习者全身放松，闭气10—20秒（具体时间以自身能力而定）后吐气，此动作重复3—5次。练习时必须用嘴吸气呼气，不能借助鼻进行呼吸。

（2）俯卧池边练习。身体俯卧于池边，肩膀与池边平行，两臂贴于大腿两侧，并将头置于水中，进行换气的完整练习。

（3）双手扶池边站立呼吸，动作与陆上憋气练习一致（图15-3）。

（4）憋气通过水线。吸气—憋气后从水线下边通过。

（5）双手扶池边漂浮呼吸。动作同俯卧池边练习，练习中也可以扶同伴的手部（图15-4）。

视频15-2 水中呼吸练习

● 图15-3 双手扶池边站立呼吸

● 图15-4 双手扶池边漂浮呼吸

（二）水中漂浮与滑行

1. 漂浮

（1）动作要领

肩放松，肘伸直，将身体完全舒展。

（2）练习方法

扶物漂浮：手扶固定物，吸气，把头没入水中，憋气，伸展身体，全身放松，自然漂浮在水中（图15-5）。

图15-5　扶物漂浮

抱膝漂浮站立练习：原地站立深吸气后，下蹲低头抱膝，双膝尽量靠近胸部，成抱膝团身低头姿势，自然漂浮于水中。站立时，两臂前伸，向下压水并抬头；同时两腿伸直，以脚触池底站立，两臂自然放于体侧（图15-6）。

展体漂浮练习：吸足气，身体前倒入水，闭气，抱膝，团身低头，等背部浮出水面后，伸直手臂和腿，成俯卧姿势漂浮于水中。站立时，收腹、收腿，两臂向下压水，然后抬头，两腿伸直，两脚触池底站立（图15-7）。

图15-6　抱膝漂浮站立

图15-7　展体漂浮

2. 滑行

（1）动作要领

肩放松，手臂、腿自然伸直并拢，身体完全舒展，低头看池底，尽量延长憋气时间和滑行距离。

（2）练习方法

扶伴漂浮：手臂扶住同伴，身体放松伸展，自然漂浮。同伴拉住练习者的手倒退行走，使其体会滑行。其后，同伴可松开双手在旁保护，由练习者自己漂浮滑行。

蹬壁滑行：背向池壁，一手臂扶池壁，同侧腿屈膝蹬壁；另一手臂水平前伸，同侧腿以脚尖支撑站立。深吸气，低头，收腹提臀，上收支撑腿，两脚贴池壁。用力蹬离，两臂合并向前伸，双腿自然并拢，全身充分伸展、放松，成流线型向前滑行。滑行结束时，收腿，下踩，站立（图15-8）。

图15-8　蹬壁滑行

蹬底滑行。两脚前后开立，两臂前伸并拢贴近双耳，深吸气后身体前倾，两膝微屈，头和肩浸入水中，前脚掌用力蹬池底。两腿并拢，身体俯卧向前滑行（图15-9）。

图15-9　蹬底滑行

三、游泳方法

（一）蛙泳

1. 腿部动作

（1）动作要领

收腿：收腿阶段指从并腿滑行阶段后，逐渐向上收小腿至贴近髋部的过程。此时，由大腿带动小腿向身体侧下方收，两腿边收边分。收腿动作应比较缓慢，这是由于在收腿时会产生阻力，过快收腿会加大阻力，收腿结束后，大腿与躯干约呈130°—140°角，两膝与肩同宽。在此阶段蛙泳腿不会产生推进力，这是为了后续动作做准备（图15-10）。

翻脚：当收腿环节快结束时需要开始向外翻脚掌。同时膝关节内扣，小腿向外翻，接着两脚掌勾脚外翻，脚尖向外，使小腿内侧和脚背的内侧正对蹬水方向，从而增大触水面积（图15-11）。

蹬夹水：蹬夹水环节是蛙泳产生前进力的主要阶段，它包含蹬腿与夹水两个动作。在翻脚动作结束后，大腿用力向外、向后蹬水，再向内做夹水动作，运动轨迹呈弧线，最后两腿伸直并拢。蹬夹水时，脚踝应在两腿完全向后蹬直时再伸直，保证蹬水距离充分，且蹬夹水动作过程需快速有力地完成（图15-12）。

并腿滑行：蹬夹水动作结束后，两腿顺势伸直并拢，髋部、腿部上升，腿部肌肉与踝关节放松，身体继续保持水平姿势向前滑行一段距离，以减少阻力。同时，为下一次完整的蛙泳腿动作做准备（图15-13）。

图15-10　收腿　　图15-11　翻脚　　图15-12　蹬夹水　　图15-13　并腿滑行

（2）易犯错误

● 表15-1　蛙泳腿部动作易犯错误及纠正方法

序号	易犯错误	纠 正 方 法
1	平收腿	让练习者坐于池边，两膝夹浮板，小腿收起直至脚后跟触及池壁时，双脚外展画一个弧形，然后两腿伸直并拢，重点体会蛙泳收腿时小腿的感觉。
2	撅臀	让练习者俯卧于池边做蛙泳腿练习，如果在练习过程中大腿触及池壁则表示有撅臀情况。提示一定要收小腿，让小腿贴近臀部，而不是大腿贴近腹部。

（3）学练方式

仰卧后撑蛙泳腿练习：坐在凳子上或地上，上体稍后仰，两臂支撑于身体后侧方，从腿部准备姿势开始，两腿伸直并拢，做完整的蛙泳腿模仿练习，即收腿、翻脚、蹬夹水与并腿伸直动作。先从分解动作开始，而后进行连贯完整的蛙泳腿练习（图15-14）。

俯卧凳上蹬蛙泳腿：俯卧姿势做收腿、翻脚、蹬夹水与并腿伸直动作（图15-15）。

坐压蛙泳腿练习：在软垫上进行蛙泳腿坐姿练习，练习时小腿、脚内侧着地，牢记勾脚外翻。感受蛙泳腿的收、翻腿及勾脚的动作。

俯卧池边蛙泳腿练习：背对泳池俯卧于岸边，肩膀与池边平行，髋部以下在水中，进行蛙泳腿收腿、翻脚、蹬夹水与并腿伸直动作。练习时，动作放松，注意蹬腿角度不要过大，着重体会在水中蹬蛙泳腿与岸上蛙泳腿练习的区别，增强水感（图15-16）。

扶池边漂浮蹬蛙泳腿：两手扶池边（槽），身体漂浮于水面呈准备姿势，两臂前伸，两腿伸直并拢，随后做蛙泳腿部动作。也可由同伴抓踝部，牵引其完成蛙泳腿动作（图15-17）。

扶浮板蹬蛙泳腿：练习者手抓漂浮板后沿，身体俯卧于水面上，低头没于水中，两臂伸直，肩膀放松做蛙泳腿练习。练习者熟悉后可抬头蹬蛙泳腿进行练习（图15-18）。

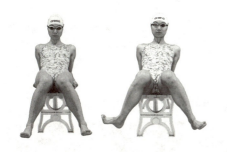

● 图15-14　仰卧后撑蛙泳腿练习

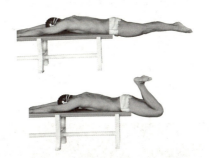

● 图15-15　俯卧凳上蹬蛙泳腿

● 图15-16　俯卧池边蛙泳腿

● 图15-17　扶池边漂浮蹬蛙泳腿

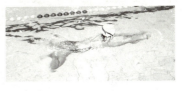

● 图15-18　扶浮板蹬蛙泳腿

2. 手部动作

（1）动作要领

外划：准备姿势后，两臂边内旋边同时对称地向外后方划水。两臂划至与肩膀同宽时，手臂略外旋，屈肘、压腕，开始抓水，手掌从朝外后方转为朝外后与下方，此时应能感受到来自水的阻力，有抓住水的感觉，为后续动作提供条件（图15-19）。

内划：掌心向内转动，同时用力带动小臂加速内划，双手由下向上并拢在胸前，准备前伸（图15-20）。

前伸：两手向前伸，肘关节伸直。蛙泳划臂的整个动作应该由慢至快，力量由小到大，协调完成（图15-21）。

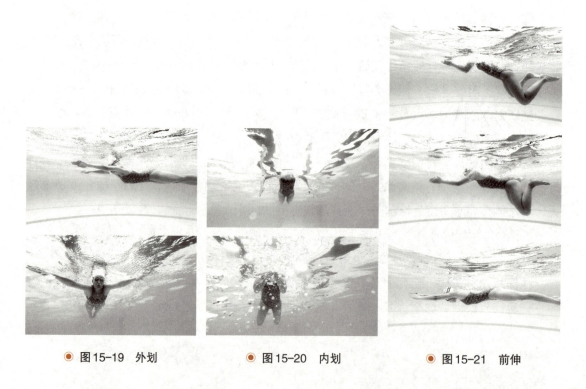

● 图15-19 外划　　　● 图15-20 内划　　　● 图15-21 前伸

（2）易犯错误

● 表15-2　蛙泳手部动作易犯错误及纠正方法

序号	易犯错误	纠正方法
1	划臂过大	多进行陆上蛙泳划臂模仿练习，强调动作要领，指出外划与肩同宽即可
2	划水过深	在水中进行划水练习，指出手在斜前方45°的时候就做内划收手动作

（3）学练方式

站立蛙泳划臂练习：陆上站立，上体稍前倾做蛙泳划臂的完整练习，即外划、内划、前伸（图15-22）。

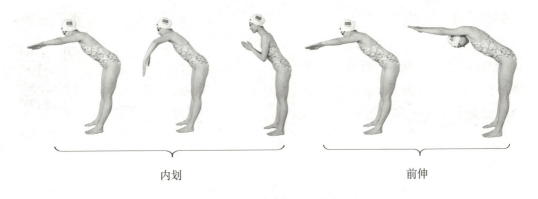

内划　　　　　　　前伸

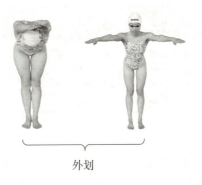

外划

● 图15-22　站立蛙泳划臂练习

池边蛙泳划臂练习：身体俯卧于池边，肩膀与池边平行，头部放置于水面上，做蛙泳划臂练习。熟悉后可逐步配合呼吸练习。

水中站立蛙泳划臂练习：站立于水中，身体稍前倾，进行蛙泳划臂练习。熟悉后可逐步配合呼吸练习。

水中行走蛙泳划臂练习：在水中站立练习的基础上，通过划臂产生的推力，边划手，边向前移动，也可配合呼吸练习（图15-23）。

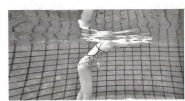

● 图15-23　水中行走蛙泳划臂练习

夹浮板蛙泳划臂练习：把浮板置于大腿根部，两腿伸直夹紧浮板，身体放松，在水中呈俯卧姿势，然后进行蛙泳划臂练习，便于更清晰地感受蛙泳划臂带来的推力与动作轨迹。

蹬边滑行蛙泳划臂练习：在蹬池边滑行之后，开始做闭气的蛙泳划臂练习，进一步体会手臂划水的动作要领。

3. 完整配合

（1）动作要领

蛙泳的完整配合即划手、蹬腿、换气的配合。双手外划时抬头吸气，此时两腿伸直并拢，手向内划时收腿低头憋气，手前伸时蹬腿发力并吐气。蛙泳划手、蹬腿、换气比例一般为1∶1∶1，即划手一次，蹬腿一次，换气一次。

视频 15-7
蛙泳完整配合

（2）易犯错误

● 表 15-3　蛙泳完整配合易犯错误及纠正方法

序号	易犯错误	纠正方法
1	吸不到气	进行蛙泳划手换气配合练习，强调吐气、吸气的时机，掌握动作要领。
2	手腿同收同蹬	可俯卧于长凳上进行蛙泳完整配合练习，强调两手内划时才开始收腿，两手前伸时蹬腿。

（3）学练方式

陆上单腿站立臂腿、呼吸配合练习：体会手臂划水与蹬腿夹水的时机。练习几次后换腿练习，并加上换气动作配合。做动作时可跟随口令进行，"1"划手，"2"收手，"3"收腿，"4"伸手，"5"蹬腿（图15-24）。

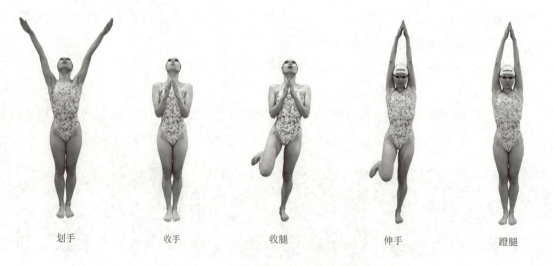

划手　　收手　　收腿　　伸手　　蹬腿

● 图 15-24　陆上单腿站立臂腿、呼吸配合练习

俯卧完整配合练习：练习者俯卧于垫子上，肩部与池边平行，手臂前伸，当两臂外划时抬头吸气，两臂前伸时，低头吐气，配合蛙泳蹬腿动作。感受完整的蛙泳动作技术。

池边划臂蹬腿配合练习：练习者俯卧于池边，肩部与池边平行，手臂前伸，当两臂外划时抬头吸气，两臂前伸时，低头吐气，配合蛙泳蹬腿动作。感受完整的蛙泳动作技术。

水中闭气臂腿配合练习：漂浮于水上，低头闭气进行蛙泳划臂与蹬腿配合练习。

蛙泳完整练习：可以先从两次蹬腿一次划手换气开始进行练习，熟练之后，逐渐过渡到一次蹬腿一次划手换气动作。

（二）自由泳

1. 腿部动作

（1）动作要领

打腿时髋部发力，大腿带动小腿向下打水。打水幅度为35—45厘米。直腿上抬，在脚接近水面时略弯膝关节，由大腿带动小腿向下打水（图15-25）。

图 15-25　腿部动作

（2）易犯错误

表 15-4　自由泳腿部动作易犯错误及纠正方法

序号	易犯错误	纠正方法
1	勾脚	通过陆上柔韧性练习，经常压脚踝提高脚踝的灵活性，然后多进行陆上模仿打腿练习，掌握动作要领再到水中进行扶板打腿练习，熟练以后进行整体配合练习
2	只用小腿打水	通过陆上模仿打腿练习体会大腿带动小腿的动作要领，练习时注意直腿打腿，上抬时一定要直腿上抬。熟练后进行扶边打腿练习，重点体会大腿带动小腿、脚踝的动作，熟练以后再进行扶板打腿，直到熟练为止

（3）学练方式

坐撑打腿：坐于池边或岸边，上体后仰，两手后撑，两腿自然伸直，脚稍内转，上下交替打腿。先要求以髋为轴直腿打水，基本掌握后，再要求放松膝、踝关节，做大腿带小腿的打水动作。先在陆上练习，后将两腿置于水中练习。

俯卧打腿：俯卧于池边或岸边，或屈臂撑地，下肢放于水中，做自由泳打腿动作。练习时，应尽可能地将下肢放于水中，以体会打水时水的阻力与下肢的支撑反作用力。

滑行打腿：蹬壁或蹬底滑行，减速后两腿上下交替打水。练习时，两臂并拢伸直，手掌微向上扬，先闭气打腿，后可边打腿边转头呼吸，可重复15—20米的距离打腿，重复次数可逐步增加。

扶板打腿：两臂伸直扶浮板，身体平卧于水中，做自由泳打腿练习。练习时，头可先在水中闭气打腿或在水面上自由呼吸，熟练后应配合转头呼吸动作，并要求逐渐增加打腿距离和加快打腿速度。

2. 手部动作

（1）动作要领

两臂交替在同侧肩前入水前伸，向下、向后方屈腕抓水，屈臂抬高肘关节，使手在身体下方向后做"S"形曲线加速划水，手划至大腿旁时提肘出水，放松前移再入水。一臂入水时，另一手臂正在划水。

入水：手贴近耳朵，在肩的延长线入水。手掌和前臂对准水，沿着身体的中线入水及抱水后划水（图15-26）。

图15-26　入水

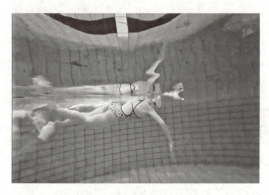

图15-27　抱水

抱水：手臂入水之后，手掌从向斜外下方转向斜内后方，屈腕、屈肘，并保持高抬肘（肘关节高于手的位置）姿势。上臂和前臂与水平面约成30°和60°，手掌接近垂直对水，肘关节屈至150°左右，形成抱水姿势（图15-27）。

划水：划水是发挥最大推动力的主要阶段，采用屈臂划水，臂越长，屈臂程度越大。其动作过程分为拉水和推水两个部分。开始划水时，沿身体中线约120°的肘关节夹角向后划水，上臂内旋，前臂移动快于上臂，划至肩的垂直面后，即进入推水部分。手臂加速向后推水至大腿侧，掌心转向大腿。划水过程中，手掌微凹，手的轨迹呈"S"形（图15-28）。

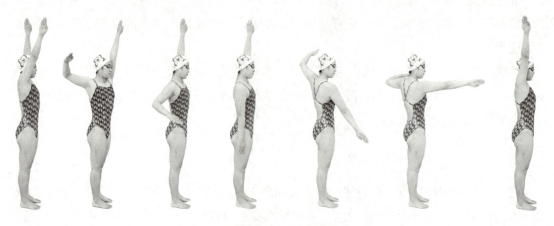

图15-28　划水

出水：划水结束后，顺应运动惯性，微屈肘，手臂在肩的带动下提出水面，肘部向外上方提拉，带动前臂和手出水面，掌心转向后上方。出水动作应无停顿，迅速、放松。

空中移臂：肘稍屈，位置高于肩和手。手离水面较低，入水前适当减速。臂部尽量放松，移臂速度较快。

两臂配合：学练自由泳时，两臂的协调配合是匀速前进的重要因素。两臂划水时的交叉位置有3种类型：前交叉、中交叉和后交叉（图15-29）。前交叉指一臂入水时，另一臂处于划水的开始阶段。中交叉指一臂入水时，另一臂划至肩下与水面约成90°，后交叉指一臂入水时，另一臂已划至腹下方，与水面约成150°。一般而言，前交叉更易掌握呼吸技术，且易保持身体平衡，能节省体力，减少疲劳，更适于初学者。而优秀运动员多采用中交叉和后交叉，其速度的均匀性较好。

 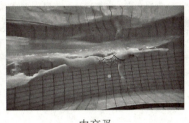 

前交叉　　　　　　　　　中交叉　　　　　　　　　后交叉

● 图15-29　两臂配合

（2）易犯错误

● 表15-5　自由泳手部动作易犯错误及纠正方法

序号	易犯错误	纠正方法
1	划水太快	入水后，大臂尽量保持不动，并与小臂保持在一条线上，小臂和手往后拉水，当手和小臂对准池底后，大臂再往后推水。这个过程在开始练习时要刻意放缓，在0.5秒至1秒内完成
2	肩膀摇摆	颈部放松，体会放松漂在水上的感觉，在向前时，眼睛看向池底或以泳帽前沿为界，泳帽前沿以下全部埋入水中。需要换气时，头部随身体转动，同时头部在前伸手臂上，这样可以帮助做到不抬头换气

（3）学练方式

陆地站立模仿：两脚自然开立，上体前屈，模仿自由泳划臂动作。练习时先模仿单臂动作，再模仿配合动作。

水中站立划臂：站立于浅水中，上体前俯，两臂在水中做陆上模仿的练习。做单臂练习时，另一手臂可在一侧向前扶池槽（边）。

水中行进划臂：在浅水中边走边做练习的动作。要求划水适当用力，以体会手臂划水的推进作用。划水时注意手掌，前臂内侧对水，推水时重心应向后。行进时不应主动迈步，而是划水时身体向前带动两脚被动跟进。

夹板划臂：俯卧水中，大腿夹浮板浮起下肢，两臂交替划水。练习时可先做"前交叉"配合，再逐步过渡至中后交叉配合。

3. 完整配合

（1）动作要领

自由泳完整配合为6次打腿、3次划水、1次呼吸，也可采用单侧呼吸的配合练习，即6次打腿、2次划水、1次呼吸；两臂采用前交叉配合，一手入水伸直时，另一手开始划水，两手在头前有短暂的交接；转头换气时，肩膀要随之转动并露出水面，便于呼吸。

视频15-8
自由泳完整配合

（2）易犯错误

● 表15-6　自由泳完整配合易犯错误及纠正方法

易犯错误	纠正方法
身体位置不平，头高腰低	降低头的位置，使身体和水面保持平行，同时增强打腿力度

（3）学练方式

边划水边转头吐气：手划至大腿时，用力吐气；移臂，眼睛看手，手移至与肩平处吸气完毕，随着手入水头复原。

扶池边练习：双手扶池边，打腿使自己漂浮起来，先练习一侧手臂。以右臂为例。左手扶池边始终不动，通过打腿来帮助漂浮，划右臂配合呼吸。手臂的单臂练习熟练以后，可以进行双臂的练习。

两人配合练习：浅水区，一人练习，一人帮助。练习者打腿漂浮，两臂划水并配合呼吸，同伴在头前拉住练习者一只手，缓慢前进，帮助练习者体会划水和前进的效果。

四、水上救生

（一）间接赴救

间接赴救指救生员在岸上发现并经过准确判断，对发生溺水事故正在呼救挣扎的溺水者，利用现场救生器材，如救生圈、救生浮漂、救生杆和其他可用器材，在保证自身安全的前提下，对溺水者进行救助。

（二）直接赴救

直接赴救指对距离游泳池边较远处发生溺水事故的溺水者，在不能采用救生器材的情况下，救生员通过入水与溺水者直接接触进行救助。直接赴救是由观察、入水、接近、解脱、拖带（徒手和器材）、上岸（徒手和器材）等技术环节组成的。直接赴救是与溺水者直接接触，因此带有一定的危险性。在使用直接赴救技术时，应以保证自己的安全为前提，未经过专业救生技术培训的人，不建议对溺水者进行直接赴救。

(三) 自我保护

游泳时可能出现手指、小腿与脚趾、大腿等部位抽筋的情况。发生抽筋时，首先要保持镇静，大声呼救；其次，在水中保持静立，进行自救，主要方法是先反向牵拉抽筋的肌肉，然后进行按摩，抽筋缓解后迅速上岸休息。

呛水同样是游泳过程中频发的现象。预防呛水较好的方法是多练习呼吸技术，在未完全掌握的时候不去深水区游泳，并且游泳的时候注意力要集中，避免过度紧张。发生呛水时，要保持冷静，采用踩水技术使身体保持平衡，缓解后上岸休息。

五、游泳竞赛主要规则

(一) 游泳运动的场地规格

国际标准游泳池长50米，宽25米，深2米以上，共设10道（2—9为比赛之用）。每条泳道中心池底有清晰的黑色直线标志，线宽为20—30厘米，线长为46米，两端各离池边2米，以便比赛时运动员沿直线游进。池底5米、25米、45米处各画一条宽25厘米的红色横线，以便运动员识别游程。出发台设在泳池两端每条泳道的中央，其前端高出水50—75厘米，台面为50平方厘米的正方形覆盖防滑材料，向前倾斜不超过10°（图15-30）。

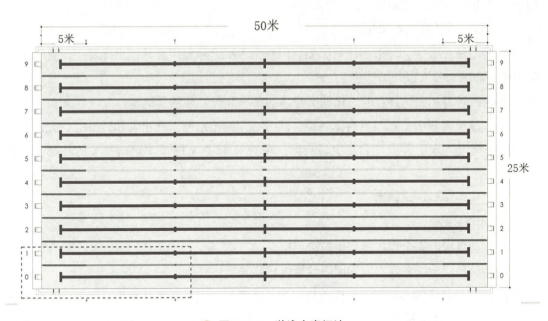

● 图15-30 游泳竞赛场地

(二) 游泳比赛的主要规则

1. 技术规定

（1）出发的规定和犯规判罚

① 蛙泳、自由泳、蝶泳、个人混合泳及自由泳接力的比赛必须从出发台出发。仰泳比赛、混合泳接力比赛的第一棒，必须从水中出发。

链接 15-1

游泳竞赛规则
2019—2022

②运动员在出发信号发出前出发，应判犯规。因裁判员的失误或器材失灵导致运动员抢跳时，不判抢跳犯规。

（2）蛙泳比赛的技术规定

①在出发和每次转身后，运动员可没入水中并可做一次手臂充分向后划至腿部的动作。在出发和每次转身后，运动员可在第一次蛙泳蹬腿动作前打一次蝶泳腿。

②从出发和每次转身后的第一次手臂动作开始，身体应保持俯卧，任何时候都不允许身体呈仰卧姿势。在出发后的整个游程中，动作周期必须是以一次划水和一次打腿的顺序完成。

③两臂的所有动作应同时并在同一水平面上进行，不得有交替动作。除出发和每次转身后的第一次划水动作外，两只手向后划水不得超过臀线。

④在每个完整动作周期内，运动员头的一部分必须露出水面。

⑤两腿的所有动作应同时并在同一水平面上进行，不得有交替动作。在打腿过程中，两脚必须做外翻动作。

⑥在每次转身和到达终点时，两手应分开在水面、水上或水下同时触壁。在触壁前的最后一次划水动作结束后，头可以没入水中。但在触壁前最后一个完整或不完整的动作周期中，头的一部分必须露出水面。

（3）自由泳比赛的技术规定

①自由泳比赛中，可采用任何泳姿。但在个人混合泳及混合泳接力比赛中，自由泳指除蝶泳、仰泳、蛙泳以外的泳姿。

②每次转身和到达终点时，运动员身体的某一部分必须触及池壁。

③在整个游程中，运动员身体的某一部分必须露出水面。在出发和转身时，允许运动员身体完全没入水中；出发和每次转身后，在15米前（含15米）运动员头的一部分须露出水面。

2. 比赛规定与犯规判罚

（1）比赛规定

①运动员应游完全程才能获得录取资格。

②运动员应始终在其出发的同一泳道内比赛和抵达终点。

③运动员转身时必须按各泳姿的规定触及池壁，不允许在池底跨越或行走，不允许拉分道线。在自由泳项目和混合泳项目的自由泳段比赛中，允许运动员在池底站立，但不得行走。

④比赛中，运动员不得使用或穿戴任何有利于其速度、浮力、耐力的器材和泳装，游泳镜除外。不允许在身上使用任何胶带，除非经组织委员会（竞赛委员会）指定的医疗机构同意。

⑤在比赛场地内，不允许进行速度诱导及采用任何能起速度诱导作用的装置与方法。

（2）犯规判罚规定

① 游出本泳道阻碍或以其他方式干扰其他运动员者，应判犯规。在所有比赛的运动员还未游完全程前，未参加比赛的运动员如果下水，应取消其原定的下一次比赛资格。

② 运动员抵达终点后或在接力比赛中游完自己的距离后，应尽快离开泳池，如妨碍其他游进中的运动员，应判该运动员（接力队）犯规。

（3）接力比赛规定和犯规判罚

① 接力比赛以队为单位，每个接力队应有4名队员，每名接力队员在一次接力比赛中只能游其中的一棒。每队可在报名参加比赛的同组运动员中任选4人参加接力比赛，在预赛、决赛中参加者可任意调换。接力队必须按提交名单和顺序参加比赛，否则将被取消录取资格。

② 接力比赛如前一名运动员尚未触及池壁，后一名运动员的脚已蹬离出发台，应判犯规。

③ 接力比赛中，在各队的所有运动员还未游完之前，除了应游该棒的运动员，其他接力队员如果进入水中，应判犯规。

思考与练习

1. 游泳运动的特点与锻炼价值是什么？
2. 简述蛙泳、自由泳完整技术的配合方法。
3. 简述蛙泳、自由泳完整动作的易犯错误及改正方法。
4. 简述蛙泳比赛的规则。
5. 简述水上救生的方法。

自我测评

测评者需在符合中国游泳协会最新公布的《游泳竞赛规则》所认定的池长50米或25米标准游泳池进行测评，通过学习的蛙泳、自由泳泳姿进行达时测验。对照下表的指标自我评价学习情况与表现。其中，优秀：90—100分；良好：80—90分；中等：70—80分；合格：60—70分。需要注意的是在进行自我测评时要注意动作的准确性，争取做到协调流畅，并结合本章所学的易犯错误及技术规定，出现一个错误动作扣除5分，同样的错误动作不重复扣分；若测评过程中出现犯规情况则本次自测成绩无效，需要重新进行测评。

● 表15-7　成年男子、女子蛙泳与自由泳成绩评分表

	评价内容及方法	优　秀	良　好	中　等	合　格
成年男子	50米蛙泳	00:50.00	00:58.00	01:10.00	01:30.00
	50米自由泳	00:40.00	00:55.00	01:05.00	01:20.00
成年女子	50米蛙泳	01:10.00	01:20.00	01:30.00	01:40.00
	50米自由泳	00:55.00	01:05.00	01:20.00	01:30.00

参考文献

［1］傅遐龄.大学体育教程［M］.北京：人民邮电出版社，2012.

［2］袁守龙.大学体育与健康［M］.北京：人民邮电出版社，2019.

［3］王皋华，张威.大学体育与健康教程［M］.北京：北京体育大学出版社，2014.

［4］张瑞林.游泳［M］.北京：高等教育出版社，2005.

［5］张瑞林.游泳（第二版）［M］.北京：高等教育出版社，2010.

［6］国家体育总局职业技能鉴定指导中心.游泳（修订版）［M］.北京：高等教育出版社，2011.

［7］王德平，黄朕.大学体育［M］.北京：人民邮电出版社，2017.

第十六章 跆拳道运动

【本章导学】

本章概述了跆拳道运动的起源与发展、特点与价值以及赛事与组织，重点介绍了现代竞技跆拳道的基本技术、常用战术和主要竞赛规则。掌握和了解基本的跆拳道理论知识有助于提高跆拳道实践练习的科学性，经过反复多次的练习，练习者的身心健康水平、跆拳道技战术水平、道德修养水平等均可得到提高。通过本章的学习，可了解跆拳道相关理论知识，掌握竞技跆拳道基本步法、拳法和常用腿法，能与同伴进行简单的技战术配合演练，具备"礼义廉耻、忍耐克己、百折不屈"的跆拳道精神。

一、跆拳道运动概述

（一）起源与发展

1. 跆拳道运动的起源

跆拳道是由朝鲜半岛的自卫术演变发展而来的。原始社会时期，居住在朝鲜半岛的大部分人过着以农业为主的农耕并辅以狩猎的生活。在生活和御敌的实践中，人们逐渐发现一些既能够锻炼身体又能够御敌自卫的技术，古代跆拳道的雏形正是在这种环境下孕育而生的。经过不断的发展和完善，这些技术由一种原始本能的自卫活动演化为有目的、有意识的格斗运动，除了用于御敌和狩猎外，也用于参与祭祀和展示力量的斗技大会。

2. 跆拳道运动的发展

1945年，朝鲜半岛解放，流落海外的朝鲜人将各地的武艺带回朝鲜并和朝鲜的自卫术进行融合，逐渐形成了现代跆拳道体系的雏形。1955年，崔泓熙将军提出将"跆拳道"作为朝鲜半岛自卫术的统一名称，由于各方意见不一致，1961—1965年期间仍使用"跆手道"称呼。1965年8月，"跆拳道"这一名称正式统一使用。至今，跆拳道已发展成为一个以脚踢为主、拳打为辅、手脚并用、注重礼仪的人体徒手格斗类运动项目，其常见表现形式有品势、竞技（本章内容围绕竞技跆拳道展开）和特技3种。1966年，第一个跆拳道国际组织——国际跆拳道联盟成立。1973年5月，世界跆拳道联合会成立，同年开始举行第一届世界跆拳道锦标赛。1975年，世界跆拳道联合会被国际体育联合会接纳为正式成员。1980年，世界跆拳道联合会得到国际奥委会正式承认，推动了跆拳道运动在全世界的飞速发展。其后，跆拳道在1988年、1992年、1996年3届奥运会中被列为表演项目，在2000年正式成为奥运会比赛项目，设男女各4个公斤级。

1992年，中国跆拳道协会筹备小组的成立，标志着我国正式拉开了跆拳道运动开展的序幕。1999年，王朔获得埃特蒙多世界跆拳道锦标赛女子55公斤级冠军，这是中国跆拳道项目获得的第一个世界冠军。2000年，陈中获得悉尼奥运会跆拳道女子67公斤以上级比赛冠军，实现了中国跆拳道队奥运会金牌零的突破。2016年，赵帅获得里约奥运会跆拳道男子58公斤以下级冠军，实现了中国跆拳道队男子奥运会金牌零的突破。1992年至今，我国跆拳道运动员共获得7枚奥运会金牌。此外，跆拳道运动也在群众体育中蓬勃发展，国内各地跆拳道道馆如雨后春笋般不断涌现，越来越多的年轻人加入到跆拳道项目的学习和运动中。

（二）跆拳道运动的特点与价值

1. 跆拳道运动的特点

（1）注重礼仪

跆拳道给人留下的较深印象之一，是跆拳道练习者在训练、比赛或日常生活中的多种场合下行鞠躬礼的行为。这是因为跆拳道以"礼义廉耻，忍耐克己，百折不屈"为项目精神。"礼"排首位，"礼"也是跆拳道练习者入门学习的第一课和日常练习内容之一，日常的训练中所有练习活动都要"以礼始、以礼终"。

（2）腿法为主

跆拳道技术方法中占主导地位的是腿法，因为腿法的击打距离远，攻击隐蔽性强，威力大，是比赛时得分和制敌的有效方法。因此，腿法技术在跆拳道所有技术的运用中约占3/4。

（3）严格的段位晋升制度

跆拳道的段位晋升制度分为晋级和晋段，具体分为十级九段。不同的"级"要佩戴不同颜色的腰带，初级（十级）为白色腰带，最高级（一级）为红黑色腰带。入"段"以后系黑色腰带，可据此判定和区分练习者的修炼层次。

2. 跆拳道运动的价值

（1）强身健体

经常进行跆拳道练习，不仅可以发展人的速度、力量、耐力等身体素质，改善身体形态，提高各器官系统机能水平，还可以提高人的观察、思维、记忆等能力，并延缓大脑机能的衰退。

（2）修身养性

通过跆拳道训练和比赛的教育过程，能对人的思维认知、道德修养、个性特征、意志品质等起到教化作用。比如任何一个想要获得更好成绩和晋升级位或段位的跆拳道练习者，都必须向自己的身体和精神极限冲击，并与惰性抗争。

（3）防身自卫

跆拳道运动属于同场格斗对抗性项目，这类项目具有紧张、激烈和对抗性强的特点。因此，经常进行跆拳道练习，不仅可以提高修炼者的力量、速度、反应、灵敏等运动素质，增强人体的抗击打能力；还可以在攻防形式的练习中，掌握实用的防身技术。

（三）跆拳道运动的组织及赛事

1. 跆拳道运动主要组织

（1）世界跆拳道联合会

世界跆拳道联合会（World Taekwondo，WT）（图16-1），简称世跆协，是一个受国际奥委会承认的国际性跆拳道运动的管理组织，也是世界跆拳道运动的最高管理机构。世跆协于1973年在韩国汉城成立，总部设在韩国，现有182个协会会员，同时还包含亚洲、欧洲、非洲、大洋洲和泛美地区跆拳道联合会。其主办的赛事活动有世界跆拳道锦标赛、世界青年跆拳道锦标赛、世界少年跆拳道锦标赛、世界跆拳道大奖赛等。

● 图16-1　世界跆拳道联合会标志

（2）中国跆拳道协会

中国跆拳道协会（Chinese Taekwondo Association，CTA）（图16-2），简称中跆协，是由国家体育总局主管、中华全国体育总会领导的群众性非营利性体育社团，是中国奥委会承认的、代表中国参加国际跆拳道组织和活动的唯一合法组织。中跆协于2004年在北京成立，总部设在北京，现有团体会员31个，包括各省、自治区、直辖市跆拳道协会。其主办的赛事活动有全国跆拳道锦标系列赛、全国跆拳道冠军总决赛、全国青年跆拳道锦标赛等。

图16-2 中国跆拳道协会标志

2. 跆拳道运动重要赛事

（1）奥运会跆拳道比赛

奥运会跆拳道比赛是跆拳道运动的重要赛事之一。跆拳道于1988年汉城（现首尔）奥运会时被确立为示范项目；在1992年巴塞罗那奥运会上成为试验比赛项目；在2000年悉尼奥运会成为正式比赛项目，并设置了男子58公斤以下级、68公斤级、80公斤级、80公斤以上级，女子49公斤以下级、57公斤级、67公斤级、67公斤以上级共8个级别。中国共计获得过9枚跆拳道奥运金牌（含中国台湾2枚），其中陈中在第27、28届奥运会上连续两届获得女子67公斤以上级冠军，吴静钰在第29、30届奥运会上连续两届获得女子49公斤以下级冠军。

（2）世界跆拳道锦标赛

世界跆拳道锦标赛（World Taekwondo Championships，WTC），是世界跆拳道联合会主办的世界最高水平的跆拳道赛事，也是历史最悠久的国际跆拳道大赛。1973年在韩国首尔首次举办，此后每两年举办一届，前7届世界跆拳道锦标赛只有男子项目，从第8届（1992年）开始设立女子项目。

（3）世界跆拳道大满贯冠军系列赛

世界跆拳道大满贯冠军系列赛，2017年7月创办，永久落户中国无锡。该赛事每年举办一届，比赛规格仅次于奥运会跆拳道比赛，也是中国国内目前举办的唯一一项奥运会资格选拔赛事。该赛事设男女共8个级别，分为海选赛和总决赛两个赛事阶段，海选赛各级别的前三名选手才有资格参加年底总决赛。

（4）全国跆拳道锦标系列赛

全国跆拳道锦标系列赛，1995年5月在北京体育大学首次举办，此后每年举办一届。该赛事是我国除全运会外最高级别的跆拳道赛事。2018年该赛事对赛制进行了更改，由原先的每年举办一次，改为赛会制，即一年分为三站分站赛和一站冠军总决赛。

二、跆拳道基本技术

（一）基本格斗式和基本站式

1. 基本格斗式

两脚前后开立与肩同宽，两脚尖45°斜向前方成侧马步姿势，后脚往外侧迈步半个脚掌距离，两脚跟抬起，膝关节微屈，重心落在两腿中间；上身自然直立；两手握拳，前脚同侧手（前手）肘关节弯曲约120°，拳轮向下，后手肘关节弯曲约45°并护于胸前；双眼目视正前方或对手。该基本格斗式（以下简称"格斗式"）在步法移动过程中基本保持不变，但因个体差异，身体重心可略高或略低些（图16-3）。

图16-3 基本格斗式

2. 基本站式

（1）左/右式站位

练习者左脚在前的格斗式称左式；右脚在前的格斗式称右式（图16-4）。

（2）开/闭式站位

和对手体前相对的站位称开式。在此种站位时，双方练习者的前脚为不同侧脚。开式包括左式对右式和右式对左式两种站位（图16-5）。

和对手体侧相对的站位称闭式。在此种站位时，双方练习者的前脚为同侧脚，如双方都是左脚在前。闭式包括左式对左式和右式对右式两种（图16-6）。

图16-4 左式和右式

图16-5 开式站位

● 图16-6　闭式站位

（二）基本步法

1. 原地步法（换步）

以左式为例（以下步法均以左式开始），两脚同时蹬地起跳，空中转体，同时前后脚互换位置，落地呈右式。换步时的腾空略微离地即可。

2. 前进步法

（1）前滑步

右脚蹬地，左脚先贴地向前滑行一步，右脚随即跟前一步，两脚之间的距离及身体姿势保持不变。

（2）上步

以左脚前脚掌为轴，右脚蹬地向前经左脚内侧迈步约两个肩宽距离，落地成右式，可连续进行。

（3）交叉上步

右脚蹬地向前经左脚内侧迈步约两个肩宽距离，右脚落地后，左脚立即蹬地向前迈步约一个半肩宽距离，两脚落地后间距为一个肩宽左右。交叉上步的过程中，身体方向始终朝向同一侧。

3. 后退步法

（1）后滑步（后撤步）

后滑步的动作形式同前滑步，但移动方向相反。左脚蹬地，右脚贴地向后滑行一步，左脚随即跟随向后滑行，两脚之间的距离及身体姿势保持不变。

（2）后退步

后退步的动作形式同上步，但移动方向相反。以右脚前脚掌为轴，左脚向后经右脚内侧后撤两个肩宽距离，落地呈右式。

（3）交叉后退步

交叉后退步动作形式同交叉上步，但移动方向相反。左脚蹬地向后经右脚内侧迈步约两个肩宽距离，左脚落地后，右脚随即向后迈步约一个半肩宽距离，两脚落地后间距为一个肩宽左右。交叉后退步过程中，身体方向始终朝向同一侧。

4. 侧向步法

（1）左/右侧滑步

左/右侧滑步的动作形式类似后滑步，但动作方向为身体侧方。以右侧滑步为例，左脚蹬地，右脚贴地向右或右后方侧滑一步，左脚随即跟随向右后方侧滑一步，两脚之间的距离及身体姿势仍保持左式。

（2）左/右侧换步

左右换步的动作形式类似原地换步，但动作方向为身体侧方。以左侧换步为例，两脚同时蹬地起跳，空中转体，前脚变为后脚，后脚变为前脚，落地呈侧向右式。侧换步时腾空略微离地即可。

（三）基本拳法

1. 拳的握法

除大拇指外，将伸开的掌指依次卷曲，拇指扣在中指和食指的第二指节上。拳面要平，手腕伸直（图16-7，图16-8）。

● 图16-7　拳的握法

2. 拳法技术

（1）前手拳

以左式为例，后脚脚掌蹬地，前脚向前迈出约一脚长距离，同时重心前移至左脚，左手握拳由胸口处伸肘向目标冲拳，手腕绷直，力达拳面，同时右手握拳向体侧45°斜下方做格挡防守动作（图16-9）。

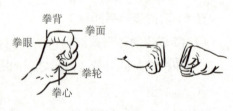

● 图16-8　拳的握法及拳面示意图

（2）后手拳

以左式为例，后脚脚掌蹬地，重心前移，腰部向左转动，右手握拳由胸口处伸肘向目标冲拳，手腕绷直，力达拳面，同时左手握拳向体侧45°斜下方做格挡防守动作（图16-10）。

图16-9　前手拳　　　图16-10　后手拳

3. 易犯错误

表16-1　拳法易犯错误及纠正方法

序号	易犯错误	纠正方法
1	单纯用手臂发力	出拳手一侧的脚和髋关节反复做蹬地、转腰练习。
2	出拳时上肢过于僵硬	做动作之前，先在原地做肩关节的放松活动。
3	击打目标时手腕松弛	保持出拳姿势，拳面接触平整的固体物（脚靶、沙袋、墙面等），体会击打目标时手腕的绷紧感。

4. 学练方式

（1）原地空击练习

掌握动作要领后，在原地空击练习，强化肌肉感觉。

（2）拳法结合步法练习

步法移动结合拳法的运用，如前滑步结合进攻后手拳。

（3）固定靶练习

利用沙袋或大脚靶作为击打目标进行拳法练习。

（4）"喂招"练习

配合者手持脚靶，配合练习者进行拳法练习，如双方开式对攻，配合者将脚靶拿至胸口齐平位置并主动进攻，让练习者做后手迎击拳。

（5）条件实战练习

限制一些因素进行拳法实战，如限制配合者的踢腿速度以培养练习者出拳的时机感，或要求配合者主动进攻，给练习者创造迎击拳的时机。

（四）基本腿法

竞技跆拳道中常用的腿法有横踢、侧踢、下劈、双飞踢、旋风踢、后踢和后旋踢7种，这些腿法根据击打部位和使用前后腿的不同，可细分为23种具体腿法，且都可在进攻、迎击和反击3种时机中运用，详见表16-2。

● 表16-2 常用基本腿法

腿 法	位置/方向	前 腿	后 腿
横踢	躯干	前腿横踢中位	后腿横踢中位
	头部	前腿横踢高位	后腿横踢高位
侧踢	躯干	前腿侧踢中位	后腿侧踢中位
	头部	前腿侧踢高位	后腿侧踢高位
下劈	正中	前腿下劈	后腿下劈
	里和	前腿里和	后腿里和
	外摆	前腿外摆	后腿外摆
双飞踢	躯干	前腿双飞踢中位	后腿双飞踢中位
	头部	前腿双飞踢高位	后腿双飞踢高位
旋风踢	躯干		旋风踢中位
	头部		旋风踢高位
后踢	躯干		后踢中位
	头部		后踢高位
后旋踢	头部		后旋踢击头

1. 横踢

横踢是竞技跆拳道比赛中使用率和得分率都相对较高的腿法，有效击打躯干可得2分，有效击打头部可得3分。

（1）动作要领

横踢可分为"提膝转髋、弹收腿、落地"3个基本环节，以左式和后腿横踢中位为例。

提膝转髋：右脚蹬地，身体重心前移至左脚，右腿紧贴左腿内侧屈膝上提至髋高度，支撑脚前脚掌内旋180°，膝关节指向击打目标，踝关节放松。**弹收腿**：膝关节固定不动，小腿向左侧弹踢，用脚背击打目标物，同时右臂向身体右侧发力，使躯干和髋关节呈拧转状态，击打完成后收回小腿。**落地**：下压右髋，落地成右式。动作过程中眼睛注视击打目标（图16-11）。

● 图16-11　后腿横踢中位

（2）易犯错误

● 表16-3　后腿横踢易犯错误及纠正方法

序号	易犯错误	纠正方法
1	提膝幅度过大	以墙面或高于髋关节的障碍物作为限制物，身体腹部一侧靠近限制物进行横踢练习
2	大小腿没有折叠	在垫子上侧卧、扶墙或扶高于髋关节的固定物，由慢到快，连续进行弹收腿练习
3	弹收腿时膝关节晃动	
4	用脚尖击打目标	

2. 侧踢

随着电子护具的使用以及跆拳道竞赛规则的变化，侧踢已成为现代竞技跆拳道比赛中最常用的腿法，有效击打躯干可得2分，有效击打头部可得3分。比赛中使用较多的侧踢形式有：前腿侧踢中位进攻、前腿侧踢中位迎击。

（1）动作要领

侧踢可分为"抬腿、蹬收、落地"3个基本环节，以右式和前腿侧踢中位为例。**抬腿**：右腿屈髋屈膝上抬至髋高度，大腿、膝关节、小腿、脚尖基本在同一水平高度，大腿前侧和身体夹角、大小腿夹角均小于90°，微勾脚尖，脚心对准击打目标，支撑腿和身体直立，两手交叉置于胸腹位置做防守姿势。**蹬收**：右腿对准击打目标，伸髋伸膝向前蹬伸，力达脚心，击打完成后收腿。**落地**：下压右髋，落地恢复右式。动作过程中双手交叉护于胸前，眼睛注视击打目标（图16-12）。

图 16-12 前腿侧踢中位

（2）易犯错误

表 16-4 前腿侧踢易犯错误及纠正方法

序号	易犯错误	纠正方法
1	大小腿折叠不充分，蹬踢无力	手扶墙面或高于髋关节的固定物，身体姿势固定在"抬腿"环节，由慢到快，连续进行有间歇的蹬收腿固定靶练习
2	蹬腿的发力点分散不固定	

3. 下劈

下劈是比赛中最重要的击头技术，有效击打对手头部可得3分。比赛中使用较多的下劈形式有：后腿下劈进攻、前腿下劈迎击、近身位里合下劈。

（1）动作要领

下劈可分为"提膝、伸膝、下劈"3个基本环节，以左式和后腿下劈为例。**提膝**：右脚蹬地，重心前移，右腿由后经左腿内侧屈膝提至胸口，身体和大腿夹角、大腿和小腿夹角均小于45°，左支撑脚脚后跟上抬，重心上提，两手握拳置于身体两侧。**伸膝**：右腿小腿做伸膝动作，将脚摆动过头顶高度。**下劈**：右脚掌对准击打目标，大腿发力带动小腿向目标劈击，发力完成后落地成右式。动作过程中眼睛注视击打目标（图16-13）。

图 16-13 后腿下劈

（2）易犯错误

● 表 16-5 下劈易犯错误及纠正方法

序号	易犯错误	纠 正 方 法
1	提膝过低	身体正对同肩高的带有软垫的固定物，进行"提膝后将小腿前侧胫骨贴于固定物上"的练习
2	踢击时重心下沉且后仰	以行进间的形式，左右腿交替做"向前进攻形式的下劈提膝"练习
3	落地重心不稳	手扶固定物，劈击腿抬起不落地，反复做"劈击"动作

4. 双飞踢

双飞踢其实质上是由"腾空左右横踢"组成的，有效击打躯干可得2分，有效击打头部可得3分。比赛中使用较多的双飞踢形式有：开式前腿双飞踢中位进攻、近身位连续多次双飞踢。

（1）动作要领

双飞踢可分为"第一腿横踢不落地、蹬地转髋、第二腿横踢"3个基本环节，以右式和后腿双飞踢中位进攻为例。**第一腿横踢不落地**：向前做左腿横踢（同横踢动作要领）。**蹬地转髋**：横踢收腿下落过程中，右脚掌蹬地起跳，右髋关节向左扭转，躯干和髋关节呈拧转状态。**第二腿横踢**：在空中向前做右腿横踢（同横踢动作要领）。动作过程中眼睛注视击打目标（图16-14）。

● 图 16-14 后腿双飞中位

（2）易犯错误

● 表 16-6 双飞踢易犯错误及纠正方法

序号	易犯错误	纠 正 方 法
1	用脚侧击打目标	对着沙袋，以低于踢击标准要求的高度进行连续双飞踢练习，踢击过程中，将注意力放在髋部的转动上
2	身体过分后仰，击打无力	练习者做行进间连续双飞踢练习，练习过程中，同伴手持脚靶以中等速度后退

5. 旋风踢

旋风踢属于高难度转身腿法，其实质是由"后转体360°与腾空后腿横踢"组成的。有效击打躯干可得4分，有效击打头部可得5分。比赛中使用较多的旋风踢形式有：闭式旋风踢中位进攻、开式上步旋风踢中位进攻。

（1）动作要领

旋风踢可分为"360°转体、蹬地转髋、腾空横踢"3个基本环节，以右式和旋风踢中位进攻为例。**360°转体**：身体重心前移至右脚，左脚蹬地后抬起离地约5—10厘米高度，同时支撑脚前脚掌迅速外旋180°，头部向逆时针方向水平转动一圈目视击打目标，髋关节带动身体和摆动腿随头部方向转动。**蹬地转髋**：右支撑脚蹬地上跳，髋关节向左拧转，左腿下压落。**腾空横踢**：借助蹬地腾空、髋关节向左拧转的力量，在空中向右做横踢（同横踢动作要领）。动作过程中眼睛注视击打目标（图16-15）。

图16-15　旋风踢中位

（2）易犯错误

表16-7　旋风踢易犯错误及纠正方法

序号	易犯错误	纠正方法
1	转身时身体重心倾斜	行进间左右腿交替做"360°转体落地"练习，注意力放在对身体重心的控制上，速度由慢到快
2	用脚侧击打目标	行进间做"360°转体落地+后腿横踢"练习，注意力放在髋部旋转和脚背发力击打上，速度由慢到快
3	转体和踢击分节	练习者行进间连续做"进攻旋风踢"练习，练习过程中，同伴手持脚靶以中等速度后退

6. 后踢

后踢属于较高难度的转身直线型腿法，有效击打躯干可得4分，有效击打头部可得5分。比赛中使用较多的后踢形式有：闭式后踢中位迎击。

（1）动作要领

后踢可分为"转身扭头、后蹬、落地"3个基本环节，以左式和后踢中位为例。**转身扭头**：右脚蹬地，重心前移至左脚，左脚前脚掌外旋至脚后跟对准击打目标，头部带动身体沿支撑脚纵轴向右后转动，当身体背对击打目标时，上体制动，两眼沿右肩上方向后注视目标。**后蹬**：右脚离地，小腿屈膝上勾约90°，右腿紧贴支撑脚内侧向击打目标直线踢出，力达脚心。**落地**：右腿微收腿，且迅速下落，身体转向正前方成右式（图16-16）。

图16-16 后踢中位

（2）易犯错误

表16-8 后踢中位易犯错误及纠正方法

序号	易犯错误	纠正方法
1	后蹬划弧摆踢或撩踢，击打无力	手扶一定高度的固定物，身体背对固定物，踢击腿离地，反复做"蹬收"练习，注意力放在臀部和大腿后蹬发力上
2	转身和踢击脱节	行进间左右腿交替连续做"后踢进攻"练习

7. 后旋踢

后旋踢属于高难度转身弧线形腿法，是重要的击头技术，有效击打头部可得5分，更可直接重创对手。比赛中使用较多的后旋踢形式有：开式上步后旋踢进攻、闭式后旋踢迎击。

（1）动作要领

后旋踢分为"转身扭头、后摆、落地"3个基本环节，以左式和后旋踢迎击为例。**转身扭头**：同后踢动作要领。**后摆**：右脚离地，小腿上钩屈膝约90°，右腿紧贴支撑脚内侧向击打目标蹬出，当右小腿接近击打目标时，右膝迅速伸直，髋部和大腿后群肌肉主动用力做勾腿动作，由右至左横向摆动，用右脚心或脚后跟击打目标。**落地**：右腿击打结束后随惯性落于身体后侧，支撑脚随身体重心的变化，以前脚掌为轴外旋，身体顺势转向正前方成右式（图16-17）。

图 16-17　后旋踢

（2）易犯错误

表 16-9　后旋踢中位易犯错误及纠正方法

序号	易犯错误	纠正方法
1	击打无力	身体背对并手扶某一固定物，踢击腿离地，反复做"后摆腿"练习，体会髋关节和大腿后摆发力的感觉
2	踢击结束后身体无法立即恢复实战式	身体背对并手扶某一固定物，支撑脚脚后跟离地，在踢击腿完成后摆击打后，支撑脚外旋带动身体恢复实战式
3	转身和踢击分节	原地做"连续后旋踢"练习

8. 学练方式

空击模仿练习：教师边做示范边讲解，学生充分了解和熟练掌握动作要领后，以原地或行进间的形式进行空击练习。

有支撑分解或完整练习：手扶固定物按每种腿法的基本环节进行分解练习，并逐步将各个环节衔接起来。

无支撑空击练习：原地或行进间反复多次进行单一腿法练习，速度由慢到快，力度由轻到重。

结合身法和步法的空击练习：原地对着镜子或行进间，以"步法+腿法"或"腿法+步法+腿法"的形式进行练习。

互不接触的攻防练习：两人保持比实战距离稍远的距离，一方做进攻形式腿法或拳法技术，另一方做出相应的迎击或反击形式的腿法或拳法。

固定靶练习：配合者手持脚靶站在原地，脚靶位置固定不变，练习者自行练习某一腿法。

移动固定靶练习：双方处于实战移动状态，配合者手持脚靶且脚靶位置固定不变，配合者脚底步法移动，练习者自行寻找距离练习某一腿法或拳法。

移动反应靶练习：双方处于实战状态，配合者突然给出某一腿法或拳法的相应靶位，练习者看到靶位后迅速做出相应的腿法或拳法技术。如双方在开式站位下，配合者给出后腿横踢进攻的靶位，练习者立即做进攻形式的后腿横踢技术。

条件实战练习：限制部分因素进行实战练习。如为提高练习者前腿横踢迎击高位的能力，规定配合者以各种形式的技术反复组织进攻。

实战练习：在近似、模拟或真实、严格的比赛条件下，按比赛的规则和方式进行训练的方法，如安排2分钟的实战练习。

三、跆拳道基本战术

跆拳道的战术形式并不是单一的，同一种战术形式既可用于进攻，也可用于反击，例如重创战术。另外，还有一些特殊的战术形式，既不属于进攻也不属于反击，比如体力战术、心理战术。以下介绍竞技跆拳道中4种较为常用的战术。

（一）技术战术

技术战术是指不考虑实战中的其他因素，单纯从技术方面采取的踢击计策和方法。技术战术的使用需要考虑攻击距离是否合适，攻击时机是否恰当、双方站式从哪个方向攻击更易得分等问题。根据技术使用的目的可将技术战术分为进攻技战术和反击技战术。进攻技战术是以我为主、先发制人的攻击战术。跆拳道的进攻技战术分为直接进攻和间接进攻两种形式。直接进攻技战术如开式站位下，做后腿横踢中位进攻；间接进攻技战术如闭式站位下，先用推踢进攻控制距离，推踢落地后接前腿横踢高位进攻。反击技战术是在对手主动进攻的基础上，抓住其暴露的空隙和破绽进行攻击的战术。反击技战术有3种形式：一是在对手发动进攻的开始进行反击，被称为迎击技战术；二是在对手发动攻击的同时进行反击，被称为反击技战术；三是在对手攻击结束后进行反击，被称为防守反击技战术。

（二）佯攻战术

佯攻战术是指运动员采用调动法，有意给对手制造错觉，把对手引入陷阱后，进行真实进攻的计策和方法。佯攻战术适用于：对对手的打法不了解；对手动作反应快，迎击和反击能力强；自己想做迎击或反击战术，需要对手主动进攻等情况。佯攻战术可通过步法、腿法、拳法的预摆动作辅助完成。

（三）突袭战术

突袭战术是指针对对手出现的习惯动作，或在意想不到的情况下进行攻击的计策和方法。多数跆拳道练习者都会有自己特有的无意识惯性动作，此时最易放松大意。突袭战术实施的核心在于当对手以为自己出现这些惯性动作不会被攻击时而进行攻击。突袭战术也可用于在连续实施几个相同的战术后，转变思路以创造得分机会。实施突袭战术的关键有3点：一是运动员要有逆向思维；二是能准确、及时地发现对手无意识的习惯动作；三是能精准地抓住对手惯性动作的时机，进而组织实施相应的战术。

（四）边角战术

边角战术是指位于场地边线或边角处所实施的一些计策和方法。边角战术通常有两种形式：一是有目的地将对手逼到边角位置，抓住其害怕出界扣分而出现恐惧心理和技战术使用受限制的机会，将对手踢出边界或攻击得分。二是有意将自己置于边界处以实施某种目的的技战术。实施边角战术时，如果自己是临界一方，应通过步法移动尽快回到场地中间或主动攻击。如果自己是压制对手临界一方，应封堵对手的移动路线并选择适合短距离攻击的技术连续攻击或将对手踢出边界。

链接 16-1

跆拳道其他战术形式

四、跆拳道竞赛主要规则

（一）竞赛场地

跆拳道竞赛场地应为平整、无障碍且铺设有弹性防滑垫的场地。竞赛场地为正方形，应不小于10米×10米，不大于12米×12米，并由竞赛区域和安全区域构成。竞赛场地的中央为八角形的竞赛区，该赛区直径为8米，八角形的每一侧边长为3.3米。竞赛场地的外围线和竞赛区的边界线之间为安全区。因竞赛区域为八角形，通常称其为"八角垫"（图16-18）。

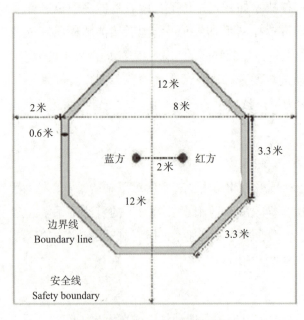

● 图16-18 跆拳道竞赛场地

（二）赛制

竞技跆拳道的赛制通常为单败淘汰制。比赛分3局，每局2分钟，局间休息1分钟。在三局胜制中，优先获胜两局的一方，为本场比赛的获胜方。若在第3局结束后出现平局，将根据优势判定程序来决定获胜者。

（三）允许使用的技术

拳的技术：握紧拳头并使用正拳进行正面进攻的技术。

脚的技术：使用踝关节以下脚的部位进行攻击的技术。

（四）允许攻击的部位

躯干：允许使用拳和脚的技术攻击躯干被护具包裹的部分，但禁止攻击后背脊柱。

头部：锁骨以上的护具包裹的部位，只允许使用脚的技术进行攻击。

（五）得分分值

有效拳的技术击打护胸得1分；有效踢腿技术击打护胸得2分；有效技术击打头部得3分；有效转身技术击打护胸得4分；有效转身技术击打头部得5分；犯规，对方选手得1分。

（六）获胜方式

最终得分胜（PTF）；分差胜（PTG）；黄金得分胜（GDP）；比分或优势胜（SUP）；主裁判终止比赛胜（RSC）；弃权胜（WDR）；失格胜（DSQ）；主裁判判罚犯规胜（PUN）；违反体育道德行为胜（DQB）。

（七）犯规行为与判罚

如果运动员在比赛中出现犯规行为，将由主裁以"Gam-jeom"口令进行扣分判罚。一次"扣分"将给予对方选手1分。

犯规行为有13种：① 越出边界线；② 倒地；③ 故意回避或消极比赛；④ 抓或推对方运动员；⑤ 抬腿阻挡、踢击对方运动员腿部以阻碍对方进攻，瞄准踢击对方运动员腰部以下部位，抬腿至腰部以上在空中连续踢击3次或3次以上，抬腿或空中踢击超过3秒以上去阻碍对方潜在进攻动作；⑥ 攻击对方运动员腰部以下部位；⑦ 在主裁判发出分出"Kal-yeo"口令后攻击对方运动员；⑧ 用手攻击对方运动员头部；⑨ 用膝部顶撞或者攻击对方运动员；⑩ 攻击已倒地的对方运动员；⑪ 双方运动员贴靠的情况下，使用脚侧或脚底踢击对方运动员；⑫ 贴靠的情况下，击打电子护头后部；⑬ 教练员或运动员的不良行为。

链接16-2
跆拳道竞赛规则

思考与练习

1. 简述经常练习跆拳道的益处有哪些。
2. 跆拳道的基本技术有几种？有哪些具体的表现形式？
3. 设计一种技术战术并和同伴在实战情境下模拟演示（至少包含3种腿法和1种步法），并口述该技术战术在实战中如何运用。
4. 从所学的竞技跆拳道腿法中任选3种将其组合成攻防技术组合，并与同伴配合将该技术组合以踢击固定靶的形式展示5次。

自主测评

在20秒内使用"横踢中位+横踢高位+下劈"组合技术连续击打脚靶（左右腿交替进行）。每个技术动作要符合动作要领的标准，速度快、力量足、有气势、击打准确及效果明显方被视为有效击打，且动作间的衔接要连贯。考评员对考生所完成有效击打的腿法次数进行计数，无效击打不予计数，合格分数为60分（男生16次，女生14次）。中位技术的靶位高度以受测试者的腰部高度为准，高位技术的靶位以受测试者的额头高度为准。评分标准见表16-10。

表16-10 评分标准

分值	100	98	96	94	92	90	88	86	84	82
男：成绩（次）	36	35	34	33	32	31	30	29	28	27
女：成绩（次）	34	33	32	31	30	29	28	27	26	25
分值	80	78	76	74	72	70	68	66	64	62
男：成绩（次）	26	25	24	23	22	21	20	19	18	17
女：成绩（次）	24	23	22	21	20	19	18	17	16	15

参考文献

［1］国家体育总局职业技能鉴定指导中心.跆拳道［M］.北京：高等教育出版社，2010.
［2］曾于久.竞技跆拳道训练［M］.北京：人民体育出版社，2014.
［3］李震.跆拳道［M］.长春：吉林文史出版社，2015.
［4］杜七一.跆拳道实用教程［M］.武汉：湖北科学技术出版社，2016.
［5］林秋.跆拳道随身学：从入门到竞技［M］.福州：福建科学技术出版社，2020.
［6］饶英.跆拳道理论与实践研究［M］.北京：人民日报出版社，2017.
［7］罗林.大学体育理论与实践教程［M］.北京：科学出版社，2016.
［8］邱建国.大学体育（第二版）［M］.北京：高等教育出版社，2020.
［9］全国体育院系教材委员会.大学体育教程［M］.北京：人民体育出版社，2012.
［10］虞锡芳.实用体育教程：游泳、散打、跆拳道、定向运动［M］.南京：南京师范大学出版社，2008.

第十七章 健美操运动

【本章导学】

　　健美操运动属于非奥运项目，与其他众多体育项目一样，都是由大众健身、娱乐开始兴起，逐步引入表演和竞赛。根据当今世界和我国健美操运动的发展状况和未来趋势，按照不同的目的和任务，健美操运动可分为健身健美操、竞技健美操两大类。通过本章的学习，可以认识健美操运动，了解其基本动作特点及分类，掌握健美操成套动作及主要竞赛规则。

一、健美操运动概述

（一）起源与发展

健美操（Aerobic Gymnastics）是近几十年发展起来的一项新兴的体育运动项目，它起源于传统的有氧健身操，是以有氧运动为基础，以健、力、美为特征，融体操、音乐、舞蹈为一体的大众健身方式。最初，健美操是美国医学博士库珀（Cooper）为航天员设计的体能训练内容。到了20世纪70年代末，好莱坞明星简·方达编写了《简·方达健美操》一书并制作了录像带，而后又在徒手健美操的基础上创造性地推出"踏板健美操"。简·方达对健美操运动在世界范围内的流行与发展起了巨大的推动作用，健美操也逐渐发展成为一项竞技运动项目。

链接 17-1
世界健美操锦标赛我国选手参赛成绩汇总

健美操运动于20世纪80年代传入我国，在发展过程中逐步形成大众健身参与的健身健美操和运动员竞技参与的竞技健美操。两种健美操的发展过程如图17-1所示。

竞技健美操

- **探索期—基础阶段**：1986年广州举办首届"全国女子健美操邀请赛"。1987年北京举办了我国首届正式的竞技健美操比赛"长城杯健美操邀请赛"，1988年美国、日本、巴西等多国队员前来参加该比赛。
- **规范期—发展阶段**：1992年中国健美操协会（CAA）和中国大学生体育协会健美操艺术体操分会（CSARA）正式成立，制定并推行相关规则和标准。1999年，我国正式使用FIG国际健美操评分规则。
- **成熟期—飞跃阶段**：自2002年以来我国选手在世界健美操锦标赛等国际赛事中屡次荣获六人操、男单、三人操、有氧舞蹈、有氧踏板、团体、五人操等多项冠军，我国竞技健美操实力已经达到世界竞技健美操强国的水平。

发展过程 →

健身健美操

- **产生期—认识阶段**：1981—1984年相关报刊、杂志、媒体展开宣传，如：《人体美的追求》《美，怎样才算美》《女青年健美操》《男青年哑铃健美操》《健与美》《减肥体操》等。
- **摸索期—研究阶段**：1984年北京体育学院和上海体育学院相继成立健美操教研室，率先开设了选修课和专修课。1986年我国第一部健美操教材出版。1987年北京大学成立健美操队。
- **成长期—发展阶段**：1992年中国健美操协会和中国大学生体育协会健美操艺术体操分会正式成立。1998—2009年中国健美操协会制定并推行了三套《全国健美操大众锻炼标准》。

● 图17-1 我国健美操运动的发展历程

（二）特点与价值

1. 健美操运动的分类及特点

健美操分为健身健美操和竞技健美操两种类型，其运动的特点也表现出一定的差异。健身健美操的主要练习目的是"锻炼身体、保持健康"，是集强身、健心、娱乐和防病为一体的群众性、普及性健身运动。竞技健美操是运动员在音乐伴奏下，表现连续、复杂、高强度成套动作的运动项目，其主要目的是"竞赛、制胜"。它们各自的特点见表17-1。

● 表17-1　健美操的类型及特点

分类	形式	项　目	特　点
健美操 健身 健美操	徒手 健美操	有氧健美操、拉丁健美操、搏击健美操、健身街舞、有氧舞蹈、身体平衡术	健身的安全科学性 保持有氧代谢 锻炼的广泛适宜性 注重个体差异 编排的独特针对性
	器械 健美操	有氧踏板操、有氧哑铃操、轻型杠铃操、健身球操、橡皮筋操、花球操	
	特殊场地 健美操	功率自行车/动感单车、水中健美操、联合器械健美操、垫上健美操	
竞技 健美操	—	男子单人操、女子单人操、混合双人操、三人操、五人操、有氧舞蹈、有氧踏板	以传统健美操为基础 高度的艺术性 强烈的节奏性 独特的创新性 高难度高体能

2. 健美操运动的价值

（1）促进身体健康

健美操作为一项有氧运动，有助于增强人体的心肺功能，加速新陈代谢，促进消化系统机能的提升，减少脂肪沉积；同时对身体的柔韧性、平衡性、协调性和灵敏性均有一定的发展作用。

（2）促进心理健康

健美操是在音乐的伴奏下完成动作，结合科学的运动负荷，可以有效缓解心理压力，提高睡眠质量，提升整体情绪，是抗击焦虑、抑郁症等不良情绪及心理疾病的有效方法，对心理健康的发展具有积极促进作用。

（3）提升健康消费

健美操具有健身、健美、保健、医疗、娱乐的实用价值，对于控制体重、减肥、改善形体、提高协调性和韵律感均有良好的效果，对老、中、青、少儿等各年龄阶段人群有着明显且各异的促进作用，随着越来越多的爱好者参与进来，逐渐形成了一定规模的消费群体，使健美操的市场前景更加广阔。

(三) 重要组织与赛事

1. 重要组织

在国际体操联合会（FIG）成立健美操委员会以前，总部设在日本的国际健美操联合会（IAF）一直是国际上最大的健美操组织。1994年国际体操联合会接受健美操为其正式比赛项目，目前国际体操联合会正在努力使健美操早日成为奥运会正式比赛项目。具体内容见表17-2。

表17-2　健美操重要组织

名　称	成立时间	所在地	简　介	会　徽
国际体操联合会（FIG）	1881年	瑞士	受国际奥组委承认举办健美操世界锦标赛	
国际健美操联合会（IAF）	1983年	日本	举办健美操世界杯赛	
国际健美操冠军联合会（ANAC）	1990年	美国	举办世界健美操冠军赛	
中国健美操协会（CAA）	1992年	中国	受中国奥委会承认的唯一全国性健美操运动协会，组织举办全国健美操锦标赛	
中国大学生体育协会健美操艺术体操分会（CSARA）	1992年	中国	隶属于中国教育部，举办中国大学生健美操锦标赛	

2. 相关赛事

健身健美操比赛以锻炼身体、推动群众性运动及提高社会参与性为目的，从2002年起，国家体育总局每年举办一次全国万人健美操大众锻炼标准大赛。

竞技健美操的主要国际赛事有国际体操联合会（FIG）组织的"健美操世界锦标赛"，从1995年开始每年举办一次，每届均有40多个国家和地区的百名以上的运动员参赛，从2000年起每逢双数年举办世界锦标赛。同时，国际健美操冠军联合会（ANAC）组织的"世界健美操冠军赛"和国际健美操联合会（IAF）组织的"健美操世界杯赛"也是比较著名的赛事。我国重要的竞技健美操比赛有"全国健美操锦标赛""全国健美操冠军赛""全国大学生健美操比赛"等。

二、健美操基本动作

健美操基本动作主要由上肢基本动作、躯干基本动作、下肢基本动作组成。

（一）上肢基本动作

1. 手型及训练规范

健美操中有多种手型，不同的手型可使手臂动作更具美感，且有助于加大动作力度。各手型分别从不同的舞蹈或武术等手型中吸收和发展。常见手型及动作要领如下：

（1）并掌

拇指指关节弯曲内扣，其余四指并拢伸直，手腕伸直，使手臂成一条直线。腕关节与指关节适度紧张（图17-2）。

（2）开掌

五指用力分开，并伸直（图17-3）。

（3）花掌（西班牙手型）

五指分开，小指内旋，拇指稍内收（图17-4）。

（4）立掌

手掌用力上屈，五指关节自然弯曲（图17-5）。

（5）一指

在握拳的基础上，食指伸直（图17-6）。

（6）剑指

无名指、小指半屈，拇指压在无名指和小指上，中指与食指并拢伸直（图17-7）。

（7）响指

无名指、小指屈握，拇指与中指用力摩擦后，中指击打大鱼际处产生响声，大拇指与食指捏住（图17-8）。

（8）拳

四指屈，拇指第一关节扣压在食指与中指的第二关节处（图17-9）。

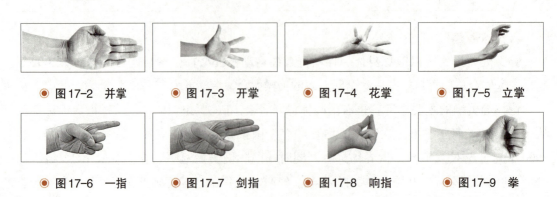

● 图17-2　并掌　　● 图17-3　开掌　　● 图17-4　花掌　　● 图17-5　立掌

● 图17-6　一指　　● 图17-7　剑指　　● 图17-8　响指　　● 图17-9　拳

2. 手臂动作及训练规范

手臂动作是健美操锻炼的重要组成部分，其目的是丰富健美操动作内容。

（1）屈

包括胸前平屈、胸前竖屈、肩侧屈、肩侧上屈、腰侧屈（图17-10至图17-14）。

动作要领：肱二头肌收缩，使前臂向上臂方向靠拢，并保持某一姿势。

● 图17-10　胸前平屈　　● 图17-11　胸前竖屈　　● 图17-12　肩侧屈

● 图17-13　肩侧上屈　　● 图17-14　腰侧屈

（2）臂屈伸

包括下举臂屈伸、前举臂屈伸、侧举臂屈伸（图17-15、图17-16、图17-17）。

动作要领：前臂保持不动，屈时肱二头肌收缩，使关节角度减小，伸时肱三头肌收缩，使关节角度增大。手臂的屈伸练习可锻炼肱二头肌和肱三头肌。

● 图17-15　下举臂屈伸　　● 图17-16　前举臂屈伸　　● 图17-17　侧举臂屈伸

（3）上提

包括屈臂提拉、直臂提拉（图17-18、图17-19）。

动作要领：屈臂或直臂由下举提至胸前或至体侧，可锻炼胸大肌和三角肌前束。

图17-18　屈臂提拉

（1）　　　　　　　　　　　（2）

图17-19　直臂提拉

（4）下拉

包括上举下拉、侧上举下拉。（图17-20、图17-21）

动作要领：直臂由上举或侧上举拉至体侧髋部。可锻炼背部的大部分肌肉。

图17-20　上举下拉　　　　图17-21　侧上举下拉

（5）推

包括胸前平推、肩上推（图17-22、图17-23）。

动作要领：胸前平推是屈臂于肩前向前用力推出至前举，可锻炼胸大肌和三角肌前部；肩上推是屈臂于肩侧向上用力推出至肩上举，可锻炼胸大肌、三角肌前束、中束和背部肌肉。

● 图17-22　胸前平推　　　　　● 图17-23　肩上推

（6）冲拳

包括向前冲拳、向上冲拳（图17-24、图17-25）。

动作要领：屈臂握拳，由腰间用力向前或向上冲拳。

● 图17-24　向前冲拳　　　　　● 图17-25　向上冲拳

（二）躯干基本动作

在健美操运动中躯干主要起连接、保护和固定作用。躯干部位的练习通常是为了发展和平衡躯干前后肌肉而设计的。发展躯干肌肉的方法和动作有很多，本教材只介绍发展躯干各部位肌肉的基本方法和动作。

1. 上肢部

（1）俯卧撑

双手在肩下方撑地，双腿并拢，双脚撑地，躯干和腿保持直线，避免塌腰、撅臀等现象，手臂屈时至肘关节呈90°角，屈臂时吸气，伸臂时呼气（图17-26）。

（2）坐姿臂屈伸

屈腿坐，双手放于体后，手指向前，抬起臀部待身体稳定后，做臂屈伸，屈臂时吸气，伸臂时呼气（图17-27）。

● 图 17-26 俯卧撑

● 图 17-27 坐姿臂屈伸

2. 核心部

（1）核心稳定支撑

初级动作可采用前臂和膝部支撑；中级动作可采用前臂和脚支撑；高级动作可采用双手和单脚，或单手和双脚支撑。任何级别的动作都要保持躯干、腰、腹部的稳定性。（图 17-28）

● 图 17-28 核心稳定支撑

（2）仰卧卷腹

仰卧，屈膝，大小腿夹角呈90°，两脚与肩同宽，腹肌收缩，上体抬起，腰部始终保持与地面接触，可加手臂动作。抬起时呼气，落下时吸气（图 17-29）。

● 图 17-29 仰卧卷腹

（3）仰卧交替蹬伸

仰卧，两手重叠放于脑后，抬起上背部，屈膝抬起，膝关节夹角呈90°。上体向一侧旋转，肘关节指向对侧膝关节，另一腿伸直，然后上体向另一侧旋转，两腿交替屈伸（图17-30）。

（4）俯卧飞鸟

俯卧，两臂前举，慢慢抬起两臂和双腿，不要主动抬头并保持头部在脊柱延长线方向，然后慢慢落下。抬起时呼气、落下时吸气。可单侧的手臂和对侧的腿同时抬起（图17-31）。

图17-30　仰卧交替蹬伸

图17-31　俯卧飞鸟

（三）下肢基本动作

下肢基本动作是健美操动作中最基本的单位，是进行健美操练习的一个重要组成部分，通过基本步伐的练习，能培养练习者的协调性和节奏感。

1. 双脚类动作

双脚类动作是指双脚同时开始又同时结束的动作。

（1）弹动

膝关节有弹性地屈伸。弹动是所有健美操动作的基础，是健美操动作的主要技术（图17-32）。

（2）分腿半蹲

两腿分开，屈膝半蹲时膝盖对准脚尖，髋稍前倾使臀部向后下方45°运动，腰、腹收紧保持上体姿势。用于提高腿部力量练习时可采用与肩同宽的窄距离半蹲，若在有氧健身操中的半蹲可采用宽距离大分腿半蹲（图17-33）。

（3）箭步蹲起

两脚前后分开，平行站立，重心在两脚之间，下蹲时膝关节不要超过脚尖；后腿大腿垂直地面，膝关节向下，蹲起要匀速（图17-34）。

图17-32　弹动

图17-33　分腿半蹲　　　　图17-34　箭步蹲起

（4）提踵

脚跟向上提起，随后还原，腰腹始终保持收紧（图17-35）。

（5）并腿纵跳

双脚始终保持并拢起跳、落地，每次落地经屈膝缓冲，空中保持身体姿势（图17-36）。

图17-35　提踵　　　图17-36　并腿纵跳

（6）开合跳

动作要领：以矢状轴为准，脊柱保持自然直立，双脚向外跳开，分开腿的距离接近肩宽加两脚宽，膝关节自然弯曲，与髋关节自然向外展开20°—45°，起跳落地控制有力，动作精确并且有控制地按照踝与脚—脚尖—滚动—足跟的顺序完成（图17-37）。

动作变化：包括各个角度转动、移动、高低强度的动作变形。

（7）弓步跳

动作要领：腿/脚由并拢或肩宽开始，髋关节不外展，一腿向后蹬直，足跟有控制地压低，前后呈一条直线且前后间距接近2—3个脚长，落地时膝关节有弹性地缓冲。幅度的不同取决于弓步的变化,其中低冲击身体微前倾,颈部与足垂直;高冲击双脚前后交替跳动,重心位于两脚之间(图17-38)。

动作变化:包括各个角度转动、移动、高或低强度的动作变形。

图17-37 开合跳

图17-38 弓步跳

2. 交替类动作

(1)踏步

动作要领:身体保持自然直立,两腿依次抬起、落下,交替进行。屈腿时膝向前,落地时从脚尖过渡到全脚掌,膝、踝关节放松,上体表现出腰腹的控制力量并保持自然直立,整个过程感觉不沉不坠(图17-39)。

动作变化:包括角度、高度与方向的变化。如"V"字步、转体步等。

(2)后踢腿跑

动作要领:身体保持自然直立,髋关节弯曲0°—10°,摆动腿最大限度地屈向臀部,膝关节弯曲110°—130°,脚面在最高位置时绷至最大,支撑腿保持直立、微弯或伸展状态(±10°),脚步动作以足尖—滚动—足跟的顺序进行缓冲(图17-40)。

动作变化:包括各种角度和方向的动作变形。

图 17-39　踏步

图 17-40　后踢腿跑

（3）一字步

动作要领：一脚向前迈一步，另一脚并于前脚，然后依次还原。每次落地下肢关节依次顺势缓冲（图 17-41）。

动作变化："V"字步（V step）、"A"字步（A step）。

图 17-41　一字步

（4）曼步

动作要领：以右脚为例，右脚向前迈一步，重心前移，左脚原地踏步；右脚向后迈一步，重心后移，左脚原地踏步。膝关节要注意落地时缓冲（图17-42）。

动作变化：小曼波步（Baby Mambo）、曼步恰恰（Mambo ChaChaCha）、莎尔莎步（Sha Sha）。

图17-42　曼步

3. 迈步类动作

（1）并步

动作要领：以右脚为例，右脚迈出一步并移动重心，左脚并拢屈膝点地；再向反方向迈步，动作相同，方向相反（图17-43）。

动作变化：迈步点地（Step Tap）、迈步吸腿（Step Knee）、迈步后屈腿（Step Curl）、迈步踢腿（Step Kick）、并步跳（Step Jump）。

（2）小马跳

动作要领：右脚向侧跳一步，随即左脚在右脚旁小垫步跳；反方向动作相同（图17-44）。

动作变化：可改变方向或连续向某一方向转圈做。

图17-43　并步　　　　图17-44　小马跳

（3）侧交叉步

动作要领：一腿向侧迈出，另一腿在其后交叉，稍屈膝，随之再向侧一步，另一脚点地并拢；然后可接反方向。侧交叉步是很好地向侧移动步伐，应尽力增大完成动作的幅度，落地时膝部应顺势向下屈膝缓冲，动作过程保持腰腹的稳定（图17-45）。

动作变化：交叉步吸腿（Grapevine Knee）、交叉步后屈腿（Grapevine Curl）、交叉步跳（Grapevine Jump）。

● 图17-45　侧交叉步

4. 点地类动作

（1）脚跟前点地

动作要领：一腿稍屈膝站立，另一腿脚跟前点地，然后还原；反方向动作相同。每一次膝关节都有弹动（图17-46）。

动作变化：脚跟点地跳、向前弹踢腿跳。

（2）脚尖侧点地

动作要领：以右脚为例。左腿稍屈膝站立，右腿脚尖向旁点地，然后还原到并腿姿势；反方向动作

● 图17-46　脚跟前点地

相同。重心始终在支撑腿上，腰腹保持稳定，动力腿尽量远伸，脚面向前（图17-47）。

动作变化：连续侧点地跳、撤步成侧弓步、向侧弹踢腿跳。

（3）脚尖后点地

动作要领：右腿稍屈膝站立，左脚尖向后点地，随后还原；反方向动作相同。重心始终在支撑腿上，腰腹保持稳定，动力腿尽量远伸，脚跟向上（图17-48）。

动作变化：撤步成后弓步、向后弹踢腿跳。

图 17-47　脚尖侧点地　　　　图 17-48　脚尖后点地

5. 抬起类动作

（1）吸腿

动作要领：上体保持正直，一腿支撑地面，另一腿屈膝向上抬起，大腿抬至水平，小腿自然下垂，绷脚，落地还原；反方向动作相同。保持支撑腿的弹性缓冲及身体稳定（图17-49）。

动作变化：吸腿跳、蹁腿跳。

（2）吸腿跳

动作要领：以额状轴为准，脊柱保持自然直立，当摆动腿抬至最高点时，髋与膝最小弯曲角度为90°，小腿垂直地面，绷直脚背（图17-50）。

动作变化：包括各个空间、角度、高或低强度的动作变形。

图 17-49　吸腿

图 17-50　吸腿跳

（3）踢腿跳

动作要领：以额状轴为准，脊柱保持自然直立，直腿高踢，髋关节弯曲150°—180°，足跟最低达到肩关节的高度（接近145°），动作过程中绷直脚背，支撑腿膝盖伸直，没有其他多余动作（图17-51）。

动作变化：包括各个平面、高度、高或低强度与方向的动作变形。如中踢、高踢和垂直踢。

图17-51　踢腿跳

（4）弹踢腿跳

动作要领：身体保持自然直立，在整个动作过程中要表现出很好的控制力。起始动作为髋部伸展的后踢腿跑，膝、踝后屈至臀部，然后向下方踢腿，髋弯曲30°—45°，膝关节0°，完成一次弹踢腿，膝与髋动作须明显，摆动腿表现出股四头肌的动作制动（图17-52）。

动作变化：侧弹踢腿跳、后弹踢腿跳。

图17-52　弹踢腿跳

三、健美操成套组合[1]

(一) 组合一

预备动作	站立		
1×8			

节拍		下肢步伐	上肢动作
一	1—4	右脚十字步 (box step)	1右臂侧举，2左臂侧举，3双臂上举，4下举
	5—8	向后走四步 (4 walk bwd)	屈臂自然摆动，7—8同5—6
二	1—8	动作同第一个8拍，但5—8拍向前走四步	

1×8			

节拍		下肢步伐	上肢动作
三	1—6	6拍曼步 (baby mambo)	1—2右手前举，3双手叉腰，4—5左手前举，6双手胸前交叉
	7—8	1/2后曼步 (1/2 mambo bwd)	双臂侧后下举

1×8			

节拍		下肢步伐	上肢动作
四	1—2	右脚向右并步跳 (cha cha side)	屈左臂自然摆动
	3—8	左脚向右前方做6拍前侧后曼步 (baby mambo)	3—4前平举弹动2次，5—6侧平举，7—8后斜下举

第五至八个8拍，与前四个8拍动作相同，方向相反

---

[1] 引自《第三套全国大众健美操锻炼标准组合（二级）》动作图解。

（二）组合二

预备动作	站　立		
1×8	1—2　3—4　5　6　7　8		

节　拍		下肢步伐	上肢动作
一	1—2	右脚向右侧滑步（slide）	右臂侧上举，左臂侧平举
	3—4	1/2后曼步（1/2 mambo bwd）	双臂屈臂后摆
	5—8	左脚开始向左前方做侧并步2次（2 step touch）	5—6击掌3次，7—8双手叉腰

1×8	1　2　3　4　5—6　7—8

节　拍		下肢步伐	上肢动作
二	1—4	左脚开始向左后方做侧并步2次	1—2击掌3次，3—4双手叉腰
	5—6	左脚向左侧滑步（slide）	左臂侧上举，右臂侧平举
	7—8	1/2后漫步（1/2 mambo bwd）	双臂屈臂后摆

1×8	1　2　3　4　5　6　7　8

节　拍		下肢步伐	上肢动作
三	1—4	右转90°，上步吸腿2次（step two knee）	双臂向前冲拳、向后下冲拳2次
	5—8	"V"字步左转90°（V step）	双臂由右向左水平摆动

1×8	1　2　3　4　5　6　7　8

续表

预备动作		站立	
节	拍	下肢步伐	上肢动作
四	1—4	左腿吸腿（侧点地）2次（double knee）	1双臂胸前平屈，2左臂上举，3同1，4还原
	5—8	5—8同1—4，方向相反	
		第五至八个8拍，与前四个8拍动作相同，方向相反	

四、健美操竞赛主要规则

（一）场地要求

1. 健身健美操

由中国健美操协会等组织举办的全国性健身健美操比赛要求场地为14米×14米的地板或地毯，且有80—100厘米高的赛台，正后方立有背景板，裁判席设在比赛场地的正前方。

链接17-2

第三套全国大众健美操锻炼标准组合（三级）

2. 竞技健美操

根据国际体操联合会健美操委员会颁布的《2022—2024周期健美操评分规则》，竞技健美操比赛要求有80—140厘米高的赛台，赛台不得小于14米×14米，正后方立有背景板。比赛地板必须是12米×12米，并清楚地标出成年组所有项目，年龄组部分项目比赛场地为10米×10米（少年组、国家预备组部分项目比赛场地为7米×7米）。标记带为5厘米，是场地的一部分，任何运动员触及标志带以外的场地每次扣0.1分。只有经国际体联认证的地板才能用于正式比赛（图17-53）。

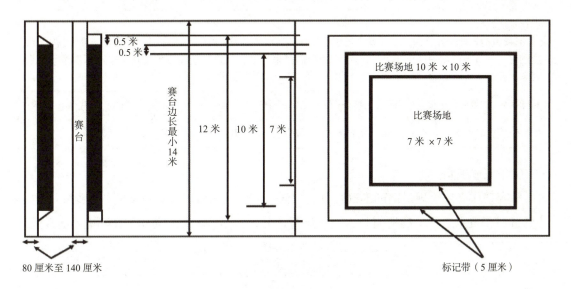

● 图17-53 比赛场地示意图

(二)评分规则

1. 规则总览

《2022—2024周期健美操评分规则》旨在以国际最高水准,为成年组世界健美操锦标赛(18岁以上)的成套动作提供最为客观公正的评估方法,以及为青年组和少年组提供最为客观公正的具体规则。评分规则为男子单人操、女子单人操、混合双人操、三人操、五人操、有氧舞蹈、有氧踏板7个项目提供评判标准。

2. 裁判组职责

裁判组位于赛台正前方,包括裁判长1人、艺术裁判6人、完成裁判6人、难度裁判2人、计时裁判1人。视线裁判2人,坐在赛台的斜对角。高级裁判组坐在裁判组后方的高台上,包括高级裁判组主席1人、难度监督2人、完成监督2人、艺术监督2人、助理1人。

3. 评分要点

(1)难度裁判

难度动作是区分竞技健美操与大众健美操的重要标志之一。国际竞技健美操规则将难度动作分为A组(地面难度动作)、B组(空中难度动作)、C组(站立难度动作)3个组别,其中包含动力性力量、静力性力量、旋腿、动力性跳步、姿态跳步、纵劈腿跳/跃、转体、柔韧共8个类别。难度分以加分的方式评分,从0分起评,总体概括为5个部分,详见表17-3:

● 表17-3 难度裁判评分要点概括表

评判流程与具体要求
记录成套动作(所有难度动作/技巧动作)。
根据规则计算难度动作数量和难度连接的使用情况并给予加分。
进行难度减分。 (所有项目的8种减分原因:少于5个类别、多于2个来自同一个类别(根命名)的动作、多于9/8个难度动作、在B组难度中多于3次以俯撑/劈腿姿态结束的动作、重复使用难度动作、多于两次展示文森姿态、在一次连接组合中超过了3/2个动作、超过3/2次使用连接组合)
对比两名裁判难度分和难度减分,确保一致并给出一个分数,如有不可调和的分歧则交予裁判长评定。
所有难度分和组合难度分相加除以相应系数,得出结果为难度分。同时难度减分将不被2除。

(2)完成裁判

整套动作必须表现最高的准确性且无失误。完成裁判对成套动作从开始到结束(包括开场造型和技术造型)的所有技术技巧进行评分,包括:A难度动作和技巧动作、B操化动作(步伐和手臂动作)、C过渡动作和连接动作、D配合及团队协作、E一致性(混双、三人、五人)共5个方面。完成情况以扣分的方式评分,从10分起评,根据错误程度减分,详见表17-4:

● 表17-4　完成裁判评分层次表

标准	分值
小错（轻微偏离完美完成）	每次减0.1
中错（明显偏离完美完成）	每次减0.3
大错（错误技术/触碰地面/1次）	每次减0.5
摔倒/多次触地（无控制地掉落或摔倒在地面/多次触地）	每次减1.0

（3）艺术裁判

艺术裁判需要对创编的所有内容与音乐的完美契合程度进行评价，旨在对运动员是否在尊重健美操运动内涵的前提下，将竞技体育转化为具有创造性和独特性特质的艺术表演进行评估。其评判标准为创编内容和表演2个部分，具体为音乐、操化内容、主体内容、成套艺术性、艺术表现5个方面，细化为音乐选择/音乐结构/编辑质量（2.0分）、数量—操化单元（1.0分）、质量—多样性（1.0分）、复杂性/多样性（1.0分）、空间（1.0分）、创编结构（1.0分）、音乐使用（1.0分）、表现力/动作质量（2.0分），共8个次级指标，详见表17-5：

● 表17-5　艺术裁判评分层次

评分标准	差	一般	好	很好	完美
音乐	1.0—1.3	1.4—1.5	1.6—1.7	1.8—1.9	2.0
操化内容	1.0—1.3	1.4—1.5	1.6—1.7	1.8—1.9	2.0
主体内容	1.0—1.3	1.4—1.5	1.6—1.7	1.8—1.9	2.0
成套艺术性	1.0—1.3	1.4—1.5	1.6—1.7	1.8—1.9	2.0
艺术表现	1.0—1.3	1.4—1.5	1.6—1.7	1.8—1.9	2.0

（4）裁判长评分要点

在比赛过程中，裁判长要记录成套中出现的包括难度动作在内的所有动作，并根据评分规则针对相关违规情况对总分进行减分。

（5）视线裁判评分要点

出界情况由视线裁判在舞台4个角中的2个对角位置进行检查，每名视线裁判负责赛场的两条边线。标志带是比赛场地的一部分，因此身体接触到标志带不算出界，身体的任何部位接触到标志带以外的场地每次减0.1分，肢体在空中出界将不被减分。

链接17-3
裁判长做出的减分处罚

链接17-4
国际体操联合会2022—2024周期评分规则：竞技健美操（中文版）

链接17-5
国际体操联合会2022—2024周期评分规则：竞技健美操（英文版）

思考与练习

1. 竞技健美操和健身健美操有什么区别？
2. 健美操世界锦标赛的正式比赛项目有哪些？
3. 简述健美操手臂动作内容和基本步伐的分类。
4. 设计一组4×8拍的健美操组合，要求选取任意5个不同类别的基本步伐。

自主测评

成套要求	动作名称	完成分值	特殊完成减分	错误扣分 1分	错误扣分 2分	错误扣分 3分	艺术分值
规定动作	踏步	5分	步伐弹性不足	√			5分
规定动作	并步	5分	步伐弹性不足	√			5分
规定动作	一字步	5分	步伐弹性不足	√			5分
规定动作	曼步	5分	步伐弹性不足	√			5分
规定动作	侧交叉步	5分	步伐弹性不足	√			5分
规定技巧	前滚翻	5分	头部位置不正确 背部滚动不圆滑 未抱膝	√	√ √		5分
规定技巧	单膝跪地/起身	5分	动作不流畅	√		√	5分
规定技巧	原地并腿纵跳	5分	身体未舒展 未落在起跳位置	√ √	√	√	5分
规定技巧	坐地体前屈	5分	胸口未贴紧膝盖 膝盖弯曲	√	√	√	5分
规定技巧	平板支撑	5分	肩部未在手肘上方或前方 背部与腿部未成一直线	√ √	√	√	5分

成套动作艺术评分表		
成套动作完成情况	满意度	分值
完美呈现	优秀	5分
展现高水平	很好	4分
展现良好水平	好	3分
展现中等水平	满意	2分
展现低水平	差	1分
令人无法接受	难以接受	0分

参考文献

[1] 肖光来.健美操[M].北京：人民体育出版社，2004.

[2] 健美操运动教程编写组.健美操运动教程[M].北京：北京体育大学出版社，2013.

[3] 刘敏.现代健美操运动[M].北京：北京体育大学出版社，2012.

[4] 黄宽柔，李佐惠.健美操（第二版）[M].北京.高等教育出版社，2016.

[5] 2022—2024周期竞技健美操评分规则[S].国际体操联合会，2020.

[6]《全国健美操大众锻炼标准》测试动作图解[S].国家体育总局，2009.

第十八章 定向运动

【本章导学】

定向运动是集智能、体能于一体的运动项目,在国际上被称为"智者"的运动。它不仅能够促进人的身心健康,而且能够培养人在复杂环境下快速进行分析、判断和决策的能力。本章首先从定向运动的历史、项目特点和项目价值等方面介绍定向运动的发展概况;其次,介绍了参与定向运动应掌握的装备和地图知识;然后,围绕定向运动的定位与行进环节,介绍定向运动的基本技能;最后,本章从组织定向运动竞赛的角度出发,简要介绍相关的竞赛规则。

一、定向运动概述

（一）定向运动的起源与发展

1. 定向运动的起源

定向运动起源于北欧的斯堪的纳维亚半岛。在广阔而崎岖的斯堪的纳维亚半岛上，覆盖着一望无际的森林，并散布着无数的湖泊、城镇与村庄。在此生活的人们，必须具备准确辨别方向的能力，才能在隐现的林中小道中安全行走，而不致迷失方向。因此，地图和指北针成为当地生活的必需品，居住于此的人们成为了开展定向运动的先驱。

1886年，瑞典以"定向"一词命名了一项军事活动，以提高军人们在山地中辨别方向和越野行进的能力。1895年，在瑞典和挪威联合王国的军营，首次将"定向"作为一项运动，举办了第一次正式比赛。1897年10月31日，蒂阿弗（Tjalve）体育俱乐部在挪威奥斯陆举办了世界上第一次面向公众的定向比赛，这场比赛的举办对于定向运动的发展具有里程碑式的意义。因此，1897年也被认定为定向运动的元年。

瑞典人吉兰特（Ernst Killander）将地图和指北针定向的原理结合到越野跑中，并在1918年，组织了一次名为"寻宝游戏"的活动，引起了人们的极大兴趣。自此，定向运动在北欧逐渐开展起来。1919年3月25日，在瑞典首都斯德哥尔摩南部纳卡（Nacka）举行了一场定向比赛，当时的参赛人数达到217人，比赛路线的长度超过12千米，设有3个检查点。这场比赛规范的组织模式及竞赛要求，标志着定向运动作为一项独立体育项目的诞生。时任瑞典斯德哥尔摩体育联合会主席的吉兰特，由于对定向运动所作的伟大贡献，而被人们尊称为"定向运动之父"。

2. 定向运动的发展

20世纪30年代，定向运动在瑞典、挪威、芬兰和丹麦等国有了较好发展。1932年，在奥斯陆举办了世界上第一次国际性的定向运动比赛。随后20年间，定向运动在欧洲国家陆续传播，并被美国、加拿大、澳大利亚、日本等国家相继引入。从此，定向运动在西方国家开始蓬勃发展。

为促进定向运动在全世界范围内更好地发展，1961年5月，国际定向运动联合会（International Orienteering Federation，IOF，简称"国际定联"）在丹麦的哥本哈根成立。国际定联的成立，标志着定向运动进入了一个崭新的发展阶段。1977年，国际定联成为国际奥委会承认的"世界单项体育组织"。目前，定向运动已被国际世界运动会协会、国际军体理事会、国际大学生体育联合会等组织接受为正式比赛项目。

20世纪70年代末，我国部队院校开始将定向运动列为常规训练内容。1983年3月10日，解放军体育学院首次在广州白云山组织了一次定向越野实验比赛。此后，解放军后勤工程学院与解放军测绘学院相继在重庆和郑州举办了定向比赛。同年，北京市测绘学会利用举办青少年夏令营的机会，组织了有100余名中小学生参加的定向越野比赛，受到了营员们的欢迎。这些活动拉开了定向运动在我国传播的序幕。

20世纪80年代中期，我国各类定向比赛逐渐增加，原国家体委在1987年将定向运动正式列为体育项目。1992年7月，中国正式加入国际定联，成为国际定联成员国之一。1994年9月，原国家体委、原国家教委、总参军训部、国家测绘局联合举办了"首届全国定向运动锦标赛"，标志着国内定向运动赛制建设的开始，中国定向运动翻开了崭新的一页。

1996年6月，国家作出了"全面推进素质教育"的决定，此后定向运动开始在全国各地加速发展，北京、上海、浙江、湖南、广东等省市教育部门，将定向运动纳入大、中学校体育课程内容，定向运动以体育运动项目的形式走进了学校体育课堂。

2002年，第二届全国体育大会将定向运动列为正式比赛项目。同年，中国定向协会和国家测绘总局联合举办了2002年全国学生定向锦标赛暨全国定向锦标赛。在全国各省市的推动下，定向运动快速发展，目前，全国学生定向锦标赛与全国定向锦标赛并列成为国内定向运动的两大赛事。

（二）定向运动的概念、特点与价值

1. 定向运动的概念

定向运动是指参赛者借助指北针和标有若干检查点和方向线的地图，在尽可能短的时间内，依次到达地图所示各个检查点的一项体育运动。它主要包括徒步定向（Foot Orienteering，亦称定向越野）、滑雪定向（Ski Orienteering）和山地车定向（Mountain Orienteering）等运动形式。

2. 定向运动的特点

（1）智能性

定向运动是一项智能与体能相结合的运动。就运动中的智能因素而言，需要参与者具备地理学、测绘学、军事地形学等相关的知识及运用知识的能力。

（2）趣味性

定向运动的比赛场地经常设在森林、山区、公园、风景名胜区等自然环境中，富有挑战性的场地和多样的比赛形式，使定向运动参与者们沉浸于山水之间，享受定向运动带来的快乐。

（3）群众性

定向运动场地选择的灵活性和竞赛形式的多样性，使得男女老幼都能成为这项运动的

参与者。据国外赛事记录，参加定向运动比赛年龄最小者仅8岁，最长者为80岁。由此可见，定向运动是一项大众化的体育项目。

（4）实用性

在现代，定向运动不仅可以作为一项体育运动，它还是人们在陌生环境中辨别方位、导航行进的生活技能，具有十分突出的实用性。

3. 定向运动的价值

（1）健身价值

自然环境下进行的定向运动，有利于提高参与者大脑皮质的兴奋性，调动人体各器官系统的潜能。经常参加定向运动能够消除中枢神经系统的疲劳，发展人的身体素质和心肺机能，提高人对自然环境的适应能力和对疾病的抵抗能力。

（2）益智价值

定向运动的场地多设在未知或陌生环境，需要参与者借助指北针和定向地图，依次准确寻找各个检查点。在此过程中，参与者需要读懂定向地图中所示的各种地形、地貌、地物，并精确判别方向。定向运动对培养参与者独立分析问题、解决问题的能力有着独特的作用。

（3）德育价值

定向运动由于在环境、条件和比赛方法上的特殊性，参与者经常在具有挑战性的陌生环境中进行练习与比赛，从而培养了参与者不畏艰难、勇于挑战的顽强意志和独立自信的优良品质。

（4）娱乐价值

定向运动开展的场所通常在山区、森林、公园或风景名胜区等自然环境中，参与者置身其中，既能够欣赏美丽的自然画卷，又能够体会运动所带来的娱乐体验，充分展现了该运动所具有的愉悦身心价值。

（三）定向运动的重要组织与赛事

1. 重要组织

国际定向运动联合会（International Orienteering Federation，IOF，简称国际定联，图18-1）于1961年5月在丹麦哥本哈根成立，总部现设于瑞典卡尔斯塔德。国际定联确定了定向运动的正式比赛项目，并制定了一系列的比赛规则与技术规范。截至2021年，全世界已有76个国家和地区发展成为国际定联会员国。该组织的宗旨是普及和发展定向运动，加强各国运动员之间的友好关系，尊重《奥林匹克宪章》。

图18-1　国际定向运动联合会标志

世界公园定向运动组织（Park World Tour，PWT，图18-2）。1995年，该组织在国际定向联合会正式注册成立。世界公园定向组织每年在世界各地的公园举行职业定向精英巡回赛,并设总奖金及排名。世界公园定向组织的主要宗旨及目的是创造一种全新的定向运动概念,即:定向运动不仅可以在传统的森林进行,而且还可以在城市的公园及大学校园里进行,并通过现代化的媒体转播,使观众感受到定向运动的动感和激烈战况,分享这份激情与乐趣。

中国无线电和定向运动协会(图18-3),于2018年12月由原中国定向运动协会与原中国无线电运动协会合并组建。该协会在定向运动方面的工作宗旨是团结全国定向运动爱好者和工作者,指导全国定向运动,推动定向运动的普及与提高;增进与各国定向组织及爱好者的交流,加强与国际组织的联系和合作。

   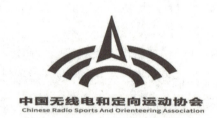

● 图18-2 世界公园定向运动组织标志　　● 图18-3 中国无线电和定向运动协会标志

2. 重要赛事

国际定向运动联合会主办及正式认可的重要比赛有:

世界定向锦标赛(WOC),该赛事始于1966年,每两年举办一届(1977年和1978年比赛除外);2003年起,改为每年举办一届。

世界青年定向锦标赛(JWOC),该赛事始于1990年,每年举办一届,参赛选手为17—20岁的青年。

世界杯定向赛(WCUP),始于1983年,每两年举办一届;2004年起,改为每年举办一届。该赛事是允许以个人方式参加的国际赛事。

世界元老定向锦标赛(WMOC),始于1998年,每年举办一届;该赛事仅设个人赛项目,参赛者年龄要求超过35岁。

世界公园定向精英循环赛,该赛事是每年在世界各地公园巡回举行的职业精英赛,只有世界排名前25名的男女运动员有资格参赛,设总奖金和总排名。

二、装备与图例符号

(一)比赛器材

不同等级、不同类型的定向比赛对竞赛物资要求不一。但赛场上点标旗、点签器等比赛器材,是任何级别、类型比赛都不可缺少的。

1. 点标旗

点标旗由三面正方形标志旗连接而成,每面正方形标志旗边长为30厘米,沿对角线分开,左上部为白色,右下部为橙黄色。点标旗悬挂高度一般距离地面80—120厘米(图18-4)。

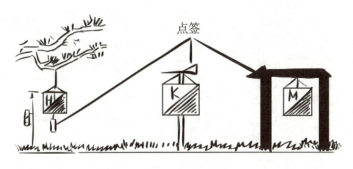

图18-4 点标旗悬挂方式

2. 点签器

点签器又名打卡器,需与点标旗配合使用,其为运动员提供了一个到达位置的凭据。点签器一般分为钳式打卡器和电子打卡计时系统两类。

钳式打卡器——由弹性材料制成,顶端装有钢针,通过对钢针的不同排列,可使打卡器在参与者记录卡上印出不同的图案印痕,以判别参与者线路是否正确(图18-5)。

电子打卡计时系统——该系统由指卡、点签器和终端打印系统组成。在使用电子打卡计时系统的定向比赛中,每名参赛者会配有一个统一编号的指卡,指卡会记录、储存参赛者的开始时间,到达每个检查点的顺序与时间,以及比赛结束时间(图18-6)。

图18-5 钳式打卡器

图18-6 点签器

3. 检查卡片

检查卡片是用来判定定向比赛中运动员比赛成绩的卡片,分为主卡和副卡两部分(图18-7)。运动员在比赛中携带主卡,并按顺序将每个检查点的点签图案印在空格中,到达终点时交由裁判员验证。副卡在出发前交由工作人员作留底和公布成绩使用,检查卡片的尺寸一般为21厘米×10厘米。若规定比赛结束必须交回地图,可以将检查卡片的内容印在地图空白处,样式可自行确定。

姓名：			工作人员填写	到达：			名次：	
编号：				出发：			姓名：	编号：
单位：							单位：	
组别：							副卡 到达：	
路线：				成绩：			出发：	
出发时间：							成绩：	
7	8	9	10	11	12		组别：	
1	2	3	4	5	6		路线：	

● 图18-7 检查卡片

（二）指北针

指北针是定向运动中参与者唯一可以合法使用的定向工具。定向运动指北针一般是以透明有机玻璃盒为主体，内含磁针及起稳定作用的特殊液体构成的指北针，根据参与者使用的特点分为基板式指北针（图18-8）和拇指式指北针（图18-9）。

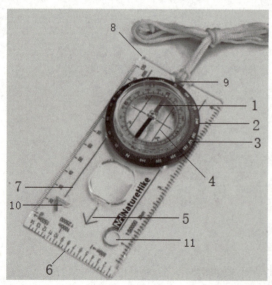

指北针的基本结构包括：1.磁针；2.分度盘；3.读数线；4.磁针盒；5.前进方向箭头；6.比例尺；7.照准线；8.基板；9.系绳孔；10.标图工具：起点；11.标图工具：检查点。

● 图18-8 基板式指北针

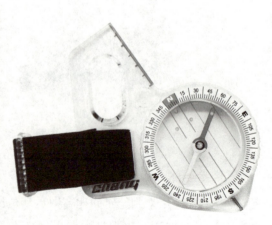

● 图18-9 拇指式指北针

（三）定向地图

在进行定向运动比赛时，必须使用正规的定向运动地图。定向运动以大比例地图为基础，图中标有磁北线、比例尺、等高距、各种地物、地貌符号以及图例符号和检查点符号说明等内容（图18-10）。

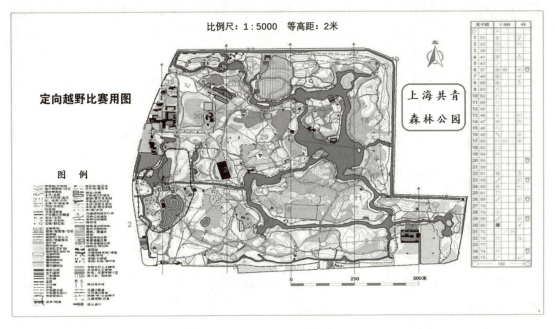

图18-10　定向地图

1. 比例尺

比例尺是指地图上某一线段长度与相应实地的水平距离之比，地图比例尺越大，地图精度越高，所描绘的内容也就越详尽。

$$地图比例尺 = 图上长度 / 相应实地水平距离$$

定向地图上的比例尺，常用两种形式表示：

数字式——用阿拉伯数字表示。例如，地图上1厘米代表实地10 000厘米，则在地图上标为1∶10 000或1/10 000。

线段式——在地图上以厘米（cm）为单位线段表示（图18-11）。如地图上1厘米代表实地250米，则在1厘米线段上注明1厘米等于实地250米。

2. 定向地图上的地貌符号

地貌是地球表面高低起伏的自然状态，是最基本的地理要素之一。定向地图通过等高线对地貌进行清晰而全面的表达，使参与者能够根据地

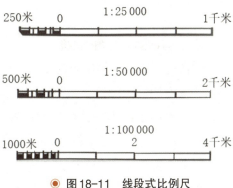

图18-11　线段式比例尺

图上等高线的密度和图像分析地貌特征，从而为参与者在定向运动中提供稳定、可靠的行进参照。

（1）等高线

等高线是地面上高程相等的点连成的闭合曲线。图18-12显示了等高线表示地貌的原理，假设把某一地貌从下到上，按照相同高度进行分层水平切割，则地貌表面与水平面相交会得到一组曲线，再将曲线垂直投影到地平面上，将会得到一圈一圈的曲线图形，因为每条曲线上的高度相等，因此将这些曲线称为等高线。而各相邻等高线间的垂直距离相等，这一垂直距离被称为等高距。定向地图的等高距一般在1—5米之间。

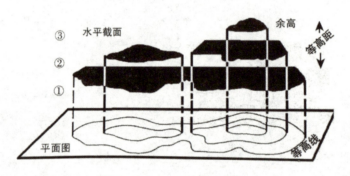

● 图18-12　等高线示意图

（2）示坡线

示坡线是与等高线垂直相交指示下坡方向的短线，短线与等高线相连的一端指向上坡方向，另一端指向下坡方向。它通常绘制在等高线特征最明显的弯曲处，如山顶、鞍部或凹地底部（图18-13）。

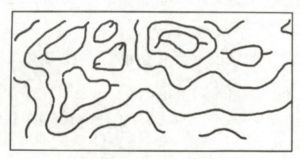

● 图18-13　示坡线示意图

3. 定向地图上的图例说明

定向地图中的图例说明可以帮助参与者准确地理解地图中所示的事物。图例说明采用的是全球通用的国际语言符号。根据国际定联制定的《国际定向制图规范》（ISOM2017-2），定向地图上的语言符号分为地貌符号、岩面与石块符号、水系与湿地符号、植被符号、人工地物符号、技术符号和线路符号7个类别。

（1）地貌符号（棕色表示）

表示地球表面高低起伏的各种形态，如山地、平地等。这类符号还包括土坎、土墙、冲沟、小丘、坑洼地等专业符号（图18-14）。

（2）岩面与石块符号（黑色加灰色表示）

岩面与石块是地貌的特殊形式，它可以为参与者确定站立点提供参照物。同时帮助其判断活动地带的风险情况及通行情况（图18-15）。

（3）水系与湿地符号（蓝色表示）

水系与湿地包括露天的明水系和特殊的水生植被。这类符号不仅能够表示参与者通过的难度，还可以为读图和定位提供参照物（图18-16）。

● 图18-14 地貌符号　　● 图18-15 岩面与石块符号　　● 图18-16 水系与湿地符号

（4）植被符号（空白或黄色加绿色表示）

植被符号反映了地面的通透性，直接影响定向运动参与者的视野和奔跑速度，也可为参与者提供定位参照（图18-17）。

（5）人工地物符号（褐色表示）

人工地物包括道路、村庄、人造物等符号，与其他地物符号相配合，可帮助定向运动参与者读图和确定检查点位（图18-18）。

（6）技术符号（黑色加蓝色和棕色表示）

技术符号是定向地图中的重要内容，主要包括磁北线、地图套版线、高程注记等。地图套版线是地图制版所用，参与者可利用其判读地图质量。高程注记表示某个点的高程（海拔高度）（图18-19）。

（7）线路符号（紫色表示）

线路符号表示比赛线路及其通行、障碍、危险等情况（图18-20）。

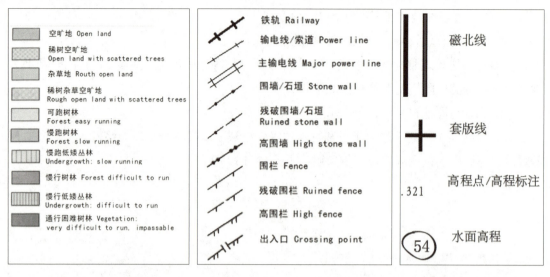

● 图18-17 植被符号　　● 图18-18 人工地物符号　　● 图18-19 技术符号

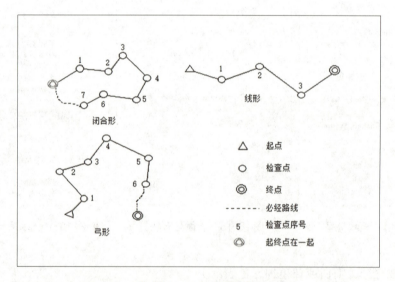

● 图18-20 线路符号

4. 定向地图的检查点说明

在定向地图的一侧，标有以符号表示的检查点说明符号表（图18-21）。它用以说明检查点特征物、检查点点标与该特征物的相对关系。定向运动参与者可借助这一说明系统快速找到检查点。

一条完整线路的检查点说明符号表由表头、表尾和表体3部分构成。表头部分标示了组别、线路长度和总爬高量。表尾标明了最后一个检查点到终点的距离，及两点间的标识情况。表体部分则描述了检查点的特征，如：

A栏：检查点序号

B栏：检查点点标代号

C栏：检点所在地物（地貌）的方位

D栏：检点所在地物（地貌）的名称
E栏：检点所在地物（地貌）的外部特征
F栏：检点所在地物（地貌）的大小
G栏：检点所与地物（地貌）的相对位置
H栏：其他情况

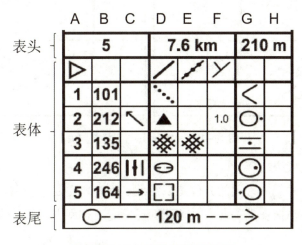

图18-21　检查点说明符号表

三、定向运动的基本技术

（一）定向与定位

定向运动的实质是用最短的时间到达规定目标点。在复杂陌生的环境要想尽快到达目标点，必须要掌握辨明方向、判定方位的方法。

1. 标定地图

标定地图是为了使地图方位与实地方位相一致。通过标定地图，将地图上的地物地貌符号与实地地物地貌进行对应，以帮助参与者迅速了解实地情况，选择实地的运动线路。

（1）实地方位判定

判定实地方位是使用地图的前提。在野外，可以借助多种方法和工具帮助我们辨明方向。比如我们可以利用指北针、自然环境或人工建筑物等判定实地方向。

利用指北针判定方位——将指北针平置，待磁针完全静止时，观察磁针红色箭头端（N端）所指方向。静止时箭头指向就是北方，左侧为西方、右侧为东方，反方向则为南方。

利用地物判定方位——在有地物和植物生长的野外环境。可以根据日常习惯和自然规律进行方位判定。如在北半球，人们居住的房屋或用于朝拜的庙宇大门通常朝南开设；树木朝南一侧长势较好；而石头上的青苔多为北面旺盛。

如在北半球，利用太阳和直杆判定方位——晴日里，可用一直杆或树枝立于空地，并标记下直杆阴影顶点的位置a，在10分钟后，再次标记直杆阴影顶点位置b，然后将两次记录的顶点进行连线，这条直线即指向东西方向，与此线垂直的方向指向南北，其中指向太阳一方为南，相反方向为北（图18-22）。

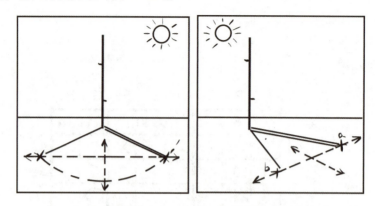

图18-22　利用太阳与直杆判定方向

（2）地图的标定方法

概略标定地图——定向地图的方位是：上北、下南、左西、右东。当在实地判定方向之后，将地图的上方对向实地的北方，地图即已标定。这种方法便捷快速，是定向运动中最为常用的方法。

利用指北针标定地图——利用指北针标定地图时，通过转动地图，使指北针上的红色指针与磁北线方向吻合或平行，地图即已标定（图18-23）。

利用直长地物标定地图——直长地物是指较长的线状地物，如铁路、公路、沟渠、高压线等。在地图中找到这段直长地物，转动地图，使图中直长地物与实地直长地物方向一致，对照两侧地形，地图与实地各地形点的关系位置相符，地图即已标定（图18-24）。

利用明显地形点标定地图——在位于明显地形点时，从地图中找到该地形点的地物符号，如小桥、亭子或独立建筑等，然后转动地图，使图中站立点至目标连线与实地站立点至目标的连线重合，地图即已标定（图18-25）。

图18-23　利用指北针标定地图　　图18-24　利用直长地物标定地图　　图18-25　利用明显地形点标定地图

2. 确定站立点

确定实地站立点在地图上的位置，是使用地图进行定向运动的基本技能。主要方法是通过标定地图，将地图与实地的地物、地貌进行逐一对照，以确定自己的方位。

（1）直接确定

当自己身处明显的地形点时，对照实地与地图，确定自己在地图上的位置，即可确定站立点。使用这种方法的关键是快速发现可利用的明显地形点。一般可作为明显地形点的地物主要有：单个地物，线状地物的拐弯点、交叉点、交会点和端点（图18-26），面状地物的中心或有特征的边缘。可作为明显地形点的地貌主要有：山地、鞍部、洼地、陡崖、冲沟等特殊地貌，谷地的拐弯、交会点，山脊、山脊线上的转折点、坡度变换点等。

（2）利用位置关系来确定

当站立在明显地形点附近时，可以根据地物地貌的相对位置关系确定站立点。利用位置关系确定站立点，需要明确站立点至明显地形点的方向和距离，在地形起伏明显的地方，可以结合高差进行判定（图18-27）。

● 图18-26 利用道路交会点确定站立点

● 图18-27 利用位置关系确定站立点

（3）利用交会法确定

当站立点无明显地形点时，可利用交会法确定站立点位置。常用的交会法主要有连线法和后方交会法。

连线法——当在线状地物上运动时，同时待测的位置恰好在某两个明显地形点的连线上时，可以利用这种方法确定站立点位置（图18-28）。

后方交会法——在地形较为开阔、视线良好的情况下，如待测点无线状地物可利用时，若地图和实地均有两个以上明显地形点，可在地图上分别将地图与实地的明显地形点作连线，两条连线的交会点即是站立点（图18-29）。

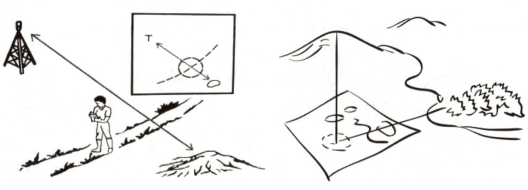

● 图18-28 连线法确定站立点　　● 图18-29 后方交会法确定站立点

（二）快速行进

1. 行进方法

（1）拇指辅行法行进

明确自己的站立点和前进路线，然后转动地图，使地图与实地方向一致，将持图手的拇指压于站立点一侧，之后开始行进。行进中根据自己所到达的位置，不断移动拇指，转动地图，保持拇指在地图上位置与实地的一致性（图18-30）。做到"人在地上走，指在图上移"。

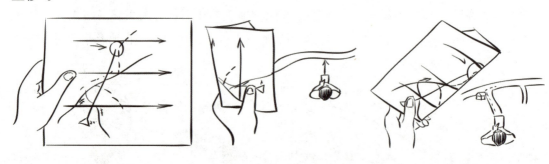

图18-30　拇指辅行法

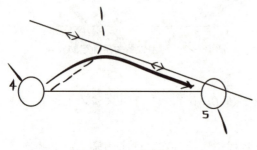

图18-31　借线法行进

（2）沿地形地貌行进

河流、栅栏、小路、房屋、独立树木以及等高线等都可以作为定向运动中明显的参照物，可以提供安全、快捷的路线。常用的方法有：利用线状地物引导前进的借线法（图18-31）；利用明显地物点、地貌点控制行进方向的借点法（图18-32）；当站立点与检查点处于同一高度时，沿等高线前进的水平位移法（图18-33）。沿地形地貌行进，要求参与者按照所行进路线的顺序，分段、连续或一次性地记住前进方向上经过的地形点及特征物等内容，并不断地对所经过的实地进行印证，在行进过程做到"人在地上跑，心在图上移"。

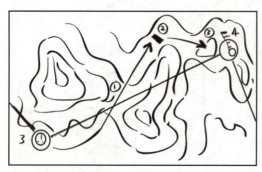

图18-32　借点法行进

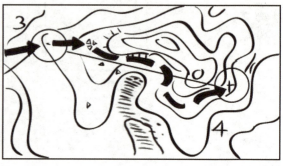

图18-33　水平位移法行进

（3）沿磁方位角行进

磁方位角是指从某点的磁北方向线起，依顺时针方向到目标方向线间的水平夹角。利用指北针确定磁北方位角，并沿磁方位角方向行进，便是确定目标点方向、快速到达目标点的捷径。沿磁方位角行进的技术关键在于对自己经过距离的正确判断和行进方向的确立与保持。

具体操作方法：首先将指北针直尺边切于目标方向线，指北针上的方向箭头指向目标位置；然后将指北针和地图作为整体，水平置于面前，转动身体，使指北针上红色指针（N端）的指向与磁北线方向一致。此时，指北针方向箭头所指的方向即为行进方向。需要注意的是：确定行进的方向后，必须结合对目标点距离及已经跑过距离的估算，才能快速而准确地到达目的地（图18-34）。

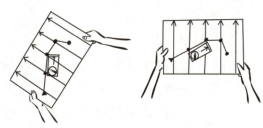

图18-34　磁方位角行进法

2. 路线选择的基本原则

路线选择即定向运动参与者所决定的从站立点到目标点的行进路线。一般最佳的行进路线应符合安全、省时、省力，且利于发挥自己优势的基本要求。因此，在路线选择上应遵循以下基本原则：

有路不越野——充分利用已有道路，不易迷失方向。有利于在运动中进行图地对照，随时检查站立点；道路相对平坦，有利于提高奔跑速度，还可节省体力。

选近不选远——两点间地形起伏不大，树林稀疏通透性强的路段，可选择较近路段行进。

走高不走低——若需越野时，应尽量选择高处行进，便于确定站立点和保持行进方向。

遇障提前绕——若前进方向上有起伏较大、树林密集、通行障碍大的地段，应提前绕行至大路或有明显参照物的路线，以便确定站立点，避免陷入前进困境。

（三）捕捉检查点

捕捉检查点是进行定向运动的一项关键技术。每一条定向线路，都会交替出现不同难题，以考验参与者的体能与技能。因此，当接近检查点时，应对检查点的实地准确位置进行分析和判断，并决定捕捉检查点的方法。一般常用的方法有定点攻击法、提前偏差法、距离定点法和地貌分析法。

1. 定点攻击法

当检查点设在明显的地物地貌点或附近时，可采用此方法。首先将置有检查点的明显地物地貌作为攻击点，然后再根据这一攻击点与检查点的相对方位、距离关系寻找检查点（图18-35）。

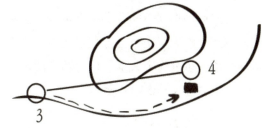

图18-35　定点攻击法

2. 提前偏差法

当检查点设在线状地物，如大路、沟渠、河流的一侧时，可选用此方法。首先，根据地形条件，选择线状地物为目标点；然后，提前偏离检查点，跑到线状地物上；最后，根据线状地物与检查点的位置关系找到检查点（图18-36）。

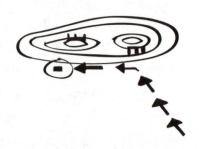

图18-36　提前偏差法

3. 距离定点法

当检查点在地势平坦、无路、植被较多的地貌中时，可采用此种方法。首先，以周围地物、地貌特征为攻击点；然后，利用指北针瞄准目标点方向，再结合步测距离，逐渐接近检查点（图18-37）。

图18-37　距离定点法

4. 地貌分析法

在地貌有一定起伏的地域内，检查点设在低小地物附近时，可采用此种方法。首先根据地图上检查点与地貌的关系位置，分析相对应的实地关系位置，再依据这种关系位置寻找检查点（图18-38）。

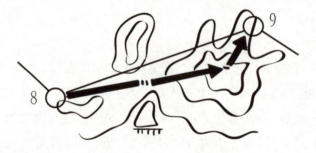

图18-38　地貌分析法

四、定向运动竞赛规则

定向运动竞赛规则是定向运动技术发展的指导性法则，为组织、裁判、欣赏定向运动比赛提供客观统一的依据。为了更好地了解和掌握定向运动竞赛的规则，提高定向运动水平，现将定向运动的基本规则作简单介绍。

（一）竞赛类型

定向运动根据不同分类标准可分为多种竞赛类型。如根据环境条件，定向运动可分为定向越野、滑雪定向、自行车定向等；根据竞赛时间，可分为日间定向和夜间定向；根据竞赛性质，可分为个人赛、接力赛和团体赛；根据竞赛距离，可划分为短距离赛、中距离赛、长距离赛和其他距离赛等。

（二）竞赛分组

① 运动员按照性别分组，女子组代号为W，男子组代号为M。

② 运动员按照年龄分组，可分为：

男子组	M10-11	M12-13	M14-15	M16-17	M18-20	M21-34	M35-54	M55-
女子组	W10-11	W12-13	W14-15	W16-17	W18-20	W21-29	W30-49	W50-

③ 运动员在同一场竞赛中，只能参加一个组别的比赛。

④ 同一年龄组参赛人员过多时，可划分为相同标准的几个小组；不同年龄组参赛人员较少时，可以合并。

⑤ 接力赛应列出每一赛段准许参加的年龄组。

⑥ 特殊情况下，大年龄组可参加比他们年龄低的竞赛组别。

（三）起点出发

① 一般情况下，个人赛和团队赛采用间隔出发，接力赛同组别采用集体出发。

② 在百米定向赛中，不同组别的比赛可以采用不同的出发形式。但精英组的决赛应采用同组别集体出发。

③ 同组别集体出发时，运动员听到指令后，应立即做好出发准备。基本要求是双脚不得触及出发线，发出出发信号后方可拿起地图出发。

④ 采用间隔出发的团队赛中，同一团队的成员集体出发。

⑤ 起点最好按集结区、隔离区（含热身区）和出发区设置。

⑥ 团队赛应在出发线之后配置一个足够大的分图区域，并在该区域内为出发的团队提供较充足的分配任务用的相应设施。

⑦ 间隔出发的比赛，待发区应按出发前时间设置3—5个待发区段，常用的配置为1分钟待发区、2分钟待发区和3分钟待发区。

⑧ 只有还没有出发的运动员和代表队相关人员可进入隔离区。运动员和代表队相关人员进入隔离区后，未经起点裁判长批准，不得擅自离开。

⑨ 检录处应在醒目位置配置一个面向运动员和代表队相关人员的检录时钟。

⑩ 只有按检录时钟显示时间出发的运动员和由竞赛委员会带领的媒体记者才能进入出发区。

⑪ 出发线是运动员出发计时开始的位置，在其前方附近醒目位置，应配置一个面向待发运动员的时钟。

⑫ 定向比赛的起点在地图上用三角形表示。如果定向比赛的起点与计时开始的位置不一致，应在起点位置悬挂点标旗（不配备打卡器）。从出发计时位置到比赛的起点应有引导标志。

⑬ 确认取得正确的地图是运动员的责任。由于未取得正确地图而成绩无效者，运动员自行负责。

⑭ 比赛地图应放在出发线前，设有组别标示。出发前运动员应把自己的号码写在地图

背面。

⑮ 计时开始后才能从地图箱中取得地图。

⑯ 未出发的运动员和代表队人员不得提前看地图、线路、前往第一个检查点的路线选择。

⑰ 运动员因自身原因错过规定的检录时间，起点裁判长可根据情况重新安排出发时间，但应按原出发时间计时。

⑱ 由于赛事安排的原因，运动员错过了出发时间，应由竞赛委员会重新规定出发时间并按新的时间计时。

⑲ 接力队员之间的交接应在交接区内以击掌或交接地图的方式完成。

⑳ 接力赛中，裁判员应对即将到达的接力队进行预告，并提醒即将出发的运动员做好接力准备，但是准确及时在交接区内完成交接任务是运动员的责任。

㉑ 经总裁判长的同意，在获胜队最后一棒运动员到达终点后10分钟或20分钟后，可安排所有没有进行交接的运动员集体出发。

㉒ 接力赛中，如已知上一棒运动员成绩无效，未出发的运动员不得继续参赛。

㉓ 接力赛中，上一棒运动员的终点时刻即为下一棒运动员的出发时刻。

（四）终点到达

① 运动员完成终点打卡比赛终止，以运动员检查卡记录到的时间为终点计时。同组别集体出发项目，如另外规定按通过终点线决定名次，则应以运动员躯干的任何部位抵达终点线后沿垂直面的瞬间计时为准。

② 应隔离出通往终点的冲刺通道，最后20米应是直道。

③ 终点线至少应有2米宽，并与冲刺通道垂直，位置准确醒目。

④ 运动员通过终点后应上交比赛地图，并在成绩统计处录入成绩，打印成绩条。

⑤ 经赛事监督批准，竞赛委员会可为每个组别设定最长比赛时间或成绩有效时间（简称有效时间）。

⑥ 终点处应配置医疗设施和医务人员。

⑦ 每场比赛竞赛委员会都应确定所有出发的运动员是否全部返回，应安排人员负责搜寻比赛结束时尚未返回的运动员。

（五）违规与处罚

运动员与教练员违反竞赛规则将受到处罚，包括通报批评、警告、取消比赛资格、罚款、禁赛及撤销运动员技术等级称号的处分。

链接18-1
定向运动
违规与处罚

（六）徒步定向完整规则

为使中国徒步定向运动竞赛公平、公正、公开和规范地进行，中国定向运动协会发布了《中国徒步定向运动竞赛规则》，最新版竞赛规则可扫描链接18-2中二维码进行阅读学习。

链接18-2
中国徒步定向
运动竞赛规则
2017

思考与练习

1. 选取一张定向地图，两人一组，相互提问图中所标地物与地貌符号的含义。

2. 在校园或公园等环境，使用指北针与地图练习标定地图和确定站立点。

3. 选用一张标明线路的定向地图，并进行如下练习：

（1）根据地图路线行进，观察所通过的地物、地貌特征，并对比地图上的图例符号。

（2）按照地图上的直长公路、小径、小溪等地物前进，并用交会法确定自己的站立点。

（3）在地图上选择一个点作为目标点，在出发点与目标点间，分析路线上的地物或地貌特征，用彩笔规划行进路线，并借助指北针行进，找到目标点。

自主测评

定向运动自主测评包括中距离跑能力、定位方法和行进技术3个部分。各部分测评等级请参照下列要求进行，并请在测评后填写自主测评表。

1. 中距离跑能力的自主测评根据男、女性别差异，分设男生1 000米跑和女生800米跑。测评依据《国家学生体质健康标准（2014年修订）》，分设优秀、良好、中等、合格和不合格5个等级，评分标准如下：

	优 秀	良 好	中 等	合 格	不 合 格
1 000米跑	3'27"	3'42"	4'07"	4'32"	4'32"以上
800米跑	3'30"	3'44"	4'09"	4'34"	4'34"以上

2. 定位方法的自我评价指标为确定站立点的方法。能够掌握3种以上确定站立点方法为优秀，掌握3种确定站立点方法为良好，掌握2种确定站立点方法为中等，掌握1种确定站立点方法为合格，未掌握任何1种确定站立点方法为不合格。

3. 行进技术的自我评价指标为捕捉检查点的数量。在一条线路中，能够正确捕捉所有检查点为优秀，错失1个检查点为良好，错失2个检查点为中等，错失3个检查点为合格，错失3个以上检查点为不合格。

项目名称	优 秀	良 好	中 等	合 格	不 合 格
中距离跑					
定位方法					
行进技术					

参考文献

[1] 王蕾.定向运动与野外生存实用教程[M].北京：中国轻工业出版社，2013.
[2] 吴叶海，刘明，金熙佳.定向越野[M].杭州：浙江大学出版社，2019.
[3] 刘玉江.定向运动教学与训练[M].成都：西南交通大学出版社，2008.
[4] 张惠红，陶于.定向运动与野外生存（第二版）[M].北京：高等教育出版社，2011.
[5] 王翔，彭光辉，张新安，等.定向运动[M].北京：高等教育出版社，2005.

第十九章 冰雪运动

【本章导学】

　　冰雪运动，泛指在冰上与雪地上进行的各种运动。自2015年北京成功申办冬季奥林匹克运动会到2021年10月期间，我国参与冰雪运动的人数达到了3.46亿，居民参与率达24.56%，已初步实现了"带动三亿人参与冰雪运动"的宏伟目标。本章将主要对冰雪运动的起源与发展、特点与价值、主要组织及赛事进行概述，并对速度滑冰和越野滑雪的动作要领、易犯错误和学练方法等知识进行阐述，帮助学生了解冰雪运动的基本知识，并初步了解速度滑冰和滑雪运动的基本技术，更科学地参与冰雪运动。

一、冰雪运动概述

（一）冰雪运动的起源与发展

1. 冰雪运动的起源

冰雪运动，泛指在冰上与雪地上进行的各种运动，分为冰上运动和雪上运动。据考证，冰上运动起源于荷兰。荷兰人将马骨磨成光滑的底面，用皮带将两头钻孔并打磨后的马骨绑在鞋上，借助手杖支撑滑行，这是人类最原始的冰上滑行工具——骨制冰刀。不仅是在荷兰，在瑞士、英国和斯堪的纳维亚半岛一些国家的早期文献中，也有将兽骨绑在脚上滑行于冰面的记载。虽然这些活动在当时只是一种游戏或简单的工作方式，但却为现代冰上运动的形成奠定了基础。我国的冰上运动同样历史悠久。据史料记载，远在唐代，北方结冰地区便已经有了滑冰运动；宋代则出现了被称为"冰嬉"的体育运动；元代之后，"冰嬉"更加盛行，且规模更大（图19-1）；明代时有了关于"冰床、冰擦"的记载；清代乾隆年间，开设了"技勇冰雪营"，并有一套专门的管理制度和训练方法。

雪上运动的历史至少已有上万年。居住于高海拔雪山地区的人们常常需要翻山越岭来到雪山的另一边，于是他们自制了抗寒衣物和雪上交通工具，这便是雪上运动的雏形。早期，人们普遍认为滑雪运动起源于西方。挪威北部曾发现过公元前2500年左右描绘穿着滑雪板的人的岩画；瑞典曾发现约4 500年前的古代滑雪板；俄罗斯东北部也曾出土约8 000年前的滑雪板残片。不过在2005年，我国新疆阿勒泰出土了距今1万至3万年前的滑雪岩画，记载了滑雪运动最早的雏形（图19-2）。2015年，中国、挪威、瑞典、芬兰等18国的30余位滑雪历史研究专家联名发表了《阿勒泰宣言》，阿勒泰作为"人类滑雪起源地"这一观点再次得到

● 图19-1 古代冰嬉图

● 图19-2 新疆阿勒泰滑雪岩画

国际公认。阿勒泰不仅是中国滑雪文化的起源地,更是世界滑雪文化的起源地。

2. 冰雪运动的发展

滑冰运动很大程度上是随着滑冰工具的进化而发展起来的。骨制冰刀出现之后,它带来的速度与便利使得人们对于更快、更舒适的脚上工具的追求更加强烈。13世纪中期,荷兰人将铁条嵌入木板中以追求对冰面更好的控制,这是将金属用在滑冰工具上的初步探索。1572年,苏格兰出现了全铁制成的冰刀,这是滑冰工具制作的一次质的飞跃。17世纪以后,产业革命的兴起使冰刀生产实现了社会化,为滑冰的流行和普及奠定了最基本的工具基础。1676年,荷兰人开始组织滑冰比赛,形成了滑冰运动的初始模型。17—18世纪,英国国王查理二世将滑冰引入英国上流社会,滑冰在英格兰迅速普及。19世纪中叶,滑冰发展成为一种冬季运动时尚。19世纪末20世纪初,钢制管状冰刀——速滑跑刀的出现,再次刷新人类冰上运动速度极限,促使滑冰运动向前迈进一大步。20世纪后,花样滑冰、速度滑冰、冰球运动逐渐从普遍意义上的滑冰中分离出来,开始向专项化发展。

滑雪运动虽然诞生于中国阿勒泰,却成长于北欧诸国,尤其是具有得天独厚的优质冰雪资源的挪威和瑞典。滑雪诞生之初,主要是作为一种生活的辅助方式融进人们日常的狩猎、交通、运输等活动。14—18世纪,正值欧洲封建社会瓦解、资本主义兴起和发展的时期。当时战争不断,在冰天雪地的恶劣环境中,滑雪因行军速度、交通运输上的优势自然而然被应用到军事中。18世纪之后,各国间的经济贸易和交流日渐频繁,人们的生活水平、经济水平逐渐提高。轮式交通工具的出现使滑雪的代步与运输功能被取代,滑雪逐渐淡出人们的生存领域,相应地,滑雪的娱乐与竞技价值开始得到重视。1861年,在挪威奥斯陆成立了世界上第一个滑雪俱乐部——特吕西尔(Trysil)射击滑雪俱乐部。1883年,挪威成立了"挪威滑雪协会",这是国家级滑雪组织监督管理全国滑雪运动时代的开始,它标志着滑雪运动的规范化走上了一个新台阶。1888年,一名挪威滑雪爱好者将其从东向西横穿格陵兰的经历整理成书出版,该书被翻译成多国语言传遍欧洲以及其他地区,滑雪运动也因此得以被认知和传播。20世纪20年代到30年代,滑雪运动开始在美国、加拿大以及澳大利亚甚至南美洲等地区开展起来。

链接 19-1
我国冰雪运动的历史演进及发展趋向

(二)冰雪运动的特点与价值

1. 发展协调,增强平衡

冰雪类运动是全身性的运动,既能改善人体的呼吸机能,又能增强手臂、腿、腰、腹等部位的肌肉力量以及身体各个关节的灵活性,特别是对人体的平衡能力有很大的促进作用。例如,在滑冰时,由于冰面较滑,再加上冰刀的支撑面较窄,人们在刚开始学习时经常会因失去平衡而摔倒,但经过一段时间的练习后就可以在冰面上快速地滑行,而且还可以做一些旋转动作。这个由"跌跌撞撞"到"自由滑跑"的过程,正是练习者的协调和平衡能力得到提升和发展的过程。

2. 战胜寒冷，磨炼意志

冰雪类运动需要在温度较低的环境下进行，且由于场地和器械的特殊性，摔倒的风险较大，因此参与者不仅需要忍受低温带来的寒冷，还需要具备"从哪跌倒从哪爬起"的精神和勇于挑战自我、克服困难的顽强意志。如果练习者能勇敢地战胜寒冷与恐惧，锲而不舍地进行练习，就能体验到冰雪类运动带来的刺激与快乐。

3. 感受速度，体验飞翔

冰雪类运动通常具有较快的移动速度，当练习者穿着冰鞋在冰面上"飞驰而过"时，可以体验到速度带来的乐趣；当练习者踩着滑雪板从高处迅速滑下时，可以体验到飞翔的快感。

（三）冰雪运动的组织及赛事

1. 冰雪运动的重要组织

（1）国际滑冰联盟

国际滑冰联盟（International Skating Union，图19-3），简称国际滑联，于1892年在荷兰成立，现有会员协会81个，总部现设于瑞士达沃斯，是国际单项体育联合会总会成员。国际滑冰联盟的任务是开展和普及速度滑冰与花样滑冰运动，增强运动员之间的友谊和相互了解，同时要求各会员协会未经国际滑联的允许不得组织或支持任何非业余的滑冰比赛。中国于1956年加入国际滑联。

● 图19-3　国际滑冰联盟标志

（2）国际滑雪和单板滑雪联合会

国际滑雪和单板滑雪联合会（International Ski and Snowboard Federation，图19-4），于1924年在国际滑雪委员会（成立于1910年）基础上改组成立，当时的组织的名称是国际滑雪联合会，于2022年改为现在的名称。国际滑雪和单板滑雪联合会是国际奥委会承认的国际单项体育组织，是国际体育联合会总会成员，总部设在瑞士伯尔尼。其主要任务是促进滑雪运动发展并把握其方向，在协会会

● 图19-4　国际滑雪和单板滑雪联合会标志

员间及各国运动员之间建立和保持友好关系，在其能力所及的范围内支持协会会员实现其目标，组织世界滑雪锦标赛、世界杯和大洲杯赛以及联合会批准的其他比赛，制定并监督规则的执行，作为终审机关处理与联合会比赛及规则有关的抗议与法律问题，促进以增进健康为目的的娱乐滑雪。中国滑雪协会1979年被国际滑雪联合会理事会接纳入会。

2. 冰雪运动的主要赛事

（1）冬季奥林匹克运动会

冬季奥林匹克运动会（Olympic Winter Games），简称冬奥会。冬奥会是世界上规模最大的冬季综合性运动会，每四年举办一届。首届冬奥会，于1924年在法国夏蒙尼举行，设滑雪、

滑冰、冰球和有舵雪橇4个大项。当时的冬奥会与夏季奥运会同年举行，自1994年起与夏季奥运会相间举行。自1924年起，截至2022年共举办了24届冬奥会。在2022年第24届北京冬奥会上，我国选手以9金4银2铜的优异成绩首次位列奖牌榜第三位。北京冬奥会不仅是中国冬奥会的成功，更是国际冬奥会的典范。正如国际奥委会主席托马斯·巴赫在北京新闻发布会上所言，北京冬奥会创造了历史，为奥运留下了一套全新的标准，将开启全球冰雪运动新篇章。

（2）其他冰雪运动赛事

冰雪运动赛事除了冬奥会之外，较为著名的还有世界花样滑冰锦标赛、世界青少年花样滑冰锦标赛、欧洲花样滑冰锦标赛、四大洲花样滑冰锦标赛和国际滑联花样滑冰大奖赛、国际雪联滑雪世界杯赛事、世界极限运动会等。

二、速度滑冰基本技术

（一）基本姿势

1. 动作要领

原地站立，两腿略屈下蹲，两刀成外八字用正刃支撑，两臂自然下垂，将双手背在身后。

2. 易犯错误

● 表19-1　基本姿势易犯错误及纠正方法

序号	易犯错误	纠正方法
1	两踝或两膝里倒	两脚平行，比肩略窄，两腿微屈，踝膝关节用力
2	冰上前倒	加强踝关节力量，注意基本姿势的正确，上体略前倾

3. 学练方式

① 在冰上站立的基础上，将两脚冰刀由正刃变内刃站立，再变正刃站立，反复多次进行练习。

② 两人或多人在冰面上进行单腿支撑平衡练习，看谁支撑的时间长。

③ 从站立姿势开始，重心在两腿之间，两臂自然下垂，慢慢地做半蹲动作练习。然后做有节奏和弹性的快速半蹲、起立练习。最后做全蹲（深蹲）练习。

④ 听信号，统一做半蹲和深蹲练习。

（二）蹬冰技术

1. 动作要领

（1）单蹬双滑

右脚用内刃蹬冰，将重心推送到向前滑进的左腿上，右脚蹬冰后，迅速与左腿并拢成两脚正刃滑进；当速度下降时，用左脚内刃蹬冰，将重心推送到向前滑进的右腿上，左腿蹬冰后，迅速与右腿并拢成两脚正刃滑进（图19-5）。

图19-5　单蹬双滑

（2）单蹬单滑

上体前倾，两臂自然下垂，两脚略分开，用正刃支撑，呈外八字站立，重心放在右（左）腿上；用右（左）脚内刃蹬冰，左（右）脚用正刃向前滑出，伴随蹬冰动作的结束将重心推送到左（右）腿上，左（右）腿呈半蹲屈支撑惯性滑进，接着向前收右（左）腿，同时左（右）脚蹬冰，伴随左右腿蹬冰动作的结束，将重心推送到呈半蹲屈支撑惯性滑进的右（左）腿上（图19-6）。

图19-6　单蹬单滑

（3）单脚平衡滑行

单脚平衡滑行时，支撑身体的冰刀用平刃向前滑行，小腿垂直于冰面，膝部在其相应的身体一侧胸部下方，浮脚冰刀尖朝下，小腿平行冰面，大腿垂直于冰面；在整个滑跑动作的循环中，在单脚平衡滑行阶段时，动作节奏上要突然停顿一下，即不要急于收拢浮脚和过早倾倒身体，破坏身体平衡；在蹬冰结束、浮脚由侧位引向后位时，动作要迅速，停顿一下，放慢的时刻是在浮脚伸向后位的时候（图19-7）。

图19-7　单脚平衡滑行

2. 易犯错误

● 表 19-2　蹬冰技术易犯错误及纠正方法

序号	易犯错误	纠正方法
1	双脚滑行时不能用双平刃	两脚并拢，重心放在两刀之间
2	单脚自由滑进时不能用正刃滑行	发展踝关节力量，注意重心移动到位
3	冰上行走时后腿收不回来	减小迈步时步幅，重心应即时落在前脚上

3. 学练方式

① 由滑跑姿势开始，将身体重心移到一条腿上，另一条腿的冰刀用中后部全内刃缓慢用力向侧蹬冰，然后，以大腿带动小腿，膝盖领先直接收回靠拢支撑腿。这时，将身体重心再移到两腿之间，成开始姿势。反复多次练习后，再用同样方法，换另一条腿做。

② 由滑跑姿势开始，一腿向体侧蹬冰，另一腿用冰刀正刃支撑向前滑进。蹬冰结束后，从侧位收到后位，做后引动作练习。两腿交替进行后引动作练习。

③ 助跑几步成滑跑姿势，一腿冰刀用正刃支撑向前滑进，另一腿做后引动作。两腿交替进行练习。

④ 由滑跑姿势开始，两脚冰刀正刃滑进，左脚蹬冰结束后，做收、摆动作，反复练习后，再换右脚蹬冰做收、摆动作。两腿轮流进行收腿动作练习。

（三）摆臂技术

1. 动作要领

摆臂动作中，左臂成直臂从后外侧高点向前内侧方向回摆，经下垂点时做略屈摆向右前方至前高点，一般不超过身体中心线；右臂从前高点先做伸臂，摆到下垂点时成直臂摆向右后上方至最高点，一般应与肩平齐或略高于肩（图19-8）。

● 图19-8　摆臂

2. 易犯错误

● 表 19-3　摆臂技术易犯错误及纠正方法

序号	易犯错误	纠正方法
1	摆臂幅度过大	肩关节相对固定，自然放松下垂。摆臂过程中，两肩保持平衡，不要扭动。以肘关节作摆动轴心，通过摆动小臂增加蹬冰力量，获得向前的冲力和保持滑行中的稳定
2	滑跑阻力横向大，上体不稳	摆臂时应顺着身体纵轴左右摆动
3	摆臂时带动肩部转动	肩部夹紧、固定。摆臂一定要以肘关节为轴，用小臂带动大臂，滑进时自然倾倒，不要错误地借助于转肩动作

3. 学练方式

① 原地摆臂练习，体会3个位向点的摆臂线路和方法。
② 原地踏步摆臂练习，体会摆臂路线与方法。
③ 行进间走步摆臂练习，体会上下肢协调配合。
④ 在慢滑中体会前摆、后摆的方向与部位练习。

（四）起跑技术

1. 动作要领

（1）起跑姿势

第一个口令下达后，跨进预备线与起跑线之间身体面对着滑跑方向，运动员一般有力脚在后，将前脚刀尖紧贴起跑线内，并切入冰面与起跑线约呈45°角正面点冰，后刀与前刀距离略大于髋的宽度；身体略前倾，重心落在后刀上，头部偏离身体纵轴，肩部略前屈，双眼目视前方，两臂自然下垂，静止不动（图19-9）。

图19-9 起跑姿势

（2）起动

鸣枪后，前腿外转移到前侧方，冰刀控制在向前倾倒的身体之下；上体抬起，后腿迅速全刃蹬直，并保持牢固的支点，后腿蹬冰时，后臂前摆不能高于头部，前臂屈肘后摆至后部最高位时，要低于头部的高度，在两腿用力作用下，将身体弹出。

2. 易犯错误

表19-4 起跑易犯错误及纠正方法

序号	易犯错误	纠正方法
1	重心高而不稳，在第一个口令下达后不能静止不动	反复进行陆地模仿练习，熟悉动作要领，上冰后，后刀与前刀距离略大于髋的宽度，身体略前倾，重心略低
2	起动时，后腿拖沓，前进动力小	后腿应迅速全刃蹬出且固定支点，伴随摆臂获得最大的前进动力

3. 学练方式

① 预备姿势练习。

② 听口令，预备姿势接起动第一步练习。

③ 慢速起跑分解动作练习。

④ 听口令，起跑完整动作练习。

> **体育之光**
>
> **永不退役的叶乔波精神**
>
> 1991年，27岁的她首次夺得500米短道速滑世界冠军。1992年第16届冬奥会上，她分别夺得500米和1 000米速滑的银牌，实现了中国在冬奥会奖牌零的突破。同年的世界短距离速滑锦标赛上，她连获3枚金牌，并夺得女子全能世界冠军。至1993年，她共获得14个世界冠军。1994年，她忍受严重伤痛，带伤参战，拿下第17届冬奥会女子1 000米速滑铜牌，这块悲壮的铜牌震撼了无数国人，赛后她因伤退役。她是叶乔波——是中国第一个突破女子500米速滑40秒大关的选手；是中国人民解放军第一个速滑世界冠军；是中国和亚洲第一个短距离速滑全能世界冠军！

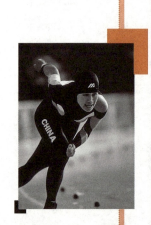

（五）起跑后疾跑技术

1. 动作要领

第一步踏出后，就进入了疾跑阶段，第二、三步均以蹬切动作来完成，切的动作成分减小；手臂摆动幅度小而有力，步伐清晰自然，步距以小为佳，下刀动作位于身体重心的投影点上；从第五、六步开始，身体姿势由高变低，蹬冰逐渐向侧，滑跑步伐由小变大，摆臂幅度逐渐加大，两刀分开角由大变小，身体重心的投影点由前向后移动，移到正常滑跑时重心投影点上。

2. 易犯错误

● 表19-5 起跑后疾跑技术易犯错误及纠正方法

易犯错误	纠正方法
疾跑过程中后腿蹬冰后不能及时收回	减小疾跑步幅，增加步频

3. 学练方式

① 增加负重爆发力练习，可将不同重量的沙袋系在上身或绑在小腿上，在冰面上进行起跑技术的起动与疾跑训练。

② 增加起跑后疾跑距离练习，由于短距离起跑的起点是在场地中间，在平时训练中可

以进行增加疾跑的距离和增加步频次数的训练。

三、越野滑雪基本技术

（一）基本姿势

1. 动作要领

（1）原地站立姿势（平地站立）

雪杖分立并插于雪板两侧，目视前方；两雪板平行，间距不超过髋宽，身体重心居中（图19-10）。

（2）斜坡站立姿势（高山斜坡上站立）

双雪板平行横在山坡上，山上板较山下板位置略高且略前于山下板半脚距离；双膝略向山上侧倾斜，山下板立住，内刃承担体重并刻住雪面，山上板立住，外刃刻住雪面；上身略向山下侧，与立刃的雪板对应横向倾斜和转向（图19-11）。

图19-10　原地站立姿势　　图19-11　斜坡站立姿势

2. 易犯错误

表19-6　越野滑雪基本姿势易犯错误及纠正方法

序号	易犯错误	纠正方法
1	平地站立时动作紧张，两板不平行	身体放松，保持两板平衡，使身体重心、压力均匀地落在板上
2	斜坡站立时动作紧张，两板不平行	两腿略弯曲，立刃的雪板与山下垂直

3. 学练方式

① 在平地和缓上坡线路中练习。

② 在平地和缓坡地做大幅度蹬撑动作的练习。

③ 在坡上进行练习，动作幅度略小，膝部弯曲略大。

④ 在不同坡面上运用不同蹬撑幅度进行练习。

（二）原地改变方向技术

1. 动作要领

（1）"V"字型转向（平地上静止状态下改变方向）

左侧板尖向外展开；右侧板向左侧板靠拢；两雪杖在板尖外展时，支撑在体后（图19-12）。

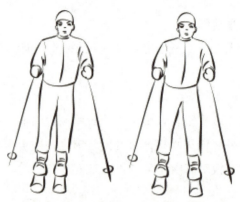

图19-12 "V"字型转向

（2）180°变向（斜坡面上静止状态下改变方向）

双板平行站立，两杖在体前侧支撑；右腿支撑重心，左板向前抬起直立，双杖在体侧支撑；上身左转的同时，直立的左板以板位为重心向左侧下方转向并着地；放左板的同时，左雪杖移至右板外侧支撑；重心移至左脚板，右雪杖抬起移向与左板平行的同一方向，两雪杖支撑在体前侧（图19-13）。

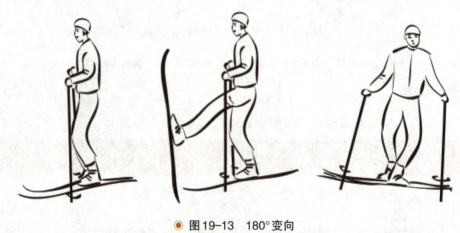

图19-13 180°变向

（3）踢板转向（平地或坡地转向180°）

双板平行站立，背向要转的方向，将两杖张开插地，用一只脚向前踢起并上扬，使板直立于雪面，同时将同侧雪杖向身后转移，并将立起的雪板就势向外再向板尖方向放下靠在另一支板侧；将重心放在刚落地的雪板上，然后再将另一脚的雪板雪杖提起并转体180°后放落在先落地雪板一侧，雪杖随之插在已转向过来的体侧，这就完成了原地转体180°的变向动作（图19-14）。

图19-14 踢板转向

2. 易犯错误

表19-7 原地改变方向技术易犯错误及纠正方法

序号	易犯错误	纠正方法
1	"V"字型转向时雪板展开距离过大，重心跟不上	缩小雪板展开距离，适应后逐渐加大展开距离
2	抬腿移动雪板动作幅度过大及速度过快，身体重心不稳	动作幅度及速度适中，稳定重心

3. 学练方式

① 做变向和180°转向练习，保持直立姿势并向左右脚交替移动重心。

② 在原地转体至某一方向时，左右腿各转3次。

③ 在坡面转向时，要使身体侧向坡面，且须用谷侧脚先行踢转，此时山侧雪杖要撑住山侧板的外刃，卡入雪面，以防下滑。

（三）平地滑行技术

平地滑行技术指基本滑行技术动作，包括移动动作、直线向前走动、跌倒后起立、180°转向变换滑行方向、两步交替滑行、同时推进滑行、跨一步同时推进滑行、跨两步同时推进滑行、变换雪辙滑行和单蹬式滑行。以下对部分平地滑行技术动作进行介绍。

1. 移动动作（平地横向移动）

（1）动作要领

在平整的雪面上站立，侧对前进方向；双雪杖直插于体侧远一点的地方，一只板承重，提起另一只板向承重板横移，然后落地，双板平均承重（图19-15）。

图19-15 移动动作

（2）易犯错误

● 表19-8　移动动作技术易犯错误及纠正方法

序号	易犯错误	纠正方法
1	重心没跟上雪板移动	身体重心略微前倾，在雪板落地站稳时重心要及时跟上
2	侧向迈步过大导致身体重心不稳	减小侧向迈步的距离

（3）学练方式

可按直线登坡（双板平行横登坡、半八字登坡）的方法进行，在练习时可口喊"1、2、3"或在心里默数。

2. 直线向前走动

（1）动作要领

穿上雪板后双手持杖，两板内距为15厘米左右，像走路一样向前行走，两手持杖随走动配合撑杖；走动时，身体重心要完全落在支撑腿上，略靠支撑板后侧，落地后要能向前滑动一定距离（图19-16）。

● 图19-16　直线向前走动

（2）易犯错误

● 表19-9　直线向前走动技术易犯错误及纠正方法

序号	易犯错误	纠正方法
1	步幅过大，上身与前进方向不平行	走动时步幅要小，使上身与前进方向平行，以保持身体平衡，尽量使关节向外侧平移
2	两雪板间距过大，走动过程中两脚逐渐成"外八"姿势	两雪板之间保持适当距离不变，走动过程中注意脚尖朝向前方

（3）学练方式

① 两腿交替进行一步一撑练习。

② 平地练习时单脚滑行距离可略长些，用撑杖减速。两杖的前摆及插杖要与滑行距离相配合。

③ 在平地和缓坡地段练习时，单腿自由滑进时膝关节略伸直，上身抬起带动两杖前摆，这样可达到上身直屈交替、膝关节屈伸交替与臂部撑摆交替相结合的目的。

3. 跌倒后起立

（1）动作要领

上身抬起，双腿尽量屈膝靠近臀部，并使双板平行，与上身的正面约呈直角；单手或双手将上身推起至下蹲位置，也可用双杖支撑站起（图19-17）。

图19-17 跌倒后起立

（2）易犯错误

表19-10 跌倒后起立技术易犯错误及纠正方法

易犯错误	纠正方法
双腿离身体重心过远，无法用力	双腿尽量屈膝靠近臀部，双手同时用力撑地至下蹲位

（3）学练方式

① 尽量屈膝使双板平行并与上身正面呈直角，靠近臀部。

② 用单手或双手将上身推起至下蹲位，也可用双杖直撑站起。

③ 如果在山坡地段跌倒，首先将下肢移向谷侧，使双板与下滑方向呈直角，平放在地面，并用双板的山侧刃部卡住雪面，再按平地站立方法站立。

4. 180°转向变换滑行方向（滑行时变换方向或转弯）

（1）动作要领

将一条腿向前抬起至雪板后部完全离开雪面，然后将该腿向外侧旋转，使雪板尖旋转180°，身体重心落在该雪板上，另一只板再旋转180°，使两只雪板保持平行（图19-18）。

图 19-18　180°转向变换滑行方向

（2）易犯错误

表 19-11　180°转向技术易犯错误及纠正方法

序号	易犯错误	纠正方法
1	抬腿移动雪板时，动作幅度过大，速度过快，使身体重心不稳	动作幅度及速度适中，稳定重心
2	抬腿的雪板尚未直立就进行转向	雪板抬起与地面基本垂直后再转向

（3）学练方式

① 在缓坡地段，做不持雪杖的转向练习。

② 在缓坡地段，保持正确姿势持杖变向和180°转向。

③ 在不同坡度地段，做变向和180°转向练习。

④ 在下滑过程中做左右转向的练习；保持下滑姿势并向左右脚交替移动重心。

5. 两步交替滑行（平地滑行中调整滑行速度）

（1）动作要领

蹬动：支撑腿由自由滑进转入停板期，立刻伸直髋关节，开始蹬动，腿部的用力近乎于垂直向下，膝关节蹬直时用力最大，蹬动时尽量使全脚掌用力。

撑杖：撑杖开始时，应屈臂，撑动方向尽量向后，利用向后的水平分力，产生较大的推进力；撑杖将结束时，用手继续推握把，以达到充分撑杖的作用；撑杖结束后，张开手指并放松，以便用拇指和食指带动雪杖向前摆动。

摆腿：蹬动结束时，将小腿抬高（脚尖距雪面15—30厘米）后，向前快速摆腿，摆腿与对应手的插杖几乎同时开始；当摆腿达到与支撑腿相并立的部位时，尽量缩小膝关节的弯曲度，以便增加步频，摆腿的同时支撑腿应积极地向前送髋。

摆臂：是两次撑杖之间的动作，撑杖结束后，摆动的手部接近膝关节高度，完成摆臂时，身体要有较小的转体动作，以增加摆臂的幅度和撑杖距离。

自由滑进：蹬动及撑杖结束后，身体重心应平稳地移至支撑板上并自由前滑，此时身体不做向上的加速动作。

插杖：在雪杖插到雪面以前，前臂上抬，手与下颌齐平或略高，杖尖略高于雪面，以便利用身体重力将雪杖插入雪面前，靠近雪板，向后推撑（图19-19）。

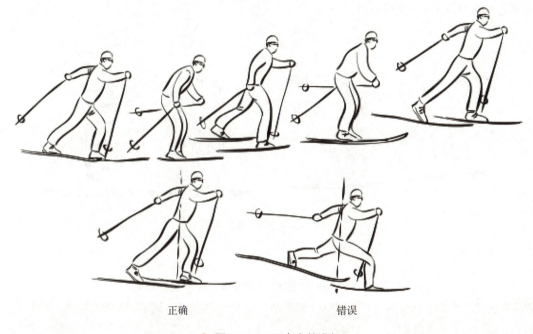

正确　　　　　　　　　　　错误

● 图 19-19　两步交替滑行

（2）易犯错误

● 表 19-12　两步交替滑行技术易犯错误及纠正方法

易犯错误	纠正方法
单脚滑行时，膝关节弯曲不够，身体重心线落后，影响滑行距离	在单脚滑行时，膝关节适度弯曲；在整个两步交替滑行的全过程中，上下肢要做到用力与放松交替，上身前倾，目视前方6—7米处；右板向前滑进并利用内刃有效蹬动，接着将重心移到左侧板上并承担体重向前滑行，同时两侧杖推撑，但左侧杖的推撑力要大于右侧杖；用这种滑行方法连续若干次后，应调换至另一侧再开始

（3）学练方式

① 在雪上行走做两步交替滑行的徒手模仿练习，反复练习以熟练掌握两步交替滑行。

② 在平地雪槽的线路上做小步幅交替滑行练习。

③ 在同样的线路上做略大步幅交替滑行，体会身体重心的移动。

④ 在平地和缓上坡线路中做连续滑行练习。

6. 同时推进滑行（适用于平地滑行和缓坡滑行）

（1）动作要领

两臂放松，双手向前摆至头部高度，杖尖指向板尖处，最后杖尖落至脚尖前部，杖尖着地后,要将身体前俯的力量通过肩、臂及手掌加在推撑杖上;当双手将推至腿部时,应尽量弯腰屈膝,使推撑手的高度降至膝部以下,以加大向后推撑的水平分力;撑杖结束后,双臂后上摆,手指张开放松,随着上身的抬起,带动双臂向前摆动,此时雪杖是由张开手指的手掌牵动着向前摆动的;在两杖反复推撑过程中,两膝配合做相应的屈伸,以维持滑进中的身体平衡(图19-20)。

图19-20　同时推进滑行

(2)易犯错误

表19-13　同时推进滑行技术易犯错误及纠正方法

序号	易犯错误	纠正方法
1	插杖点和落杖点过于向前,导致用不上力	注意插杖和落杖点的位置,以及撑推和滑行两个阶段的交替节奏
2	两膝僵直,重心过高	两杖反复推撑过程中,两膝配合做相应的屈伸动作

(3)学练方式

① 在平地有雪槽的线路上做小幅度的撑动练习。
② 做加大身体前俯动作并向后推撑的滑行练习。
③ 上身前俯撑杖和腿略屈伸相配合,做推撑滑行练习。
④ 通过缓坡下滑练习,体会快速滑行条件下的动作方法及节奏性,重点是插杖点和落杖点的位置,以及推撑和滑行两个阶段的交替节奏。

四、速度滑冰与越野滑雪主要竞赛规则

(一)比赛场地

1. 速度滑冰场

(1)短道速滑场地

短道速滑比赛场地的大小为30米×60米,场地周长111.12米,直道宽不小于7米,弯道半径8米,直道长28.85米。为确保运动员的安全,赛场四周要安放泡沫防护垫(图19-21)。

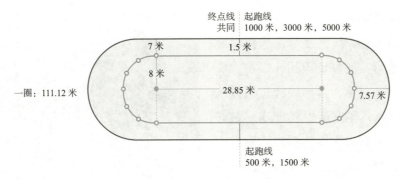

● 图 19-21　短道速滑场地图

（2）速度滑冰场地

分为标准跑道和其他规格跑道。标准跑道是由两条直线跑道连接两条弧度为180°的半圆式曲线组成两条封闭的跑道。其最大周长为400米，最小周长为333.33米，两条跑道内弯道的半径不得小于25米，不得大于26米。如不能划出标准速滑跑道，可规定其他规格的跑道，划一全长不少于300米的双跑道，其内弯道半径不少于18米。换道区不小于40米，每条直道宽不少于2米。跑道的分界线要用整齐的雪线画出，并一直延伸至换道区。雪线要保证不冻结在冰面上。如无雪，可用宽5厘米，长10厘米，高不超过5厘米的橡皮块、木块或其他合适的物块涂上协调颜色，按规定距离摆好代替雪线。在弯道前、后15米内，橡皮块之间距离为0.5米，弯道中间橡皮块间距为1米，直道上橡皮块间距10米。终点线为红色，预备起跑线为红色虚线，其他各线均为蓝色，线宽5厘米。起、终点线均与直道线或直道延长线垂直。预备起跑线距起跑线为1米。终点线后5米处，每隔1米标出一条清晰的色线。（图19-22）

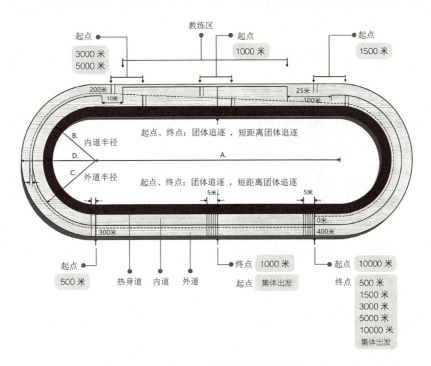

● 图 19-22　速度滑冰比赛场地

2. 越野滑雪场

雪上运动场地。线路要尽量选择森林地带的多变地形，要保证雪质、雪量，线路宽度应达到4—5米，雪面要经过机械或人工捣固、踏压，厚度至少10厘米。最好在线路的一侧开有带雪辙的雪道，两条雪辙的内壁相距15—18厘米，雪辙深度至少2厘米，雪辙的宽度以雪板的固定器不撞击两侧雪壁为准。线路的着板雪面低于撑杖雪面2厘米或在同一高度上，线路的另一侧不开带有雪辙的雪道。线路应平坦、宽阔，其中上坡、下坡和平地各占1/3。要避免单调而过长的平地滑行、难度过大的急陡坡滑降，以及连续较长距离的登行（图19-23）。

● 图19-23 越野滑雪比赛场地

（二）竞赛规则

1. 速度滑冰比赛规则

（1）起跑

运动员听到"各就位"口令后，须站在预备线与起跑线中间，保持直立姿势，听到"预备"口令后，应迅速做好起跑姿势，静止等候枪响。此时，运动员的冰刀不得越过或踏上起跑线，只能用冰刀的尖端触线。如果运动员有意不立即站好位置或在鸣枪之前跑出，即为犯规。应叫回运动员，并对犯规者给予警告。如果由于某一运动员抢跑而引起另一运动员抢跑，只警告前者，不处罚后者。如同一运动员第二次抢跑即被取消比赛资格。

（2）滑跑

运动员在比赛时须按照逆时针方向滑跑，须在自己抽签决定的跑道内滑跑，如侵入他人的跑道滑跑，则被取消该项比赛的资格。运动员若在滑跑中摔倒，站立后可以继续滑跑，但不得妨碍他人的滑跑，否则将被取消该项的录取资格。在进出弯道及在弯道中滑跑时，不得以缩短距离为目的而触及和穿过雪线，违者将被取消录取资格。如果运动员被不属于自己的过失影响了滑跑，经裁判允许，可以让他重新滑跑，并取其两次滑跑中较好的那次成绩。但如果是因为冰刀损坏或冰场不洁而影响了滑跑，则不允许重新滑跑。

（3）交换跑道

内、外跑道的运动员滑跑到换道区时必须交换跑道。凡在换道区起跑的项目，开始起跑时不换道。内、外跑道的运动员同时到达换道区并进行滑跑时，要让外道的运动员先换进里道，处于里道的运动员必须在外道的运动员由其前面穿过后方可换道。

（4）在同一跑道内滑跑

运动员在同一跑道内前后滑跑时，后者必须保持与前者有5米的距离，或者超越前者，但不得平行滑跑或带跑，否则予以警告，如再犯则取消比赛资格，并勒令立即退出跑道。后者可以由内侧或外侧超越前者，但不得妨碍前者，如因此发生碰撞，则取消后者该项的录取资格。但在后者要超越前者时，前者不得阻碍后者超越，否则将取消前者的录取资格。

（5）到达终点

运动员到达终点，以冰刀触及终点线为准。如临近终点时摔倒，只要冰刀触及终点线，即可判作已到达终点，运动员摔倒后，可以伸脚力争触及终点线，但不得因此妨碍他人滑跑，否则取消其录取资格。

（6）计分方法

速滑各单项比赛以时间计成绩，排列名次。速滑的全能总分计算方法是：运动员在每个单项中的得分是以其500米的平均速度按1秒钟作1分折算而成。速度越快，所需的时间越少，得分就越少，总分越少，名次越好。短距离全能计分方法与此相同。

链接 19-2 国际滑冰联盟专用技术规则：短道速滑（2018）

链接 19-3 国际滑冰联盟专用技术规则：短道速滑（2021）英文版

2. 越野滑雪比赛规则

（1）出发

在国际竞赛日程表中的比赛，采用的出发方式有单人出发、集体出发和追逐出发。

① 单人出发程序：单人出发通常采用半分钟间隔出发。技术代表可以批准短一些或长一些的出发间隔，以便使参赛运动员有公平的条件。

② 集体出发程序：除出发号码按逆序抽取外，运动员将被分成组。出发顺序为第Ⅳ组、第Ⅲ组、第Ⅱ组、第Ⅰ组。如果需要B段和C段参加比赛，他们将在A段之后出发，出发顺序为A段、B段、C段。

③ 追逐赛出发程序：在追逐赛中，第一项的第1名首先出发，第2名第二个出发……出发的间隔时间按运动员之间的第一天成绩的时间差计算（1/10秒不算）。越野滑雪追逐赛的冠军是第一个通过终点线者。第2名是第二个完成者，依此类推。

（2）计时

国际滑雪联合会的比赛都应使用电子计时，辅以人工计时。时间以1/10秒计算，1/100秒的时间不计算、不公布。10千米线路必须设置1次中途计时，15千米设2次，30千米设2—3次，50千米至少设3次。

（3）终点

使用人工计时时，当运动员的前脚通过终点线时计时。使用电子计时时，当光束被切断时计时。测量光点或摄像机镜头需安装在距雪面25厘米处。

链接 19-4 国际雪联竞赛规则——越野滑雪（第二部分）

链接 19-5 高山滑雪国际竞赛规则（英文官方版）

链接 19-6 滑雪课程学生运动能力标准

思考与练习

1. 简述冰雪运动的起源与发展。
2. 速度滑冰的蹬冰技术有哪几个类别，各有什么特点？
3. 越野滑雪的原地改变方向技术有哪几种，各有何特点？

自主测评

1. 速度滑冰——直道单脚（左、右腿）支撑滑行

测试方法：助跑10—15米后，以500米起点线为准，做直道单腿支撑滑行，左、右腿各一次。按名单顺序两人一组进行测试。如果考生浮腿冰刀着冰或身体任何部位触及冰面或滑出4米宽的跑道线，即为终止滑行，计算实际滑行距离。

评分标准：分别测量直道单脚支撑左、右腿的滑行距离，两腿滑行距离相加为直道单脚支撑滑行的总成绩，距离远者名次列前。

2. 越野滑雪——1千米平地滑行

测试方法：用越野滑雪技术完成1千米的短距离平地滑行。每组2人以上（视场地情况确定人员组数），同时出发或间隔30秒出发（先男后女），考试采用一次性决赛，使用电动计时或手计时计取成绩。

评分标准：分别测量男生和女生1千米平地滑行的实际用时，用时短者名次列前。

参考文献

［1］东方欲晓.冰雪运动的起源与发展［J］.中国商界，2021，（11）：50—51.
［2］陈祥慧，杨小明，张保华，等.我国冰雪运动的历史演进及发展趋向［J］.体育学刊，2021，28（4）：28—34.
［3］国家体育总局冬季运动管理中心，中国冰雪大会组委会.冰雪运动通用知识教材［M］.北京：中国人民大学出版社，2021.
［4］庄惠惠.速度滑冰［M］.长春：吉林出版集团有限责任公司，2010.
［5］唐云松.越野滑雪［M］.长春：吉林出版集团有限责任公司，2010.
［6］张强，岳言.速度滑冰［M］.长春：吉林出版集团有限责任公司，2008.